本书由江西省"十二五"重点学科(管理科学与工程)建设项目资助

Dijia
dui Chengshi Tudi Ziyuan Peizhi de
Xiaoying Yanjiu

地价对城市土地资源配置的效应研究

肖丽群 著

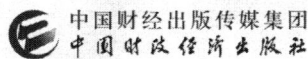

中国财经出版传媒集团
中国财政经济出版社

图书在版编目（CIP）数据

地价对城市土地资源配置的效应研究／肖丽群著．—北京：中国财政经济出版社，2018.12

ISBN 978-7-5095-8653-2

Ⅰ.①地… Ⅱ.①肖… Ⅲ.①地价-影响-城市土地-资源配置-研究-中国 Ⅳ.①F299.232

中国版本图书馆 CIP 数据核字（2018）第 263790 号

责任编辑：彭　波　卢元孝　　　　责任印制：刘春年
封面设计：卜建辰　　　　　　　　责任校对：张　凡

中国财政经济出版社 出版

URL：http://www.cfeph.cn
E-mail：cfeph@cfemg.cn

（版权所有　翻印必究）

社址：北京市海淀区阜成路甲 28 号　邮政编码：100142
营销中心电话：010-88191537
北京财经印刷厂印装　各地新华书店经销
710×1000 毫米　16 开　18 印张　237 000 字
2018 年 12 月第 1 版　2018 年 12 月北京第 1 次印刷
定价：68.00 元
ISBN 978-7-5095-8653-2
（图书出现印装问题，本社负责调换）
本社质量投诉电话：010-88190744
打击盗版举报热线：010-88191661　QQ：2242791300

前　　言

　　土地资源作为不可或缺的生产要素，与国民经济发展存在密切关系。近年来，土地资源对我国经济增长作出了显著贡献，大量新增建设用地的投入为经济高速增长提供了有力支撑。但是，土地资源对国民经济发展的"瓶颈"约束越来越明显。为协调经济增长与土地资源供给有限之间的矛盾，实现经济可持续发展和土地资源可持续利用，则必须转变经济发展方式，摒弃依靠土地资源支撑的传统经济发展模式，采用依靠效率提高驱动的发展模式。而转变经济发展方式的核心途径是提高城市土地配置效率。城市土地资源配置效率的改善关键在于引进市场机制，提高土地市场化配置。作为市场机制的核心机制，土地价格机制对土地资源优化配置的基础性作用已经具有土地经济学理论基础，而且我国政府部门也日益重视地价的作用并将其作为提高土地资源配置效率的调控手段。然而，地价在其形成、运行和调控的过程中有可能被扭曲，扭曲的地价必然导致资源配置的低效率，只有合理的地价才能实现资源的优化配置。因此，作为政府调控土地资源配置的重要经济杠杆，现实土地市场中的地价存在什么问题？是什么原因导致了地价遭到扭曲和异化？现实条件下的地价究竟对土地资源配置产生了怎样的影响？如何采取相应措施以纠正扭曲的地价并保证地价发挥优化配置资源的作用？这无疑需要对地价与土地资源配置效应的关系进行深入而系统地研究。

本书以土地供求矛盾较为激烈、土地市场较为完善的南京市为例进行了地价对城市用地规模、用地结构、用地效益配置效应的理论与实证研究。研究结果表明，地价在土地资源配置中发挥基础而有效的作用。但由于我国正处于转型期，市场条件与政府干预等外部环境使地价遭到一定程度的扭曲，使地价机制发挥资源优化配置的功能受到了影响。因此，为充分发挥地价对土地资源配置的积极效应，并且避免或减少其负效应，实现城市土地资源的优化配置这一根本目标，应纠正扭曲的地价、建立地价合理形成和运行的市场环境及制度体系等。

作　者

2018 年 9 月

目 录

第1章 绪论 ………………………………………………………… 1

    1.1 问题的提出 …………………………………………………… 2

    1.2 基本概念界定 ………………………………………………… 7

    1.3 研究目标与研究内容 ………………………………………… 17

    1.4 研究方法与技术路线 ………………………………………… 19

    1.5 创新与不足 …………………………………………………… 21

第2章 文献综述与理论基础 ……………………………………… 25

    2.1 文献综述 ……………………………………………………… 26

    2.2 理论基础 ……………………………………………………… 55

第3章 地价与城市土地资源配置效应：整体框架 …………… 65

    3.1 研究的基本假设前提 ………………………………………… 66

    3.2 地价在土地资源配置中的作用分析 ………………………… 69

    3.3 地价配置城市土地资源的目标及评价标准 ………………… 75

    3.4 地价对城市土地资源配置效应的分析思路 ………………… 84

    3.5 本章小结 ……………………………………………………… 89

第4章 南京市地价改革历程与地价问题 ……………………… 91
4.1 南京城市基本情况 ……………………………………… 92
4.2 南京市地价改革的历史回顾 …………………………… 96
4.3 南京市地价问题分析 …………………………………… 101
4.4 本章小结 ………………………………………………… 110

第5章 地价对南京城市用地规模配置的效应研究 …………… 113
5.1 地价对城市用地规模配置效应的作用机理 …………… 114
5.2 研究方法与模型构建 …………………………………… 123
5.3 数据来源与预处理 ……………………………………… 126
5.4 研究结果与分析 ………………………………………… 128
5.5 本章小结 ………………………………………………… 133

第6章 地价对南京城市用地结构配置的效应研究 …………… 135
6.1 地价对城市用地结构配置效应的作用机理 …………… 136
6.2 研究方法与数据来源 …………………………………… 145
6.3 地价空间变化特征分析 ………………………………… 151
6.4 地价调节下的用地空间结构分析 ……………………… 166
6.5 本章小结 ………………………………………………… 172

第7章 地价对南京城市用地效益配置的效应研究 …………… 175
7.1 地价对城市用地效益配置效应的作用机理 …………… 176
7.2 研究方法与数据来源 …………………………………… 182
7.3 研究结果 ………………………………………………… 189
7.4 对研究结果的简要分析 ………………………………… 193

7.5 本章小结 …………………………………………………… 193

第8章 对地价及其土地资源配置效应的理性反思 …………… 195

8.1 地价的城市土地资源配置效应总结 ………………………… 196

8.2 影响地价优化配置土地资源的因素 ………………………… 199

8.3 本章小结 …………………………………………………… 233

第9章 主要结论与政策建议 …………………………………… 237

9.1 主要结论 …………………………………………………… 238

9.2 政策建议 …………………………………………………… 241

9.3 研究展望 …………………………………………………… 253

参考文献 ………………………………………………………… 255

后记 …………………………………………………………… 278

地价对城市土地
资源配置的
效应研究
Chapter 1

第1章 绪 论

1.1 问题的提出

土地资源是一种稀缺而宝贵的自然资源，也是一项重要的生产要素，土地资源高效配置是我国经济社会可持续发展的重要保障。改革开放以来，我国 GDP 增长率年平均为 9.7% 左右，远远高于同期世界经济年均 3.3% 的增长速度[①]。土地资源为我国经济保持又快又好的发展态势作出了重大贡献，大量新增建设用地的投入为经济高速增长提供了有力支撑。统计数据显示，1981~2010 年，我国城市个数由 226 个增加到 657 个，共增加城市 431 个；城市建设用地面积由 67.20 万公顷增加到 395.78 万公顷，共增加城市建设用地面积 328.58 万公顷。城市建设用地不断侵占农村耕地，1996~2008 年，我国耕地面积净减少了 833.33 万公顷，年均减少了 69.44 万公顷，人均耕地面积在 1996 年为 0.11 公顷，到 2008 年则快速下降到了 0.09 公顷。其中，建设占用耕地面积达 0.025 亿公顷[②]。我国每增加 1% 的 GDP 总量，就增加 0.87% 的建设占用耕地量。粗放、外延式的经济增长方式导致了我国城市土地快速蔓延扩张，土地浪费现象比较严重，土地资源总体上处于低效配置状态。

与此同时，土地资源对经济发展的"瓶颈"约束也日益显现[③][④]。由于存在土地资源对经济发展的约束，我国每年的经济增长速度降低

[①] 王群，张颖，王万茂. 保护资源和保障发展双重目标下土地利用规划实证研究[J]. 中国土地科学，2008，22（12）：63-67.

[②] 郭琳，严金明. 中国建设占用耕地与经济增长的退耦研究[J]. 中国人口资源与环境，2007，17（5）：48-53.（注：1996~2005 年建设占用耕地数据来自郭琳论文，2006~2008 年建设占用耕地数据来自《2012 中国国土资源年鉴》）.

[③] 徐绍史. 加强和改善土地宏观调控构建科学发展新机制[J]. 求是，2011（3）：34-36.

[④] 李鑫，欧名豪. 建设用地扩张对经济持续增长能力影响[J]. 经济地理，2012，32（11）：126-130.

第1章 绪论

了0.46%，是美国土地资源对经济"增长阻尼"的1.91倍[①]。随着城市人口的不断增加和城市化进程的不断推进，城市还需要大量土地用于各项建设，我国城市土地资源需求压力特别大。在国家确定18亿亩耕地下限阈值不能再减少的情况下，城市用地扩张的难度也将越来越大。城市土地供求矛盾日益激烈，未来城市经济发展将受到城市建设用地短缺的极大限制[②]，社会经济的可持续发展面临着严峻的土地资源瓶颈。为了使经济增长用地需求旺盛与土地资源供给有限两者矛盾能够平衡协调，使经济可持续发展和土地资源可持续利用的目标能够得到实现，有效的途径是转变经济发展方式，摒弃传统依靠土地资源支撑的经济发展旧模式，采用依靠提高效率来促进经济社会可持续发展的新模式[③]，使经济增长与城市建设用地扩张能够较好地脱钩[④][⑤]。而转变经济发展方式的核心途径是提高城市建设用地配置效率，实现城市土地的高效利用[⑥][⑦]。《中共中央关于制定国民经济和社会发展第十二个五年规划的建议》中明确指出要"落实节约优先战略，实行资源利用总量控制和大幅度提高资源利用效率，提升资源保障程度"，要"坚持把建设资源节约型社会作为加快转变经济发展方式的重要着力点"。

如何提高城市土地资源配置效率，成为当前我国经济发展方式转

---

① 杨杨，吴次芳，郑娟尔. 土地资源约束对中国经济增长的影响[J]. 技术经济，2007，26（11）：34-38.

② 方创琳. 中国城市化进程及资源环境保障报告[M]. 北京：科学出版社，2009：215-268.

③ 吴敬琏. 做好加快经济发展方式转变这篇大文章[J]. 学习月刊，2010（8）：3.

④ 钟太洋，黄贤金，王柏源. 经济增长与建设用地扩张的脱钩分析[J]. 自然资源学报，2010，25（1）：18-31.

⑤ 肖丽群，吴群. 基于脱钩指数的2020年江苏省耕地保有量目标[J]. 资源科学，2012，34（3）：442-448.

⑥ 郭贯成. 转变经济发展方式背景下的国土资源有效供给[J]. 南京农业大学学报（社会科学版），2011，11（2）：137-140.

⑦ 姜海，曲福田. 不同发展阶段建设用地扩张对经济增长的贡献与响应[J]. 中国人口资源与环境，2009，19（1）：70-75.

变的新问题。城市土地资源配置效率的改善关键在于引进市场机制，实现土地的市场化配置①。作为市场机制的核心，土地价格机制调节土地供求，对土地资源配置发挥基础性的作用。在完善的市场环境下，土地价格机制可以充分发挥其资源配置功能，引致土地资源以最优的数量向最佳的用途以及方向上进行配置，使土地资源利用效益得到提高。地价变化直接影响到城市不同用途用地之间的转换与城市空间布局的演变。自20世纪80年代以来，我国经济体制逐渐由计划经济向市场经济转型，城市土地与其他生产要素一样也进入了市场，城市土地开始有价使用。土地价格为协调不同权利主体之间的利益关系提供了依据，不仅使国家所有权在经济上得到真正体现，同时也有助于加强用地者的成本观念，提高土地利用效益。1993~2012年，通过出让土地使用权，全国共获得土地出让金收入15.93×10^8万元②，这为城市开发和建设提供了巨大的资金支持，为改善城市环境，提高社会福利发挥了重大作用。

国家有关部门越来越重视土地价格在资源配置中的作用。早在党的十四大报告中国家就提出"要利用价格杠杆的功能把资源配置到较好的环节中去"。2004年国务院出台的《关于深化改革严格土地管理的决定》中也提出"运用价格机制抑制多占、滥占和浪费土地"。"十一五"规划中要求"建立反映市场供求状况和资源稀缺程度的价格形成机制，提高资源的配置效率"。为充分发挥地价的经济杠杆作用，国家在地价管理的法制、机制和制度建设方面做了巨大努力，逐渐建立起基准地价、出让最底价等地价管理工具，建立了城市地价更新和动态监测体系，形成了一整套适合我国国情的土地估价的理论、方法和技术标准。

---

① 刘彦随，倪绍祥.城市土地优化配置的模式、目标及实现途径探讨 [J].经济地理，1996，16 (4)：41-45.

② 1993~1996年的数据来源于《中国土地年鉴》；1997年全国暂停出让土地，因此没有土地出让收入数据；1998年的数据来源于《国土资源统计年报》，1999~2012年的数据来源于《中国国土资源年鉴》。

第 1 章　绪论

但是，我国土地市场还不完善，土地价格还存在一系列的问题，土地价格被扭曲、异化的现象比较普遍①。第一，土地征收价格与土地出让价格相差太大，不同层次市场的地价脱节。在公开、平等的市场交换条件下，征地价格与出让价格之间会存在一种合理的差价，而现实当中两者之间的差价却过于巨大（人们形象称之为"剪刀差"）。如常熟市一些地块的征地价格最高的为 27 万元/公顷，最便宜的仅为 16.2 万元/公顷，而政府经过投资整理后，出让价格有些高达 1.695 亿元/公顷，是征地价格的数倍②。1979～2001 年，全国农民因土地征收与出让之间的"剪刀差"价格而失去的利益超过 2 万亿元③。第二，在城市土地市场内，不同用途类型的土地价格之间的比价也不合理。商业、居住用地价格与工业用地价格之间出现结构性偏离④⑤。从地价涨幅情况来看，2000～2012 年，全国商业和居住用地价格一路上涨，商业用地价格平均每年涨幅为 11.40%，居住用地价格平均每年涨幅为 14.42%；而工业用地价格保持平稳状态，平均每年涨幅只有 3.35%。从地价水平来看，商业、居住用地价格太高，而工业用地价格过低。2000～2012 年，全国商业、居住与工业平均地价水平分别为 3150 元/平方米、2332 元/平方米和 538 元/平方米，商业地价和居住地价分别是工业地价的 5.9 倍和 4.3 倍。第三，工业地价水平太低，甚至在有些地方出现零工业地价和负工业地价，工业地价严重负向偏离其成本价格⑥。如河南、陕西等一些中部地区工业用地

---

① 李文君. 中国土地资源价格扭曲：影响、成因及对策 [J]. 北方经济，2013 (7)：25-27.

② 邹富良，李小洁. "征地补偿"与土地价格扭曲机制探析 [J]. 苏行政学院学报，2012，65 (5)：55-60.

③ 万朝林. 失地农民权益流失与保障 [J]. 经济体制改革，2003 (6)：73-76.

④ 曾令秋，杜伟，黄善明. 对土地价格"剪刀差"现象的经济学思考 [J]. 中国农村经济，2006 (4)：37-42.

⑤ 毛丰付，裘文龙. 纵向分权、横向竞争与土地价格扭曲 [J]. 经济与管理研究，2013 (12)：35-47.

⑥ 薛白. 财政分权、政府竞争与土地价格结构性偏离 [J]. 财经科学，2011 (3)：49-57.

成本价为 180～225 万元/公顷，其出让地价一般在 90 万～150 万元①；位于长江三角洲地区、土地资源非常匮乏的浙江，工业用地成本价（包括征地和基础设施配套费）为 150 万元/公顷左右，其出让地价只有 129 万元/公顷②；位于珠江三角洲地区的佛山市西樵镇工业用地成本价（包括征地费、青苗补偿费、"五通一平"等）为 180 万元/公顷左右，其出让地价只有 120 万～135 万元/公顷；在珠海市与中山市的土地出让中甚至出现了"零地价"。第四，居住地价与商业地价之间也现出倒挂现象③。从理论上讲，商业用地收益最高，其地租承受能力也最高，因此商业用地价格要高于居住用地价格。而现实当中，2005～2008 年，全国商服用地出让价格却低于居住用地价格。第五，商业与居住用地价格波动较大，对中国土地资源经济安全产生了较大影响④。

要素价格扭曲会影响市场主体的行为选择和土地利用方式，扭曲的价格体系必然导致资源配置不当⑤。资源配置最优与市场价格机制的最优休戚相关⑥。因此，有必要系统研究现实状态下的地价对城市土地资源配置究竟产生了怎样的效应？分析是什么原因导致了地价遭到扭曲和异化，并使地价优化配置城市土地资源的功能受到了影响呢？假如不能正确认识并采取相应措施，利用地价配置城市土地资源则有可能会偏离原来"优化配置城市土地资源、提高资源配置效率"的良好初衷，使土地资源陷入低效利用的境地。

因此，为促进地价实现优化配置土地资源的功能，提高城市土地

---

① 程世勇. 地价失灵条件下的经济发展模式转型 [J]. 经济问题, 2010 (7): 11-15.
② 黄小虎. 当前土地问题的深层次原因 [J]. 经济瞭望, 2007 (2): 46-47.
③ 唐健, 谭永忠, 徐小峰. 中国商住用地价格倒挂及其产生机理 [J]. 中国土地科学, 2011, 25 (1): 22-29.
④ 丰雷, 郭惠宁, 王静, 等. 1999～2008 年中国土地资源经济安全评价 [J]. 农业工程学报, 2010, 26 (7): 1-7.
⑤ 林毅夫. 自生能力、经济发展与转型 [M]. 北京: 北京大学出版社, 2004: 12.
⑥ 郭莉. 市场价格机制与资源配置 [J]. 价格与市场, 1994 (1): 13-14.

资源配置效益，有必要进行系统和深入分析相关问题。如现实状态下的地价究竟对土地资源配置产生了怎样的效应？为什么会产生这样的效应？地价存在什么问题？使地价遭到扭曲、没有发挥其优化配置资源功能的原因是什么？不完善市场条件下的地价资源配置效应与完善市场条件下的地价资源配置效应存在什么差异？土地资源配置效率的改善与提升，需要从纠正扭曲的土地市场价格入手①。所以最后还需要探讨如何纠正扭曲的地价，并建立充分发挥地价优化配置土地资源积极效应的制度环境等问题。

  本研究基于国内外研究现状和地租地价等相关基础理论，建立本研究的理论分析框架。选取有代表性的典型城市，在分析地价对城市用地规模、用地结构和用地效益配置效应的作用机理基础上，实证考察现实状态下的地价对城市用地规模、用地结构和用地效益配置的效应；然后总结前面的研究结果，分析存在的问题，并探究地价没有发挥土地资源配置正向效应、实现城市土地资源配置目标的原因；最后基于上述研究，提出相关建议，建立相关制度环境，促进地价优化土地资源配置目标的实现。本研究对地价的城市土地资源配置效应进行全面系统地探究与分析，科学测度并客观反映地价对城市土地资源配置的效应，有利于更好地促进地价发挥资源配置的积极效应，规避或减少资源配置的消极效应；为国家制定地价调控政策，利用地价政策参与宏观调控提供理论上的支持；对于促进转期型我国城市土地资源配置效益的提高以及推进经济发展方式的转变具有重要理论与实践价值。

1.2 基本概念界定

  无论探讨什么样的科学问题，首先都要进行概念界定。同一概念

---

① 石晓平. 土地资源可持续利用的经济学分析 [D]. 北京：大地出版社，2001.

因研究视角的不同可能会有不同的理解。因此,为避免研究产生歧义,在本书研究之前要把概念界定清楚。

1.2.1 土地及土地价格

1.2.1.1 土地与城市土地

由于土地具有复杂性和综合性,长期以来国内外学者对土地的认识很不一致。同时,基于不同目的、不同学科,土地概念的内涵与外延也不同。王万茂教授认为可将土地纵向分为狭义土地和广义土地,横向分为平面土地和立体土地,最终综合形成土地资源和土地资产[1]。综合各学者的观点,目前对土地的认识主要有土地平面观、土地立体观和土地综合观三种[2]。土地平面观主要从土地的水平幅度着眼,包括的观点有:①土地即土壤;②土地即陆地;③土地即地球表层;④土地即是自然。土地立体观主要从土地概念的垂直幅度着眼,其界定的显著特征是由上至下。土地综合观主要从土地的自然、经济、历史等综合的角度着眼。本研究持土地综合观,认为土地是由地面空间、地上一定空间以及地下一定范围空间组成,是一个自然、经济、社会的综合体。土地具有资源和资产双重属性。

城市的出现及其发展逐渐把土地划分为城市土地和农村土地。城市土地是指城市区域范围内的水、陆空间以及它们上下一定空间所组成的综合体。具体而言,城市土地划分为城市建成区土地、城市规划区土地和城市行政区划内的土地三个层次。城市建成区土地范围最小,指城市已开发建设的土地;城市行政区划内的土地范围最大,包括城区、郊区和市辖县范围内的土地;而城市规划区土地指城市规划确定的土地范围,主要指除建成区外,定期要发展的近郊土地。本书

---

① 王万茂,王群. 土地利用规划学 [M]. 北京:北京师范大学出版社,2010:4.
② 黄贤金,张安录. 土地经济学 [M]. 北京:中国农业大学出版社,2008:1-3.

所研究的城市土地范围，主要指城市建成区范围内的土地，不包含近郊的农用地。

随着城市经济的发展，人口和土地不断城市化，城市土地范围也逐步扩大。由于地球上的土地数量有限，城市土地规模的不断扩大，就意味着农业用地规模的不断缩小。城市土地来源于农业用地，但是，它除了具有农业用地一些共同特点外，如数量有限、不可移动等，还具有区别农业土地的特性，主要表现在：

（1）区位的重要性。对于农业用地而言，它受地理位置影响较小，其优劣程度主要取决于土壤的肥沃程度。而对于城市用地而言，其优劣程度更主要的是取决于土地所处的地理区位、经济区位。繁华程度、基础设施完备度、交通便捷程度、环境质量等都对城市土地具有重大影响。区位条件不同，其土地价格也不同。城市中心与城市边缘区的土地区位不同，它们的地价水平也就不同。对于商业用地而言，区位更加重要。毗邻的两宗地，一宗地临街，另一宗地不临街，临街宗地的地价很有可能就要远远大于不临街宗地的地价。城市土地的区位条件决定了其利用方向、强度以及利用价值等。

（2）用途多样性和利用方向不可逆性。相对于主要用于种植、经济结构简单的农业用地而言，城市土地具有不同功能分区，土地用途具有多样性。根据中国住房与城乡建设部于2011年颁布的新版《城市用地分类与规划建设用地标准》（GB 50137－2011），城市建设用地划分为8大类，包括居住用地、公共管理与公共服务用地、工业用地、公用设施用地、交通设施用地、物流仓储用地、商业服务业设施用地、绿地等。各种用地相互联系，共同构成了城市区域内的土地利用结构。

虽然城市土地用途有多种选择，但一经确定了作某种用途，并对其进行了开发建设，在土地上面建设了房屋，由于经济原因，要改变为其他用途的用地则比较困难，具有弱不可逆性。城市土地利用方向的不可逆性还表现在由农业用地转变城市土地后，其土壤质地就被破坏，不再适宜种植农作物。若要把城市土地再转作为农业用地，则需要花费十多年、甚至几十年的时间对土地进行培育。

（3）土地的保值增值性。由于城市土地资源数量有限，随着城市经济发展，对土地的需求将不断增加，结果必然导致城市土地供求矛盾增加。特别是在我国，在很长时期内土地价格将表现为一直往上增长趋势，即城市土地能够增值。另外，城市土地能够抵消通货膨胀的影响，因此具有保值的特性。城市土地具有的保值增值性，使人们乐于投资于不动产。

（4）城市土地空间利用的多维性。人们对农业用地一般仅限于土地的平面利用。而城市土地不同于农业用地，它作为城市的空间位置和活动场所，其空间利用具有立体多维性，表现为不仅使用土地地表上的有限空间，还可以使用地表下的空间。城市土地立体化的空间利用成为决定土地使用价值的重要因素。

1.2.1.2 土地价格

（1）土地价格内涵。土地价格，简称地价。关于地价的概念，国内不同学者提出过自己的观点。陆红生的观点是，地价是购买地租的价格，而不是购买土地的价格，预期的地租系列资本化后就形成了地价，不是地价决定地租，相反，是地租决定地价[①]。刘书楷认为地价是土地所有权的价格，但是当出让年期是无限时，土地使用权的价格也视着为地价[②]。王克强等认为，地价是由地租、土地投资的折旧以及投资的利息三部分资本化而形成的。土地具有资源和资产双重属性，应该注重其资产属性来认识地价[③]。曹振良对地价的认识则更关注土地的资产属性，他认为地价就是一种资产价格，是提供土地服务

---

① 陆红生. 土地管理学总论 [M]. 北京：中国农业出版社，2007.
② 刘书楷. 土地经济学 [M]. 北京：中国农业出版社，2004.
③ 王克强，王洪卫，刘红梅. 土地经济学 [M]. 上海：上海财经大学出版社，2014.

第1章 绪论

流量或地租收益流量的土地资本的价格。地价受到资产市场供求以及人们的未来心理预期的影响[①]。

以上各学者对地价的定义虽然提法各不相同,但普遍认同马克思从地租角度来认识地价的内涵,即主要认为地价是资本化的地租。本研究也赞同这个观点,认为土地之所以有价格,主要是因为它可以为人们带来收益(地租)。两者的关系可以用下列公式表示:

$$P = \frac{A}{r}\left[1 - \frac{1}{(1+r)^n}\right]$$

式中,P 为地价,A 为平均年地租,r 为贴现率,n 为出让年期,当 n 趋向于无穷大时,上式就变成为 P = A/r。

因此,从这个角度而言,地价和地租同属于一个价格范畴,并存于土地市场中。本研究谈到地价对土地资源配置的影响,也包括地租对土地资源配置的影响。基于我国城市土地所有权归国家这一国情,城市土地市场上的地价一般是指土地使用权价格,因为土地出让有年限规定,而不是无限年。

由土地利用收益(地租)资本化而形成的土地价格为合理地价,即由市场价值决定的价格,反映了社会对土地服务的真实供求。

同时,本研究认为,土地不仅是一种资源,更是一种资产,是"自然物 - 商品综合体"。地价包括土地资源价格和资产价格这两个部分。

(2)土地价格类型。从不同的角度出发,土地价格可以分为不同的具体形式。

第一,按照土地价格形成的方式,土地价格可以分为交易价格、理论价格和评估价格。

交易价格指土地使用权在交易过程中实际成交的价格。征收市场上的征收土地价格、一级市场上的土地出让价格、二三级市场上的土地转让价格和抵押价格等都是市场上实际成交价格。评估价格指经专

---

① 曹振良. 房地产经济学通论[M]. 北京:北京大学出版社,2003.

门机构和人员按照一定操作程序、遵循一定原则及采用一定方法后评定的土地价格,如交易最低价、基准地价、标定地价、课税地价等。交易最低价是政府对土地出让时的最低控制价格;基准地价是区域内的某个时点和状态下的平均地价,反映区域内地价总体水平和变化趋势,在评估时以区域内的交易价格为基本参考依据,由政府定期公布;标定地价是特定地块在某一估价期日的地价,是该类土地在该区域的标准指导价格。理论价格指完全竞争市场条件下,真实需求与真实供给相等的条件下形成的均衡价格。

  本研究在实证考察地价对南京城市用地规模配置的效应和地价对南京城市用地结构配置的效应时,所用的地价是一级市场上的土地出让价格,这是市场上实际发生的土地价格,可能是合理价格,也可能是遭到扭曲、不合理的价格;在实证考察地价对南京城市用地效益配置的效应时,所用的地价是基准地价,因为基准地价是参考土地出让价格等交易价格后确定的,而且是区域内的平均地价,反映区域内地价总体水平和变化趋势,与反映城市总体用地水平的土地利用综合效益一起进行研究更有意义。

  第二,按照土地价格表示方法,土地价格可以分为土地总价格、土地单价、楼面地价等。

  土地总价格指某一宗土地的整体价格;土地单价指单位土地面积的价格;楼面地价是土地单价的一种表示方法,指按照建筑面积均摊的土地价格,即单位建筑面积土地价格。

  当然,还有按照其他方式进行分类的土地价格形式,如按土地权利分类,政府管理手段分类等,不同分类之间的土地价格会有所交叉。

1.2.2 资源配置与城市土地资源配置

1.2.2.1 资源配置

  资源一词在《辞海》中被解释为"资财之源,一般是指自然财源"。资源包括土地资源、劳动资源、科技资源、管理资源、资本资源等。配置含有"配备、组合、安排"的含义。资源配置是经济学中研究的根本问题之一,许多学者对资源配置问题都展开过系统研究。曲福田认为资源配置表现为一种组合关系或一种配置过程,是"资源之间、资源与其他经济要素之间的组合关系,是在时间、空间以及产业结构等方面的具体体现和演变的过程"[①]。厉以宁认为,资源配置是指各种资源在各种不同使用方向之间的分配,这些资源包括人力资源、物力资源和财力资源等[②]。史忠良的观点是"资源配置表现为一种时间、空间以及数量上的要求"[③]。资源具有时间价值,因此资源配置要区分过去、现在和将来;资源配置数量要求包括总量要求和增量要求;资源配置空间要求指资源在不同使用方向和不同地区的配置。刘慧认为,多种资源在不同的使用方向之间的分配就是资源配置,资源配置包括在不同产业部门、不同区域之间、不同时间上以及不同资源要素在一定区域的相互组合与匹配[④]。

综上各学者的研究,本研究认为,资源配置是指资源的分配或布局,是对资源的种类、数量及其结构与布局在时间和空间上进行安排和组合的一种过程或者结果。资源配置包含期间配置、区间配置以及产业间配置等多重配置。期间配置主要是为了保证人类可以持续利用资源,在当代与后代人之间配置资源;区间配置是为消除区域间因对资源利用的不平衡引致的福利差异,在各区域间分布和配置资源;产业间配置是为保证各产业部门对资源的利用,在各个产业部门之间进行资源分配。从资源配置的定义中可以认识到,如果从动态角度看,资源配置是一种对资源在不同用途或主体间配置的过程;从静态角度看,资源配置则是通过资源配置过程形成的既定的一种状态或结果。

[①] 曲福田. 资源经济学 [M]. 北京:中国农业出版社,2001:63.
[②] 厉以宁. 非均衡的中国经济 [M]. 北京:外语教学与研究出版社,2013.
[③] 史忠良. 资源经济学 [M]. 北京:北京出版社,1993:3.
[④] 刘慧. 中国农业资源配置现状研究 [J]. 资源科学,1998,20 (5):18 - 25.

1.2.2.2 城市土地资源配置

土地和其他稀缺资源一样，也存在配置问题。关于土地资源配置方面，我国许多学者开展了大量研究。王万茂认为土地资源配置由四要素构成，即时间、空间、用途以及土地数量，是指土地资源在时间上、空间上和部门间（用途间）数量的分布状态[1]。刘彦随等认为土地资源配置是一定区域尺度下的系统内土地用途间的分配行为，其实质是转换土地用途或者对土地做实体性改变的一种过程[2]。在市场经济条件下，土地资源配置要遵循的原则包括数量结构最优原则、区位利用最佳原则和综合效益最大原则[3]。

城市土地资源配置指城市土地在各种可能性的用途中的安排、选择和组合，它不仅要明确其空间分布，还要确定其数量结构，涉及社会、经济、生态等综合问题。因此，城市土地资源配置存在时间、空间、数量等方面的配置问题，其归根结底在于合理配置和有效利用，以期达到社会、经济、生态综合效益[4]。

城市土地资源是非常珍贵的稀缺资源，其配置结果具有合理与不合理等多种可能性。土地资源配置结果的合理程度，直接关系到经济、社会和生态能否可持续发展。实现土地资源的最优配置，一直是土地经济和管理中追求的基本目标。城市土地资源最优配置是指城市土地资源最佳的利用方式和配置状态，能够尽可能满足人们生产和生活所需。优化配置土地资源是针对不合理的土地利用问题，对土地资源进行改善分配。衡量土地资源最优化配置的标准最初是由帕累托提

---

[1] 王万茂. 市场经济条件下土地资源配置的目标、原则和评价标准 [J]. 自然资源，1996 (1): 24–28.

[2] 刘彦随，倪绍祥. 城市土地优化配置的模式、目标及实现途径探讨 [J]. 经济地理，1996 (4): 41–45.

[3] 刘彦随，蒋建军，李九全. 论城市土地优化配置的原则及标准 [J]. 南京师大学报（自然科学版），1996, 19 (3): 73–77.

[4] 张薰华. 土地与市场 [M]. 上海：上海远东出版社，1996.

第1章 绪论

出来的。在完全竞争市场条件下,土地资源在价格机制引导下能达到"帕累托最优状态"。但因现实土地市场不存在完全竞争条件,土地资源只能由"最优状态"向"次优状态"退却。研究如何改进土地资源配置状态更具有现实意义①。

1.2.3 效应与资源配置效应

1.2.3.1 效应

效应(effect),在《辞海》中是指"由某个代表人物或者典型事件引发产生一批同类型人物或事件的现象";在《当代汉语词典》中,效应"泛指人或事物所引起的反应和产生的效果";在百度百科中界定为"在有限的环境下,由一些因素和一些结果而构成的一种因果现象"。"效应"一词被广泛应用于社会经济各领域,不一定限于应用在严格的科学定理、定律中特指因果关系②。"效应"可指"一事物的变化对其他与之相联系事物的量或结构的质状态产生的影响"③。"效应"也可泛指人或事物所引起的反应和产生的效果。效应有正向效应和负向效应之分。正向效应是指由某种力量、做法等产生的积极作用或效果有利于事物的发展;而负向效应是指由某种力量、做法等产生的消极作用不利于事物的发展,具有相反的效果。

值得注意的是,与效应容易混淆的概念有"效率""效益"。"效率",英文表达为efficiency,指单位时间完成的工作量,反映投入与产出的比率关系。"效益",英文表达为benefit,是效果和利益的总和。效益是指有效产出与投入之间的一种比例关系。因此,效率高,不一定有效益。但是要想获得高效益,一定要提高效率。

---

① 黎赔肆,周寅康,彭补拙. 城市土地资源市场配置的缺陷与税收调节 [J]. 中国土地科学, 2000 (5): 21-24.
② 彭开丽. 农地城市流转的社会福利效应 [D]. 武汉:华中农业大学, 2009.
③ 吕洪波. 中国农业财政支出效应研究 [D]. 沈阳:辽宁大学, 2007.

1.2.3.2 资源配置效应

目前,资源配置效应这一术语在很多研究中出现。资源配置效应是指社会经济活动(的变化)给资源配置状况(数量或结构等)带来的改变或影响。资源配置状况的改变是由社会经济活动这个原因带来的结果。社会经济活动有可能使资源配置状况得到改善,也可能引起资源配置状况不合理。

1.2.3.3 地价对城市土地资源配置的效应

地价变化与城市土地资源配置之间具有重要关系,这种关系可以通过城市土地资源配置效应来反映。地价对城市土地资源配置效应是指由土地价格变化对城市土地资源配置状况带来的改变或对城市土地资源配置方面产生的影响。土地价格水平及其波动引起土地资源数量及其结构、布局在时间和空间上不断进行组合、分配,改变土地资源的流向、流量以及布局等。

地价对土地资源配置效应具有静态和动态双重特征,因此在研究上应该从静态和动态两个方面来把握。静态的地价资源配置效应强调一种结果,是指地价对土地资源的配置效果,或者说结果状态,主要通过土地资源配置的数量、结构布局以及用地效益来体现[1][2]。而动态的地价资源配置效应则强调一种过程,关注地价对土地资源配置的作用机理,以及影响地价配置土地资源结果的原因、环境条件等。只有把地价对土地资源配置的静态效应和动态效应两者结合起来研究,才能真正把握地价对土地资源配置产生的影响。

地价对土地资源配置的效应有可能为正,也有可能为负。即地价

---

[1] 李国荣. 我国城市土地优化配置与地租调节机制 [J]. 学术月刊, 1992 (10): 34-39.
[2] 叶艳妹, 吴次芳, 蒋钏. 试论城市地价运作管理与土地资源的优化配置 [J]. 经济与管理研究, 1997 (3): 59-61.

有可能优化了土地资源配置状况,提高了土地资源配置效率,也有可能导致土地资源配置状况更加糟糕,降低了土地资源配置效率。由于土地是一种稀缺的资源,人们常常以优化土地资源配置、提高土地资源配置效率为价值目标。因此,需要采取一定措施,创造环境条件和建立制度体系,为地价发挥其土地资源配置正向效应提供保障。

1.3 研究目标与研究内容

1.3.1 研究目标

本研究的总体目标是:考察现实市场环境条件下的地价对城市土地资源配置的效应,为充分发挥地价的最佳资源配置正向效应、提高城市土地资源配置效率,提供理论支持和政策参考。

研究的具体目标如下:

(1) 理解地价对城市用地规模、用地结构和用地效益配置效应的作用机理,并测度在不完善的市场条件、现实状态下的地价对城市用地规模、用地结构和用地效益配置产生的影响或作用程度。

(2) 了解地价未能实现优化配置城市土地资源目标的原因,把握影响地价发挥城市土地资源配置正负效应的内外因素,以及不同市场条件和政府干预下的地价变化及其对土地资源配置效应的表征。

(3) 在前面研究基础之上,找出问题的解决方案和措施,建立相对应的制度体系,为实现地价优化配置城市土地资源的价值目标提供制度保障。

1.3.2 研究内容

本书的主要研究内容是:

地价对城市土地资源配置的效应研究

（1）地价与土地资源配置效应：整体框架。这部分内容主要是建立全文研究的理论分析框架。具体包括分析土地价格对土地资源配置效应的作用关系和作用途径，明确土地资源优化配置的目标，建立土地资源优化配置目标是否实现的评判标准，最后构建本书研究的分析框架。

（2）地价对南京城市用地规模配置的效应研究。本部分内容主要是基于城市土地供求与地价之间的关系，分析地价对城市用地规模配置效应的作用机理，并借鉴其他学者关于计算农地非农化过度性损失的研究思路，采用"柯布—道格拉斯"生产函数模型，在计算出土地价格市场吻合度之后，测度在现实市场环境条件下地价对城市用地过度扩张量的影响程度。

（3）地价对南京城市用地结构配置的效应研究。本部分内容主要是在分析地价对城市用地结构配置效应的作用机理之后，先从南京市地价空间分布入手，借助地理信息系统 ArcGIS 软件，建立数字地价模型和地价剖面图，分析各类型用地的地价空间分布特征，然后再根据地价与距离的回归方程，得出表达各类用途地价与距离关系的地价空间变化曲线（竞租曲线），进而分析南京市地价对城市各类用途土地结构布局配置的影响效应。

（4）地价对南京城市用地结构配置的效应研究。本部分内容主要是在分析地价对城市用地效益配置效应的作用机理之后，从土地利用的经济效益、社会效益、生态效益三个方面出发，构建城市用地效益评价指标体系，测算出城市用地效益，然后利用灰色关联分析法，计算南京市地价变化与用地效益的关联度，定量考察南京市地价与用地效益的耦合关系，分析地价变化对用地效益的作用方向与作用程度，并借此评价城市地价的合理性。

（5）对地价及其城市土地资源配置效应的理性反思。基于前面的实证研究，反思地价对土地资源配置的现实结果为什么与传统理论中应该达到的理想结果不太一致？为什么与土地资源配置目标之间还存在较大差距？为什么地价对土地资源配置产生了负向效应？由于地价对土地资源配置的效应存在正或负两种可能，需要探究影响地价发挥土地资源配置正负效应的因素，系统分析不同市场条件和政府干预下地价的变化及其资源配置效应的表征。

1.4 研究方法与技术路线

1.4.1 研究方法

为实现研究目标，需要选用适宜的方法对研究内容展开研究。根据研究对象及其特点，本书采用了比较静态分析和动态分析相结合、规范研究与实证研究相结合，以及定性研究和定量研究相结合的方法。

1.4.1.1 比较静态分析和动态分析相结合

比较静态分析，是分析研究对象状态在已知条件发生变化后的相应变化，即比较分析研究对象在有关变量变动前后的状态。动态分析则是对研究对象变动的实际过程进行分析，这种分析把研究对象的变化当作一个连续的过程来看待。本书在第8章分析地价对土地资源配置效应的影响因素时应用了比较静态分析法，主要是比较分析完善市场条件下与不完善市场条件下、政府干预适度与干预过度情况下地价对土地资源配置效应的变化。在第5~7章分析地价对土地资源配置效应的作用机理时应用了动态分析法，主要是全面分析地价作用下土地资源配置变化的动态过程。把比较静态分析和动态分析结合起来，有利于系统、整体地把握地价的土地资源配置效应。

1.4.1.2 规范研究与实证研究相结合

规范研究关注"应该是什么、应该怎么样"，实证研究关注"是什么、是怎样"。两者相结合才能得到令人信服的结论。本书在探讨"地价对土地资源优化配置要达到的目标应该是什么？土地资源优化配置目标实现与否的评判标准是什么？应该如何充分发挥地价优化配置土地资源的功能？政府应该采取什么样的对策、建立什么样的制度？"这些问题时，采用了规范研究方法来解决。而在研究"地价存在什么问题？地价对城市土地资源配置产生了什么样的效应？"这些问题时，则应用实证研究来解决。

1.4.1.3 定性研究与定量研究相结合

定性研究也称为质化研究，是揭示事物性质的一种方法，常用来定义问题或者处理问题。定量研究则是对事物进行量化研究，主要依靠统计数据或数字来得出结论。本书在探讨地价对土地资源配置效应的作用机理、分析地价在不同市场条件和政府干预下的变化等部分内容时应用了定性研究方法。同时，也借助了定量研究方法，选择生产函数模型实证考察地价在政府干预以及市场发育不完善的环境下对城市用地规模配置的效应；利用 ArcGIS 统计分析扩展模块分析南京市地价样点数据，研究地价调节下的城市用地空间结构；应用熵值法、灰色关联分析法测度地价与土地利用效益的耦合关系。

1.4.2 技术路线

本书在转变经济发展方式、提高土地资源配置效率的现实背景下，结合我国地价以及土地资源配置的现状，提出本书的研究问题。并在回顾国内外文献的基础之上，构建了地价对土地资源配置效应的理论分析框架。根据理论分析框架，展开本书的研究。

首先，以南京市为例，在收集和整理相关数据资料的基础上，选择适宜的研究方法，从城市用地规模、用地结构和用地效益三个方面展开分析地价对城市土地资源配置效应的作用机理、测度地价对城市土地资源配置的影响程度；其次，基于实证研究结果，分析现实状态下的地价对城市土地资源配置的影响结果与传统理论中应该达到的理

第1章 绪论

想结果不一致的原因,即探究影响地价及其土地资源配置效应的内外因素;最后,得出研究结论,并提出相关政策建议,以期地价能有效发挥优化土地资源配置的积极效应,提高城市土地资源配置效益。

本研究的技术路线如图1-1所示。

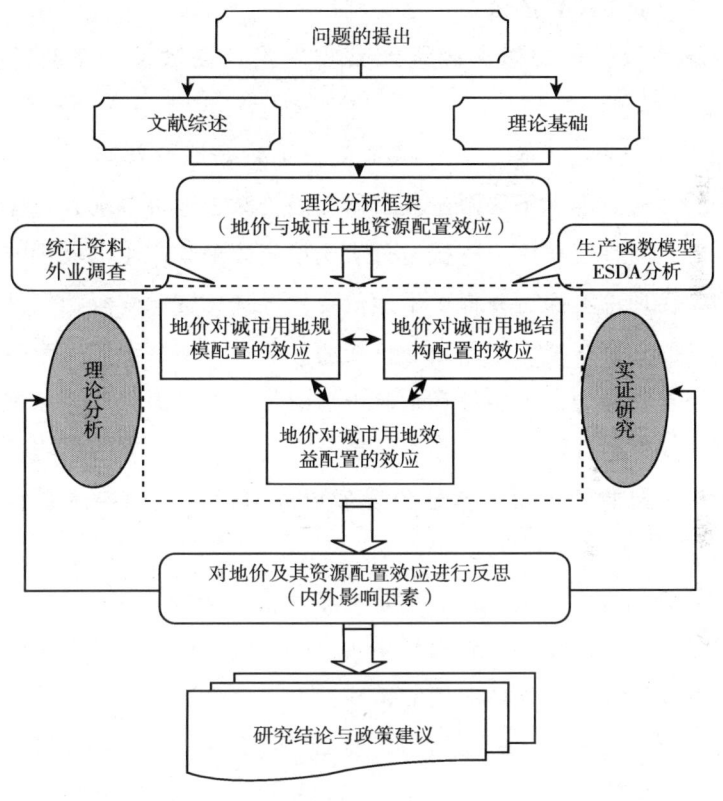

图1-1 本书的技术路线

1.5 创新与不足

1.5.1 创新之处

本书创新之处主要体现在:

(1) 研究视角和思路方面，把地价与土地资源配置放在一个体系中来全面考察和分析，提供了一个新的研究思路。本书以"地价在土地资源配置中发挥基础性的作用"为切入点，基于资源配置的相关理论，从用地规模、用地结构和用地效益三个方面系统考察地价对城市土地资源配置的效应。这为利用地价政策参与宏观调控、研究土地资源优化配置的影响因素及其实现路径提供了一个新的研究思路。

(2) 研究内容方面，较系统地剖析了影响地价及其土地资源配置效应的因素。本书不局限于仅仅研究地价对土地资源配置效应有怎样的影响，而且还较深入挖掘地价对土地资源配置产生消极影响效应的原因，在理论上探讨并提供了地价要发挥优化资源配置功能其本身必须满足的几个标准。把导致地价扭曲、并对土地资源配置产生消极效应的因素归结为市场条件和政府干预两个方面，而且较为深刻地揭示了市场发育条件和政府干预对地价及其资源配置效应的影响，并提出建立纠正扭曲的地价，使地价合理形成与运行的调控体系和制度体系。

(3) 在研究方法方面，把生产函数模型、GIS 探索性空间数据分析、灰色关联分析等方法应用到本研究中，这是这些研究方法在地价与土地资源配置研究领域应用的拓展。本书应用这些方法对地价的城市用地规模配置效应、用地结构布局配置效应和用地效益配置效应进行了定量的测算和分析。

1.5.2 不足之处

本书不足之处主要体现在：

(1) 对城市用地效益进行评价时，由于受数据可获得性所限，只选用了几个常见的评价指标。而实践中，城市用地的社会效益和生态效益还可能体现在居民幸福指数、满意度等方面。因此，城市用地

第1章 绪论

效益评价结果有可能存在误差。

（2）在分析政府干预对南京市地价的影响时，没有把地方政府所有的干预行为都一一考虑。政府干预行为从多方面影响到地价的变化，如政府的土地价格管制、土地供应方式、土地供应计划、土地税收、土地利用规划、城市规划、金融信贷政策等都直接或间接影响地价。受篇幅及数据资料所限，本书主要分析了土地一级市场中政府的土地供应方式、土地供应计划、土地价格管制等行为对地价的影响，而政府的土地利用规划、城市规划、金融信贷政策等对地价的影响没有进行详细分析，因此难免有管中窥豹而无法见全貌之嫌，需要今后作进一步的补充和完善。

地价对城市土地资源配置的效应研究
Chapter 2

第2章 文献综述与理论基础

2.1 文献综述

2.1.1 城市土地资源配置研究

土地是一种重要的生产要素，也是一种非常珍贵的稀缺资源。如何将有限、稀缺的土地资源进行合理分配，最大限度地满足人们的需求，是国内外不同社会体制国家和地区都普遍关注的问题。如何实现土地资源的优化配置已成为土地科学领域的重要研究课题之一，国内外学者从多重视角对城市土地资源配置问题进行了广泛而深入的研究，而且取得了较大进展。

2.1.1.1 国外研究综述

城市土地问题特别是城市土地资源配置问题的重要性很早就被西方学者所认识，并且学者们对这方面的研究比较成熟，形成了大量的模型和结论。比较早且具有重大影响力的研究包括区位布局理论，如韦伯的工业区位论、克里斯塔勒的中心地理论、阿朗索的城市内不同用地的竞标地租理论等，以及在这些理论指导下形成的城市土地利用模式，包括伯吉斯的同心圆模式、霍伊特的扇形模式、哈坦斯的多核模式等。这些研究对国外城市土地资源配置具有重要指导作用。

（1）土地资源配置机制及其作用效率。关于如何配置资源，哪种配置机制更好更有效率，西方学者在不同发展阶段形成了不同理论。最早可以追溯到以亚当·斯密为代表的"一元论"。该理论认为自由市场是一只"看不见的手"，是实现资源合理配置的唯一方式，有用劳动与无用劳动的人数比例反映了资源合理配置的程度。政府只是一个"守夜人"，国家为市场发挥资源配置作用提供法律

第 2 章 文献综述与理论基础

制度①。19 世纪中后期，西方新古典经济学的效用价值论逐渐替代了传统的劳动价值论，并以"均衡价格论"为资源合理配置的理论基础，认为在完全竞争市场条件下，市场机制能使资源配置实现帕累托最优②。在凯恩斯革命之后，以萨缪尔森为代表的新古典综合派认为应该将市场机制和政府干预两者相结合共同配置资源，即所谓的"二元论"。要实现资源的优化配置，应该以市场为主导，同时政府也要适度进行干预，以弥补市场机制在配置资源上的内在缺陷③。进入 20 世纪 60 年代后，新制度经济学把制度变量引入分析框架，从产权、交易成本等方面研究了不同的配置机制是如何解决资源的配置问题④。新制度经济学认为产权的配置功能、激励功能和约束功能这三大功能决定着资源配置利用效率，强调产权制度安排对资源配置的重要作用。以上理论研究表明，市场机制是配置资源的有效方式，但由于市场机制存在自身缺陷，政府有必要对其进行适度干预，市场与政府的合理结合可以提高资源配置效率。

国外对不同机制在资源配置中的作用效率的实践研究也表明，市场机制能够发挥资源配置的基础性作用。Mahan 等（2002）对加拿大南部引水浇灌农作物的研究发现，对河水使用制度进行改革，应用市场价格机制解决用水问题能够提高水资源配置效率，大大提高农作物的产出率⑤。政府干预能否提高资源配置的效率，主要在于把握一个"度"。政府过多的管制会限制土地市场的有效运行，会导

---

① ［美］杰克·赫舒拉发等著，李俊慧，周燕译. 价格理论及其应用——决策、市场与信息 ［M］. 北京：机械工业出版社，2009：445.

② ［美］加里·S. 贝克尔著，王业宇，陈琪译. 人类行为的经济分析 ［M］. 上海：格致出版社，2008.

③ ［美］保罗·萨缪尔森，威廉·诺德豪斯著，于健译. 经济学 ［M］. 北京：人民邮电出版社，2013.

④ ［美］R. 科斯等. 财产权利与制度变迁 ［J］. 上海：上海三联书店，1994.

⑤ Robert C. Mahan, Theodore M. Horbulyk, John G. Rowse, Market mechanism and the efficiency allocation of surface water resource in Southern Alberta ［J］. Socia – Economic planning science, 2002 (36): 25 – 49.

致资源配置效率的降低，而干预不足也同样会对土地市场产生不利影响①。如日本 20 世纪 90 年代政府因采取过于严厉的打压地价的管制政策，造成了经济的衰退②。

（2）土地资源配置的影响因素与动力机制。为选择合适的城市发展模式，实现土地可持续利用，国外学者很多从土地资源配置的影响因素入手进行研究。研究发现，城市人口、收入、土地价格、交通设施、城市与其他类型用地边界长度、政府政策等都是影响城市用地向外扩张和城市用地内部空间结构变化的重要因素。在美国，城市扩张大都发生在分区的大都市地区，因为政府对这些地区都有土地使用和分区管制的权利。H. Spencer Banzhaf（2010）研究了美国宾州土地税对城市扩张的影响，认为征收土地税能够提高资本/土地比率，增加住房的开发密度，从而有助于遏制城市扩张③。S. Habibi（2011）认为城市扩张程度在不同的经济、社会和政治环境情况下不一样，其中经济增长、收入增加、土地价格、城市人口增加、交通系统的发展、城市内部社会问题等是美国城市扩张的一些因素④。Shima Hamidi 等（2014）研究了 2000~2010 年美国城市扩张变化情况，采用主成分分析法，从开发密度、土地利用结构、活动中心、临街性等方面测度了美国都市紧凑或扩张的指数，研究发现扩张指数与交通发展密切相关，不同交通运输方式对城市扩张度的影响不一样⑤。收入增加、

---

① David E. Dowall. The role and function of urban land markets in market economics [J]. Land economic, 1998 (15): 256-266.

② Koichi Mera, Eric J. Heikkila. The linkage of land Price with the economy policymaking failures of the Japanese government in the1990s, Presented at the joint conference of American real estate and urban economic associationed the Asia real estate society at Maui, Hawwiion, May. 5-7, 1999.

③ H. Spencer Banzhaf, Nathan Lavery. Can the land tax help curb urban sprawl? Evidence from growth patterns in Pennsylvania [J]. Journal of Urban Economics, 2010 (67): 169-179.

④ S. Habibi, N. Asadi. Causes, results and methods of controlling urban sprawl [J]. Procedia Engineering, 2011 (21): 133-141.

⑤ Shima Hamidi, Reid Ewing. A longitudinal study of changes in urban sprawl between 2000 and 2010 in the United States [J]. Landscape and Urban Planning, 2014 (128): 72-82.

第 2 章 文献综述与理论基础

人口增加、交通系统改进、土地竞争是导致城市扩张的基本因素,而高税收、犯罪、过度的教育中心进一步加强城市的扩张[1]。日本学者通过构建理论模型,分析 20 世纪 80 年代日本、荷兰和英国的城乡结合区土地利用情况,发现这三个国家的地主的土地投机行为是造成农地与市地价格之间存在巨额差距的原因,以致农村土地不断向城市土地转换,城市用地出现蔓延现象[2]。Razin(1998)分析了 1990～1996 年以色列城市扩张的影响因素,认为地方政府的分权制是影响城市用地加速扩张的根本原因,中央政府利用土地规划法令来控制城市扩张不能达到预期效果[3]。Firman(2000)研究了 19 世纪 20 年代的印度尼西亚土地利用情况,发现由于经济快速增长、政府大量发放土地开发许可证,导致了印度尼西亚大量农村土地转变为城市用地,而城市土地投机行为严重,大量城市土地被闲置[4]。Seto 等(2003)利用遥感等数据研究了中国珠江三角洲地区的城市扩展现象,发现外资直接投资、农地的生产率等都对城市扩展力度影响较大[5]。R. Pendall(1999)认为地价是城市扩张的主要原因[6]。R. Ewing(1997)认为导致城市扩张的四个因素是:消费者偏好、技术创新、补贴、公共和准公共产品[7]。Fang(2005)从系统的角度入手,考虑

---

[1] Mieszkowski P, Mills ES. The causes of metropolitan suburban, Journal of Economic Perspectives. 1993 (3): 135 – 147.

[2] Hiroshi, M. Land Conservation at the urban fringe: a comparative study of Japan, Britain and the Netherlands [J]. Urban Studies, 1998, 35 (9): 1541 – 1558.

[3] Razin, E. Polices to control urban sprawl: Planning regulations or changes in the 'rules of the game'? [J]. Urban studies, 1998, 35 (2): 321 – 340.

[4] Firman T. Rural to urban land conversion in Indonesia during boom and bust periods [J]. Land Use policy, 2000, 17 (1): 13 – 20.

[5] Seto, K. C. & Kaufmann, R. K. Modeling the drivers of urban land use change in the Pearl River Delta, China: inteqrating remote sensing with socioeconomic Data [J]. Land Economics, 2003, 79 (1): 106 – 121.

[6] Pendall, R. Do land use controls cause sprawl? Environment and Planning. 1999 (26): 555 – 571.

[7] Ewing, R. Is Los Angeles – Style sprawled desirable? Journal of the American Planning Association. 1997 (1): 107 – 126.

地价对城市土地资源配置的效应研究

多因素及各因素之间相互的关联性分析城市扩张的动力,在城市扩张模型中采用城市道路、道路节点、州际高速公路、森林、水源等13个解释变量,研究结果发现各因素之间的相互作用对城市扩张会产生重大影响[1]。Izuru Saizen (2006) 比较研究了日本大阪都市区1979~1985年、1985~1991年和1991~1996年三个时间段的土地利用变化情况,发现由于发展无序,导致了城市边缘区出现了很多空地,土地利用出现破碎化[2]。

Stefan Mann (2009) 研究了瑞士城市和农村扩张的制度原因,认为居民拥有汽车数、老年人的比例、农村的特点等因素都影响每个居民增加土地使用的数量。联邦政府应该对地方政府采取奖励和惩罚措施,使其更好地控制城市土地扩张[3]。Daniel Arribas – Bel (2011) 应用一个自组织映射的方法,实证分析了448个城市化地区的财产税率、人口、收入、农业租金和运输费用等变量对城市扩张的影响,发现高房产税率有利于控制城市扩张[4]。JunJie Wu 和 Andrew J. Plantinga (2003) 研究认为开放空间面积大小、设施水平、位置可能会对城市空间结构产生影响。如果开放空间更接近市中心,有较高水平的设施,城市会围绕开放空间发展;如果开放空间远离市中心,城市会跨越式发展[5]。Miquel – àngel Garcia – López 认为改善交通基础设施,如改进高速公路和铁路系统,会促进郊区人口增长,而且运输系统的

---

[1] Fang, S. F., Gerter, G. Z. & Sun, Z. L. et al. The impact of interactions in spatial simulation of the dynamics of urban sprawl [J]. Landscape and Urban Planning, 2005, 73 (4): 294–306.

[2] Izuru, S., Kein, M. & Shintaro, K., Effects of land – use master plans in the Metropolitan fringe of Japan [J]. Landscape and Urban Planning, 2006, 78 (4): 411–421.

[3] Stefan Mann. Institutional causes of urban and rural sprawl in Switzerland [J]. Land Use Policy, 2009 (26): 919–924.

[4] Daniel Arribas – Bel, Peter Nijkamp, Henk Scholten. Multidimensional urban sprawl in Europe: A self – organizing map approach [J]. Computers, Environment and Urban Systems, 2011 (35): 263–275.

[5] JunJie Wu and Andrew J. Plantinga. The influence of public open space on urban spatial structure [J]. Journal of Environmental Economics and Management, 2003 (46): 288–309.

改进也会影响中央商务区人口的区位，交通基础设施对城市空间结构的影响作用受交通基础设施建设时间、土地开发程度、住宅开发类型的影响①。

2.1.1.2　国内研究综述

近年来，随着我国由计划经济体制向市场经济体制转轨发展，国内学者在借鉴国外对相关问题研究成果的基础上，围绕如何实现土地资源配置机制的转轨、提高土地资源配置的效率等问题从各个层面、各个角度进行了深入研究，并利用各种研究方法与技术探讨了土地资源配置的影响因素和动力机制问题，取得了丰硕的学术成果。

（1）土地资源配置的机制选择与作用效率。自改革开放以来，国内学者围绕我国城市土地资源应采取何种配置机制，哪种配置方式更有效率的问题展开了广泛而激烈的讨论。中国土地学会先后在1992年年底与1994年11月召开学术会议，专门讨论在市场经济条件下我国城市土地资源配置的机制问题，收集相关论文并出版论文集。《中国土地科学》期刊也早在1994年就开设了相关专栏，鼓励学者围绕市场机制、土地资源优化配置等方面的问题进行讨论。

大部分学者认为市场机制配置土地资源更有效率。刘彦随和倪绍祥（1996）在分析我国不同时期城市土地配置模式以及特点的基础之上，认为城市土地市场化配置模式比行政划拨模式和"双轨制"模式更能提高土地资源配置效率，要实现城市土地的优化配置，其关键在于实现土地市场化配置②。李明月（2003）分析这两种资源配置方式的过程和特点后，利用1950～1980年的统计资料对两种资源配

---

① Miquel‑àngel Garcia‑López. Urban spatial structure, suburbanization and transportation in Barcelona [J]. Journal of Urban Economics, 2012 (72): 176‑190.

② 刘彦随，倪绍祥. 城市土地优化配置的模式、目标及实现途径探讨 [J]. 经济地理, 1996, 16 (4): 41‑46.

置方式的效率进行了比较,认为两者各有优缺点,但市场在高效率和低代价方面具有显著优势①。贾生华等(2006)在回顾我国土地资源配置体制的演进过程之后,认为市场是土地资源配置最有效的方式②。

有些学者认为市场机制和政府计划配置机制都有不足之处,应该把两者相结合。周诚(1994)认为考虑到我国现阶段的国情,土地资源配置不仅需要发挥市场经济的作用,而且还需要发挥政府干预的作用,要把两者相结合,不可偏废③。凌晓东(1995)从经济系统的角度研究了资源配置中计划配置机制与市场机制的问题,认为市场主体行为不受扭曲才能保证市场有效发挥其资源配置功能,但是单依靠市场配置资源也不行,应该建立以市场机制为基础,同时由政府干预来有效弥补市场不足与缺陷的资源配置机制④。钱文荣(2001)对市场机制和政府机制在我国城市土地资源配置中的作用消长演变的历史进行回顾之后,发现我国城市土地资源一直存在城市用地规模过度扩张、城市用地配置效率低下的现象,认为市场机制和政府机制在我国都是不完善的,土地资源配置机制的"选择"问题应该是"以哪种机制为主"的选择问题⑤。褚中志(2005)认为解决土地利用矛盾问题,单纯依靠市场机制具有局限性,还需辅之以计划调节,有效培育不同等级的土地市场,规范地方政府行为⑥。陈茵茵(2008)从制度经济学的视角研究了土地资源配置中政府干预与市场机制问题,肯定政府干预在土地利用规划中的作用,认为政府对土地利用规划的干预

---

① 李明月. 我国城市土地资源配置的市场化研究 [D]. 武汉:华中农业大学,2003.
② 贾生华,张娟锋. 土地资源配置体制中的灰色土地市场分析 [J]. 中国软科学,2006 (3):17-24.
③ 周诚. 论我国城镇土地资源配置的宏观调控与市场调节 [J]. 中国土地科学,1994 (3):1-6.
④ 凌晓东. 机制转轨中的宏观经济调控 [M]. 北京:经济科学出版社,1995.
⑤ 钱文荣. 中国城市土地资源配置中的市场失灵、政府缺陷与用地规模过度扩张 [J]. 经济地理,2001,21 (4):456-460.
⑥ 褚中志. 中国土地资源配置的市场化改革问题思考 [J]. 思想战线,2005,31 (4):14-16.

第2章 文献综述与理论基础

是必需的,未来规划最重要的发展方向就是把政府与市场有机结合①。吴郁玲(2007)认为市场机制在资源配置中的作用效率受到市场发育程度的影响,由于我国正处于计划经济向市场经济的转型期,开发区土地资源配置受到不完善的市场机制和政府干预机制影响,建议建立健全的市场机制和完善的土地宏观调控体系②。

有些学者则认为城市土地资源配置需要把市场机制、政府调控机制和公众参与机制这三者相结合。龙花楼等(1999)构建了城市土地资源合理配置模式,即市场机制、政府调控机制与公众参与机制相结合的模式③。刘伟(2006)认为要实现土地资源综合效益最大化,必须构建由市场机制、政府机制和公众参与机制三者有序协调、合理分工、相互促进的土地资源配置系统④。

另外,其他学者还持有不同的观点。俞忠英(1995)从资源配置费用角度研究资源配置方式的选择问题。他认为,资源配置方式的变动与选择要以资源配置费用为依据,这样才能科学判断出资源配置方式与经济体制的优、次优与非优⑤。臧俊梅等(2005)在对比分析规划与市场两种土地资源配置方式之后,推翻了"规划低效论",认为规划可以通过分区并结合价格调节手段,对地方性的土地市场起到宏观调控作用⑥。尹奇等(2007)以住宅用地和非住宅用地为例,对城市土地资源的规划与市场两种配置方式的效率进行了对比分析,从经济学角度论证认为,在市场失灵下,规划配置比纯粹的市场配置更

---

① 陈茵茵. 土地资源配置中政府干预与市场机制研究 [J]. 中国土地科学, 2008, 22 (3): 20 - 27.
② 吴郁玲. 基于土地市场发育的土地集约利用机制研究 [D]. 南京: 南京农业大学, 2007.
③ 龙花楼, 孟吉军. 中国开发区土地资源优化配置研究 [M]. 长春: 吉林人民出版社, 2004.
④ 刘伟. 我国城市土地资源配置机制研究 [D]. 哈尔滨: 哈尔滨工业大学, 2006.
⑤ 俞忠英. 资源配置费用与中国经济体制的选择 [J]. 经济研究, 1995 (3): 43 - 47.
⑥ 臧俊梅, 王万茂. 土地资源配置中规划与市场的经济学分析 [J]. 南京农业大学学报 (社会科学版), 2005, 5 (3): 35 - 39.

具有效率①。

（2）土地资源配置的动力机制和影响因素。在我国城市化和工业化快速推进的过程中，城市用地空间过度扩张、结构不合理、空间布局混乱、用地效率低下等问题非常突出②。国内学者围绕这些问题，探讨了城市土地资源配置的影响因素和动力机制。在研究过程中，大多学者采用多因素分析法，涉及的因素主要包括经济发展、人口增长、固定资产投资、城市化、政策制度等方面。

众多学者认为经济增长是我国城市用地扩张的主要驱动力。如张利等（2011）以中国222个地级及地级以上城市为研究样本，分析了1997~2007年中国城市用地扩张的特征，并探讨了自然条件、人口数量增长、行政区划调整和经济发展等对城市用地扩张的作用机制，认为经济增长是导致城市用地规模不断扩张的主要原因③。王丽萍、周寅康等（2005）以江苏省为例，在分析城市用地扩张的变化特点和各区域之间差异的基础上，以主成分分析法研究了城市用地扩张的主要驱动力。结果显示，不同时期，影响城市用地扩张的因素不同，但经济社会发展与人口增长是各阶段城市用地变化的主要驱动因素，其中经济发展是最主要驱动力④。张俊凤等（2013）以长三角地区为例，从土地利用效率的时空变化特征出发，研究了不同类型城市建成区扩张与经济增长之间的关系，认为不同类型城市的建成区扩张与经济增长之间都存在长期稳定的协整关系⑤。谈明洪等（2003）分

---

① 尹奇，罗育新，宴志谦. 城市土地资源配置效率的经济学分析 [J]. 四川农业大学学报，2007，25（2）：135-138.

② 陆大道，姚士谋，等. 2006中国区域发展报告：城镇化进程及空间扩张 [M]. 北京：商务印书馆，2007.

③ 张利，雷军，李雪梅，等. 1997~2007年中国城市用地扩张特征及其影响因素分析 [J]. 地理科学进展，2011，30（5）：607-614.

④ 王丽萍，周寅康，薛俊菲. 江苏省城市用地扩张及驱动机制研究 [J]. 中国土地科学，2005，19（6）：26-29.

⑤ 张俊凤，刘友兆. 城市建成区扩张与经济增长间的关系——以长三角地区为例 [J]. 城市问题，2013，211（2）：11-15.

第 2 章 文献综述与理论基础

析了 1984~2000 年我国城市用地扩张的基本态势，并研究了城市的经济发展、人口变化与环境改善对城市用地扩张的内在作用机制，其研究结论认为城市用地扩张最根本的驱动因素是经济增长①。李鹏等（2012）研究了江苏省经济发展与建设用地扩张的关系，认为经济发展是建设用地扩张的单向 Grange 原因，经济每增长 1 个百分点会带动建设用地增加 0.1359 个百分点②。

也有学者认为，经济增长不是城市用地规模扩张的主要驱动力。刘涛等（2011）从区域的视角，应用比较静态分析法研究了城市用地规模的影响因素。作者从城市土地供求关系的角度建立了一个一般化概念模型，并且基于中国 626 个城市实证研究了市场化条件下的用地需求变化、各级城市政府行为和不同区位约束对城市用地规模的影响。研究结果显示，城市化发展模式与经济增长水平对城市用地规模扩张的作用比较小，而城市产业发展状况和人口增长水平对城市用地需求影响较大，政府低价、负地价供应国有土地的行为诱发了大量土地被低效、粗放利用现象的产生③。曲福田等（2005）从影响土地资源部门配置的社会经济因素出发，应用 1995~2001 年省级数据对农地非农化的驱动机制进行了理论和实证研究，认为固定资产投资的不断增加是农地非农化的主要驱动力，并建议调整土地价格收益分配关系，提高土地资源市场化配置程度，加强土地产权建设，完善土地产权体系④。

更多学者认为除经济因素外，如地价、城市规划、人口增长、政策等都是城市用地规模扩张的主要因素。柯善咨等（2008）建立了

---

① 谈明洪，李秀彬，吕昌河. 我国城市用地扩张的驱动力分析 [J]. 经济地理，2003，23（5）：635-639.
② 李鹏，濮励杰. 发达地区建设用地扩张与经济发展相关关系的探究 [J]. 自然资源学报，2012，27（11）：1823-1822.
③ 刘涛，曹广忠. 中国城市用地规模的影响因素分析 [J]. 资源科学，2011，33（8）：1570-1577.
④ 曲福田，陈江龙，陈雯. 农地非农化经济驱动机制的理论分析与实证研究 [J]. 自然科学学报，2005，20（2）：231-241.

一个城市用地规模模型，实证考察了规划与市场对城市用地规模的作用，结果显示工资收入、通勤成本、城市人口、农业地价等因素对用地规模的影响较大，而随着市场发育程度日益提高，经济因素对用地规模的影响也逐渐显现[①]。冯健（2002）研究了杭州城市郊区化发展的驱动因素，认为导致杭州城市向郊区发展的因素主要包括城市规划、城市政策、地价与房价的分布、旧城改造与新区建设等[②]。林目轩等（2006）等以长沙市为例，探讨了城市内部建设用地扩张存在的不同特征和产生差异的原因，认为城市内各区的经济发展水平、人口增长、城市基准地价和存量土地规模等方面存在的差异以及政府的调控与规制，导致了城市内各区建设用地扩张表现出不同特征[③]。刘盛和（2000）则把城市用地扩展的动力机制归纳为市场机制、自然机制、社会价值机制和政治权力机制等[④]。张庭伟（2001）把造成城市向外扩展和内部重新组合的动力机制概括为"政策力""经济力""社会力"三个方面[⑤]。吴群和李永乐（2013）以"公地悲剧"理论解释了地方政府对城市用地扩张的影响，认为中国式分权对城市扩张有正向影响[⑥]。赵可等（2011）利用省际面板数据研究了城市建设用地扩张的驱动力，发现人口增加对城市用地扩张的力度最大且保持基本稳定，产业结构调整的影响力度逐渐减弱，经济发展的影响力度越来越大[⑦]。

[①] 柯善咨，何鸣. 中国城市用地规模决定因素的实证研究 [J]. 中国土地科学，2008，22（4）：12-18.

[②] 冯健. 杭州城市郊区化发展机制分析 [J]. 地理学与国土研究，2002，18（2）：88-92.

[③] 林目轩，陈秧分，师迎春，等. 大城市内部建设用地扩张差异及其原因 [J]. 经济地理，2006，26（5）：836-842.

[④] 刘盛和. 城市土地利用扩展的空间模式与动力机制 [J]. 地理科学进展，2000，21（1）：43-49.

[⑤] 张庭伟. 1990年代中国城市空间结构的变化及其动力机制 [J]. 城市规划，2001，25（7）：7-14.

[⑥] 吴群，李永乐. 中国式分权与城市扩张 [J]. 南京农业大学学报（社会科学版），2013，13（1）：73-79.

[⑦] 赵可，张安录，李平. 城市建设用地扩张的驱动力——基于省际面板数据的分析 [J]. 自然资源学报，2011，26（8）：1322-1323.

第2章 文献综述与理论基础

刘琼（2007）从土地市场角度研究了城市土地扩张问题，认为地方政府直接参与及利益追求，使土地价格扭曲，结果导致了城市土地快速扩张，城市土地规模潜力丰富①。张娟锋等（2011）在对比分析土地储备制度实施前后的土地供给模式之后，认为协议出让土地的供给方式容易造成农地过度非农化，导致对建设用地的过度需求，使城市建设用地占据大量的农地②。

关于城市用地结构布局影响因素方面的研究，陈利根、陈会广等（2004）以马鞍山市为例，在探讨城市用地规模与人口城市化水平、经济发展、产业结构调整之间的关系之后，认为城市化水平和经济发展水平会促进城市用地规模扩张，而产业结构调整有助于城市用地结构优化和土地集约利用③。袁丽丽④（2005）认为政府、企业和社会公众三者共同作用导致了城市用地空间结构的形成和变化。朱丽娜（2010）、曲福田和吴郁玲（2007）、杨红梅（2011）等从市场发育程度的视角研究城市土地资源配置的影响因素，认为土地市场发育是土地集约利用程度的重要影响因素，土地价值在土地市场得到显化，价格机制引导资源以最优的数量向最佳用途、结构和方向上进行配置，实现资源优化配置⑤⑥⑦。匡文慧等（2007）在RS与GIS的技术支持下，应用信息熵、分形指数和空间插值模型研究了长春市1990～

---

① 刘琼. 土地市场视角下的我国城市土地潜力研究 [M]. 南京：南京农业大学，2007.

② 张娟锋，虞晓芬. 土地资源配置体制与供给模式对房地产市场影响的路径分析 [J]. 中国软科学，2011 (5)：29-36.

③ 陈利根，陈会广，曲福田. 经济发展、产业结构调整与城镇建设用地规模控制 [J]. 资源科学，2004，26 (6)：137-144.

④ 袁丽丽. 城市化进程中城市用地结构演变及其驱动机制分析 [J]. 地理与地理信息科学，2005，21 (3)：51-55.

⑤ 朱丽娜，石晓平. 中国土地出让制度改革对地方财政收入的影响分析 [J]. 中国土地科学，2010，24 (7)：23-29.

⑥ 曲福田，吴郁玲. 土地市场发育与土地利用集约度的理论与实证研究 [J]. 自然资源学报，2007，22 (3)：445-454.

⑦ 杨红梅，刘卫东，刘红光. 土地市场发展对土地集约利用的影响 [J]. 中国人口资源与环境，2011，21 (12)：129-133.

地价对城市土地资源配置的效应研究

2004 年的城市土地利用空间结构的演变特征。研究结果显示，城市地价、公共交通、城市规划和社会制度在长春市用地结构演变过程中发挥重要作用[①]。孙明丽（2011）研究认为，当前我国很多城市存在事业单位、行政机关和工业用地占据城市中心区的现象，引起这些不符合土地最高、最优用途原则的土地配置现象的重要原因之一就是土地价格改革滞后，土地要素价格扭曲[②]。张居峰（2007）认为，城市地价合理，可以促使城市规模发展和结构布局合理，使城市土地能得到充分的利用，促进城市功能分区及土地资源的优化配置，否则就会造成城市土地的极大浪费[③]。

城市土地资源配置的效率受到多种因素影响。陈利根等（2012）研究了土地资源高效配置的政策阻碍，认为土地政策目标不明确、政策主体关系不畅、政策工具应用不当等使土地资源不能得到高效配置[④]。王晓川（2003）认为城市总体规划是决定城市土地结构效率的关键因素，并建议在城市规划编制过程中要加强城市土地的经济分析[⑤]。郭贯成等（2009）研究了供地政策对土地资源配置效率的影响，认为协议供地方式下形成的协议地价既无效率，又可能有失公正，协议地价会引起大量的土地短缺[⑥]。沈守愚和钟甫宁（1996）研究了国有土地产权存在的问题对土地资源配置的影响，认为笼统的单一国有制的国有土地产权，不利于优化保护耕地和跨行政区的土地资

[①] 匡文慧，张树文. 长春市百年城市土地利用空间结构演变的信息熵与分形机制研究[J]. 中国科学院研究生院学报，2007，24（1）：73 - 80.

[②] 孙明丽. 我国土地使用价格改革对城市工业郊区化的影响[D]. 北京：中国政法大学，2011.

[③] 张居峰. 城市地价合理性变动的实证研究[D]. 哈尔滨：东北农业大学，2007.

[④] 陈利根，龙开胜. 我国土地资源高效配置的政策阻碍及改革建议[J]. 南京农业大学学报（社会科学版），2012，12（3）：60 - 66.

[⑤] 王晓川. 运用规划手段不断提高城市土地使用效率[J]. 中国土地科学，2003，17（4）：43 - 47.

[⑥] 郭贯成，吴群. 供地政策对土地市场配置效率影响的经济学分析[J]. 地域研究与开发，2009，28（1）：86 - 90.

源合理利用①。林燕等（2007）认为产权的残缺和产权的重新安排都会对资源配置产生效应，残缺的产权会导致资源配置无效率②。李国荣（1992）研究了地租对土地资源配置效率的影响，认为应该充分发挥地租杠杆优化土地资源配置的作用③。邹伟（2009）理论和实证研究了土地取得环节税费、土地保有环节税费、土地转移环节税费等对资源配置的效应，认为要达到提高资源配置效率、合理土地收益分配等目标，需要优化我国目前的土地税费体系④。钟太洋、黄贤金等（2007）在分析土地税收对城市土地利用的影响之后，认为不同税种对城市土地利用效率的影响途径、影响程度各不相同。

2.1.2 地价对土地资源配置效应及其障碍研究

2.1.2.1 国外研究综述

国外学者对地租地价和土地资源配置关系的研究成果颇为丰富。在 19 世纪初杜能首次应用模型对农业地租与土地利用模式相关关系进行了分析之后，国外学者开展了大量土地租金、土地价格与土地资源配置关系的理论假设和实证分析，形成了许多城市土地配置理论成果和相关模型。韦伯（Alfred Weber）的工业区位论研究了地租地价与工业用地配置的关系。阿朗索（Willian Alonso，1964）将杜能关于农业用地配置与地租地价的关系研究引申到城市，并构造了厂商和居民的竞价曲线，建立了竞标地租与土地资源配置模型⑤。阿朗索认

---

① 沈守愚，钟甫宁. 国有土地产权中央与地方分享刍议 [J]. 中国土地科学，1996，10（3）：7-10.

② 林燕，张忠根. 产权界定、层次差异与资源配置效应 [J]. 改革，2007，166（12）：103-107.

③ 李国荣. 我国城市土地优化配置与地租调节机制 [J]. 学术月刊，1992，6（10）：34-39.

④ 邹伟. 中国土地税费的资源配置效应与制度优化研究 [D]. 南京：南京农业大学，2009.

⑤ Alonso W. Location and Land use [M]. Cambridge M A：Harvard Univ. press，1964.

为，城市地租量大的地方，城市土地利用集约度也较大，即地租与土地利用集约度两者之间具有正相关的关系。他的研究成果为分析具有两类及两类以上用途的土地利用与地价之间均衡关系奠定了基础。Mills、Muth 等继阿朗索发表 *Location and Land Use* 之后，研究了城市居住用地与地租地价的关系，并构建了不同区位住房的竞价曲线，而且采用比较静态分析方法，揭示了随着地租地价在空间上的变化，城市土地利用密度的一般变化趋势[1][2]。

伯吉斯的同心圆模式、霍伊特的扇形模式、哈坦斯的多核模式、K. J. 巴顿的城市土地租金对选址影响的经济模型，都是地租地价与土地资源配置相关关系的一些研究和探讨。

另外，在实证研究方面，Brueckner（1980）和 Wheaton（1982）利用大都市区空间增长模型进行研究后认为，只有当土地再开发利用增加的收益超过其成本以及当前土地利用价值的前提下，城市土地再开发利用才有可能发生[3][4]。随后，Brueckner（1983）又利用 Box – Cox 模型对美国的 40 个小城市的城市用地规模进行了研究，结果发现决定城市用地规模的因素主要有城市人口、收入水平和郊区地价[5]。Fehrrbach（1993）和 Guntermann（1995）对工业地价与工业用地区位的关系进行了研究，两者都认为工业区位变量与工业价格显著相关[6][7]。

---

[1] Mills E S. An Aggregative Model of Resource Allocation in a Metropolitan Area [J]. American Economic Review (Paper and Proceedings), 1967, 52 (2): 197 – 210.

[2] Muth R F. Cities and Housing [M]. Chicago IL: university of Chicago Press, 1969.

[3] Brueckner J. K., A vintage model of urban growth [J]. Journal of Urban Economics, 1980 (8): 389 – 402.

[4] W. C. Wheaton, Urban spatial development with durable but replaceable capital [J]. Journal of Urban Economics, 1982 (12): 53 – 67.

[5] Brueckner, J. K., Fansler DA. The economics of urban sprawl: theory and evidence on the spatial sizes of cities [J]. Review of Economics and Statistics, 1983 (65): 479 – 482.

[6] Fehrrbach F, Rutherford R, Eakin M. An Analysis of the Determinants of Industrial Property Valuation [J]. Real Estate Research, 1993 (8): 365 – 376.

[7] Guntermann K L, Sanitary L. Stigma and Industrial Land Values [J]. Journal of Real Estate Research, 1995 (10): 531 – 542.

第 2 章　文献综述与理论基础

Needham 等（1998）对传统的李嘉图地价模型加以拓展，引入了城市土地存量因素，比较分析荷兰和以色列的土地规划、土地供应和不动产价格之间的关系，认为由私人来进行不动产开发建设，会影响土地市场上的不动产价格和不动产供应量[①]。Hardie 等（2000）用农村－城市计量模型分析美国南部地区地租对土地利用变化的影响，发现城市化水平、收入水平、人口数量、不动产价格和成本等是影响土地利用变化的因素[②]。Devas（1990）研究认为发展中国家在城市化进程中，普遍存在农用地向城市用地流转过程中会产生大量不劳而获的收益，城市用地供求过于紧张、土地所有权高度垄断、投机行为猖獗导致城市边缘区的土地价格迅速上涨，并促使了城市用地的快速扩张[③]。日本的野口悠纪雄教授（1997）对日本战后的城市用地状况和城市地价进行研究之后发现，由于地价高速增长，人们为确保随时能对土地进行买卖，大部分以土地空置或低度利用的状态来保有，结果导致市区内土地容积率远远低于城市计划所规定的容积率，大量土地被低效利用[④]。Denise（1996）研究认为土地价值规律被忽视，价格机制不能有效发挥作用导致了城市土地粗放利用和无序扩张[⑤]。Asabere（2001）认为，政府对土地市场进行干预时会强加一个捆绑约束，如建筑许可政策会导致土地市场的有效供应受到影响，并使土地价格产生扭曲[⑥]。

[①] Needham, B. & Verhage, R. The effects of land policy: quantity as Well as Quality is important [J]. Urban Studies, 1998, 35 (1): 25 - 44.

[②] Hardie I., Patkers, P. & Gottleib, P. et al. Responsiveness of rural and urban Land uses to land rent determinants in the U.S. South [J]. Land Economics, 2000, 76 (4): 659 - 673.

[③] Devas, N. Finaneing Urban Land Development of Low Income Housing: An Analysis with Particular Reference to Jakarta, Indonesia [J]. Third World Review, 1990, 5 (3): 209 - 225.

[④] [日] 野口悠纪雄. 土地经济学 [M]. 北京: 商务印书馆, 1997: 5, 43.

[⑤] Denise Di Pasquale & William C. Wheaton. Urban Economics and Real Estate Market [M]. 1996 Prentice - Hall, Inc.: 36 - 55.

[⑥] Paul K. Asabere and Forrest E. Huffman. Building Permit Policy and Land Price Distortions: Empirical Evidence [J]. Journal of Housing Economics, 2001 (10): 59 - 68.

2.1.2.2 国内研究综述

随着我国城市土地使用制度改革的深入,地价对土地资源配置的作用日益被认识和深化。由于普遍认为地价是反映土地市场变化的"晴雨表",地价机制具有调节土地供给与需求、使土地市场供求趋于均衡状态和优化配置土地资源配置的功能①。因此,在借鉴西方地租地价理论、区位理论等相关资源配置理论的基础上,国内学者逐渐关注地租地价与土地资源配置的关系,有关地价的土地资源配置效应的研究也逐渐增多。

(1) 地价对土地资源配置的效应。在我国城市化进程中,城市用地不断向外扩张,而地价在城市用地规模扩张中发挥一定的作用。杜春艳(2011)应用 GIS 的空间分析功能研究了唐山市城市扩张与地价的关系,认为城市扩张受地价影响很大,具有高度的相关性,地价杠杆对土地利用程度的调节作用非常显著②。林目轩等(2006)应用统计方法,探讨了影响长沙市 5 区建设用地扩张差异的原因,认为城市基准地价是影响城市内部建设用地扩张的原因之一,与建设用地扩张强度呈负相关关系③。高金兰等(2011)利用集中指数、强度指数研究了湖北省 2005~2009 年的城市用地规模和地价增长的空间分异特征,发现城市用地规模和地价之间存在较强的相关关系。城市土地增值会驱动城市用地规模向外扩张,能够提升城市土地利用效率④。费洁(2012)利用系统动力学模型研究了工业用地扩张的驱动力,认为工业用地扩张与城市规模膨胀之间存在密切的联系,而

---

① 高映轸,潘家华,顾志明. 土地经济问题再认识 [M]. 南京:南京出版社,1996.
② 杜春艳. 唐山市城市扩张与城市地价协同机制研究 [D]. 北京:中国地质大学,2011.
③ 林目轩,陈秧分,师迎春,等. 大城市内部建设用地扩张差异及其原因 [J]. 经济地理,2006,26 (5):836 – 842.
④ 高金兰,袁希平,甘淑. 城市用地规模与城市地价的相关性研究 [J]. 昆明理工大学学报,2011,11 (2):69 – 73.

第 2 章　文献综述与理论基础

工业用地价格是导致工业用地扩张的重要驱动因素①。李晓文等（2003）以上海市为例研究了城市用地扩展的时空特征，认为地价是影响城市扩展方向和格局的重要因素之一②。边学芳（2009）认为，随着城市的发展，农地非农化（即城市用地规模扩张）是必然趋势，但是农地价格扭曲会导致城市用地过度扩张③。张磊（2010）研究了石家庄 1998~2008 年城市地价与城市用地规模之间的关系，发现城市地价影响城市用地规模与用地扩展、城市土地集约利用程度和城市用地合理布局，认为可以构建"地价－用地规模"模型，用来预测城市合理用地规模④。陈洁（2010）运用结构方程模型（SEM）方法，将城市地价组成因子作为中间影响过程，验证了城市地价与城市规模之间的相关关系，结果表明城市土地增值潜力、土地开发强度和区位条件都对城市用地规模合理度产生直接、正向的影响作用⑤。郭珊（2011）引入等级钟理论，研究了石家庄市各个区域地价对用地规模的时间尺度效应，揭示了地价对城市用地规模扩展的影响⑥。

地价是土地区位优劣的指示器，它促使用地者在比较区位收益与区位地租之后选择适当的土地利用方式和地段。地价通过级差收益递减规律来推动土地功能转换，影响城市土地的功能布局和城市的空间形态⑦。

---

① 费洁. 区域工业用地扩张的驱动力和制衡机制研究 [D]. 杭州：浙江大学，2012.
② 李晓文，方精云，朴世龙. 上海及周边主要城镇城市用地拓展空间特征及比较 [J]. 地理研究，2003，22（6）：769-780.
③ 边学芳. 快速城市化阶段农地转用价格扭曲研究 [D]. 南京：南京农业大学，2009.
④ 张磊. 基于地价水平的城市合理用地规模研究 [D]. 石家庄：河北师范大学，2010.
⑤ 陈洁. 基于地价组成因子的城市用地规模合理度研究 [D]. 杭州：浙江大学，2010.
⑥ 郭珊. 城市地价对用地规模的时间尺度效应研究 [D]. 石家庄：河北师范大学，2011.
⑦ 杨丽萍. 城市存量土地市场化配置研究 [D]. 武汉：华中农业大学，2000.

地价对城市土地资源配置的效应研究

地价是城市的天然规划师,在价值规律的自发作用下,城市土地资源在数量、结构上合理分配[①]。因此,那些占据在城市中心区、地段较优的工业用地在地价杠杆的作用下,会将其占用的土地让渡给收益更高的行业使用,促使城市土地利用结构和布局逐渐趋于合理[②]。周楠等(2006)以青岛市为例研究了影响工业用地布局的因素,认为地价是影响工业用地布局的主要因素之一[③]。刘金国(2006)利用GIS空间分析方法,对吉林省四平市的城市空间结构进行了研究,认为工业地价水平和市场化程度低,导致了工业用地面积过大,容率过低,建议充分发挥地价杠杆优化城市空间结构[④]。吕萍等(2008)选取典型区域,分别对不同的土地利用类型及其价格进行空间分析,得出了土地价格对土地城市化空间分异的具体作用效果[⑤]。王少卿(2009)研究认为近代上海城市功能区和城市空间是在地价级差的影响下形成的[⑥]。张景秋等(2010)运用空间自相关和克里格插值等空间分析方法,探讨了北京市租金与城市经济空间结构之间的相互关系,认为租金影响着城市内部经济空间结构的形成与发展[⑦]。

地价是约束城市土地利用量的主要经济手段,一般在高地价的情况下,用地者会减少用地量,提高土地利用强度,提升土地产出效益[⑧][⑨]。

---

① 冯雪渔. 辩证地价观与地价评估研究 [D]. 南京:南京农业大学,2005.
② 王国强,王令超. 城镇土地资源结构优化的市场机制研究 [J]. 中国土地科学,1996(10):31-34.
③ 周楠,宋军. 青岛市工业用地布局影响因子分析 [J]. 规划师,2006,22(2):46-48.
④ 刘金国. 转型期四平市空间结构优化研究 [J]. 国土与自然资源研究,2010(4):21-23.
⑤ 吕萍,周滔. 土地城市化与价格机制研究 [M]. 北京:中国人民大学出版社,2008.
⑥ 王少卿. 晚清上海地价及其对早期城市化的影响 [J]. 史学月刊,2009(4):104-111.
⑦ 张景秋,陈叶龙,孙颖. 基于租金的北京城市办公活动经济空间结构解析 [J]. 地理科学,2010,30(6):833-838.
⑧ 郑新奇. 城市土地优化配置与集约利用评价 [M]. 北京:科学出版社,2004.
⑨ 苑韶峰. 土地价格与土地利用集约度关系分析 [J]. 价格理论与实践,2009(11):35-36.

而在缺乏价格信号的情况下，浪费和低效利用土地的现象就不可避免①。城市土地利用结构反映了各产业在空间上的布局，直接影响着城市各种职能的发挥和城市用地运行的效率。因此，地价杠杆作用下的土地利用结构，其合理与否将影响城市土地的利用效益。李明月（2005）以上海市为例，利用土地交易价格数据，测算了土地要素对经济增长的贡献。他认为，作为重要的生产要素之一，土地的价格升高会改变各生产要素之间的替代弹性，相关经济主体的行为也因此发生变化，实现了低效率的土地用途向高效率的土地用途流动，最终使土地资源得到优化配置②。郑瑞忠（2004）研究认为，由于城市土地价格不合理，导致了我国城市内部土地利用结构的失调和城市外延扩张，从而使城市土地利用效率整体不高③。陈思源（2010）认为利用价格杠杆调控土地资源，提升城市用地效益，是土地管理的一个新领域和新研究方向④。众多学者也认为要充分发挥地价的基础性作用，推进城市土地优化配置⑤⑥⑦。

（2）地价优化配置土地资源的障碍。经过三十多年的市场化取向改革，我国已基本建立了相对完善的土地市场体系，地价改革和管理在机制、制度建设方面也已取得了较大成果，如城市土地实行招拍挂出让制度，基本建立了以市场机制形成土地价格的体系，并建立了以基准地价、标定地价和协议出让最低价为核心的地价体系与城市地

---

① 钱文荣. 中国城市土地资源配置中的市场失灵、政府缺陷与用地规模过度扩张[J]. 经济地理，2001，21（4）：456-460.

② 李明月. 土地要素对经济增长贡献的实证分析[J]. 软科学，2005，19（6）：21-23.

③ 郑瑞忠. 中国城市土地利用效率研究[D]. 大连：东北财经大学，2004.

④ 陈思源. 探索性空间数据分析支持下的城市地价分布规律研究[J]. 生态经济，2010（6）：28-31.

⑤ 李国荣. 我国城市土地优化配置与地租调节机制[J]. 学术月刊，1992，6（10）：34-39.

⑥ 负小苏. 充分发挥地价调控作用推进土地资源节约集约利用[J]. 国土资源通讯，2006（4）：31-33.

⑦ 董黎明. 充分发挥地价经济杠杆的作用[J]. 中国土地，2002（2）：39-41.

价动态监测体系等。但是,土地价格在现实土地市场上经常被歪曲,如政府对土地市场的垄断行为、政府行政官员的寻租行为、土地开发商行为不当、税费体系不合理、隐性土地交易等都会引致土地价格被扭曲和异化[①]。如果要素价格存在扭曲,则要素价格不能反映其稀缺程度,在扭曲的价格体系下配置资源,必然产生资源配置错位、经济发展总体绩效低的情形[②]。即扭曲的土地价格在土地资源配置中不能发挥其有效的功能,其结果是稀缺的土地资源不能达到优化配置。李海(2000)认为扭曲的地价会形成市场信号机制失灵,并必然导致土地资源配置低效率,只有合理的地价才能实现土地资源优化配置[③]。

市场失灵使资源价格没有真实反映资源的稀缺程度,导致市场价格遭到扭曲。目前我国地价形成的市场机制还不健全,城市土地总供给的变化受价格影响很小,地价变化对土地总供给所起到调节作用很有限。李效顺等(2011)认为,由于市场配置资源的价格机制、供求机制和竞争机制的缺乏,导致了城市的牺牲性蔓延,同时由于地方政府人为选择压低地价,又导致了中国城市的损耗性蔓延[④]。陈雯(2006)认为,工业用地采取"供给被动保障需求"的模式供应,这造成了市场形成价格的机制不健全[⑤]。政府土地供应的市场化程度低,隐形交易和违法交易等影响了价格对市场供求的真实反映,使地价不能起到有效地调节土地资源配置的作用。郭志仪等(2008)认为,土地供应的"双轨制",使相当一部分用地者无成本或低成本使用土地,导致城市土地的真实价格不能得到显化。而且由于征地价格

---

① 彭俊. 关于城市土地价格异化的分析 [J]. 价格理论与实践, 2004 (5): 49 - 50.
② 林毅夫. 自生能力、经济发展与转型 [M]. 北京: 北京大学出版社, 2004: 9 - 12.
③ 李海. 土地价格与土地市场 [J]. 农业经济, 2000 (2): 22 - 23.
④ 李效顺, 曲福田, 张绍良, 等. 基于国际比较与策略选择的中国城市蔓延治理 [J]. 农业工程学报, 2011, 27 (10): 1 - 10.
⑤ 陈雯. 地根紧缩与土地需求问题解决的探索 [J]. 南京土地, 2006.

太低，地方政府在利益驱动下，外延式扩张用地，导致城市土地经济供给总量失控，供给结构不合理和土地低效利用①。吕萍等（2007）认为，土地大部分以协议方式出让的情形下使土地出让的市场化程度不高，地价的市场代表性差，即国有土地出让价格失真，导致了地价在城市用地迅速蔓延式扩张中起着助推作用②。孙明丽（2011）研究认为，工业用地协议出让、宏观调控能力较弱、土地价格改革滞后等原因导致了我国城市土地配置不合理③。

由于体制性障碍，土地管理体系、监督体系和调控体系存在缺失或不完善等问题，使地价在政府的干预下被扭曲了④。邹富良等（2012）认为制度层面缺乏完整设计和法律层面不完善等原因导致了土地实际价值被扭曲，无法形成正常的市场价格表达机制⑤。吴旬（2004）认为当前中国地方政府的官员选拔机制和选举机制使地方政府官员为了达到引资目的，以"蚀本价""象征性"的地价出售工业用地，导致了土地资源的低效配置及滥用⑥。袁畅彦（2008）认为城市土地资源配置的"双轨制"漏洞导致商业用地与非商业用地之间价格差异过于悬殊，进而引发土地资源配置过程中违法违规现象的产生⑦。曲福田等（2004）认为土地价格扭曲导致了农地过度非农化，而导致土地价格扭曲的深层次原因是我国土地市场和土地管理体制不

---

① 郭志仪，隆宗佐. 对我国城市土地低效利用的经济学反思 [J]. 学术论坛，2008 (3)：125 – 128.

② 吕萍，龙双，刘新平. 地价在北京市城市扩张中的作用 [J]. 城市问题，2007 (12)：34 – 38.

③ 孙明丽. 我国土地使用价格改革对城市工业郊区化的影响 [D]. 北京：中国政法大学，2011.

④ 林存友. 自然资源价格扭曲的根源 [J]. 开放导报，2008，138 (3)：106 – 109.

⑤ 邹富良，李小洁. "征地补偿"与土地价格扭曲机制探析 [J]. 江苏行政学院学报，2012，65 (5)：55 – 60.

⑥ 吴旬. 土地价格、地方政府竞争与政府失灵 [J]. 中国土地科学，2004，18 (2)：10 – 14.

⑦ 袁畅彦. 土地资源配置过程中违规问题分析 [J]. 干旱区资源与环境，2008，22 (6)：63 – 67.

地价对城市土地资源配置的效应研究

完善，地价受到政府的过度干预，导致地价不能反映土地的真实价值[①]。地方政府凭借其行政权力扭曲土地市场价格关系，加速了农地的非农化[②]。转型时期，我国农地非农化效率低下，其直接原因就是地价遭到扭曲与企业节约用地经济激励不足[③]。由于我国土地使用制度改革尚未完全到位，双轨制度的存在使地价形成机制不健全且地价调节的作用范围过于狭窄，在土地资源配置中地价难以起到基础性的作用。秦兴龙（2005）[④]、张清勇（2005）[⑤]、吴宇哲（2007）[⑥]、徐跃红等（2009）[⑦]用博弈研究方法分析了工业出让地价过低的形成原因，认为工业出让地价是地方政府之间政策博弈的结果。而且，工业出让地价的人为压低导致了工业园区的重复建设和城市用地的过度扩张，影响了我国土地资源的合理利用。周晓唯、王辉（2010）从新制度经济学的角度研究了土地财政与城市扩张相关关系，认为在财政分权制度框架下，为了带动地方经济发展和获得相关税收，政府低价出让工业用地，导致城市规模扩张[⑧]。另外，土地收益分配体制不顺，也是妨碍地价优化配置土地资源作用发挥的一个重要原因[⑨]。

土地无偿出让到土地有偿出让是一个进步，但土地出让中无偿划

[①] 曲福田，冯淑怡，诸培新，等. 制度安排、价格机制与农地非农化研究 [J]. 经济学（季刊），2004, 4 (1)：231-232.

[②] 曲福田，冯淑怡，俞红. 土地价格及分配关系与农地非农化经济机制研究 [J]. 中国农村经济，2001 (12)：54-60.

[③] 姜海. 转型时期农地非农化机制研究 [D]. 南京：南京农业大学，2006.

[④] 秦兴龙，章波，黄贤金，等. 长江三角洲地区工业地价形成的内在机理和博弈分析 [J]. 中国土地科学，2005, 19 (3)：44-47.

[⑤] 张清勇. 地方政府竞争与工业用地出让价格 [A]. 中国制度经济学年会论文，2005：298-307.

[⑥] 吴宇哲. 基于博弈论的区域工业地价均衡分析及管理策略研究 [J]. 浙江大学学报，2007, 37 (4)：124-133.

[⑦] 徐跃红，吕萍，袁文麟. 北京市工业园区地价形成机理分析 [J]. 商业研究，2009 (1)：57-61.

[⑧] 周晓唯，王辉. 土地财政与城市扩张的相关性分析 [J]. 经济与管理，2010, 24 (7)：46-50.

[⑨] 国土地资源部土地利用司调研组. 重构土地收益分配体系实现土地土地配置效率与公平 [J]. 国土资源通讯，2002 (4)：63-68.

第 2 章 文献综述与理论基础

拨与有偿出让并存为土地寻租制造了大量的利差机会，土地价格被人为扭曲①。转型期的地方政府是一个相对独立的利益主体，再加上我国特殊的城乡土地的二元产权制度，使地方政府在土地市场上具有"实际剩余控制权"，地方政府行为直接影响到土地价格，进而影响到城市土地资源配置效率②。张娟锋等（2007）利用杭州市政府于1999~2005年出让的146宗住宅用地数据，研究了政府干预对地价的影响，结果显示政府干预调整相关约束条件，会使地价与自由交易市场条件下的价格水平相偏离，即导致地价发生扭曲③。屠帆（2008）从政府行为视角研究了地方政府竞争行为引致的低地价问题。他探讨地方政府在现行的财税体制和政府考核体制的影响下相互竞争，以致土地价格变异，影响城市土地资源配置④。王晓通等（2008）认为，经济增长偏好型的地方政府采用以地养地的方法，大量征收农地用于工业用途；同时，以低价供应工业用地，企业以低成本获得土地后容易过度使用土地资源⑤。魏立华等（2005）在研究珠江三角洲城市化背景时指出，政府"零地价"出让土地的行为严重干扰了稀缺土地资源的市场配置规律，扭曲了地价在土地利用方式和集约程度中的决定作用，其代价就是城市建设用地过度消耗，城市空间急速无序扩展⑥。钱忠好等（2004）认为，低价征用、高价出让的土地征用垄断政策刺激了地方政府征地的欲望，使非农建设占用耕地数量大量增加⑦。

---

① 李颖，张成勇. 土地资源配置中的"寻租"现象解析 [J]. 南京经济，1997 (2)：13-14.
② 李俊丽. 城市土地出让中的地方政府经济行为研究 [D]. 成都：西南财经大学，2008.
③ 张娟锋，贾生华. 政府干预、土地供应与价格扭曲 [J]. 当代财经，2007 (7)：21-24.
④ 屠帆. 政府行为和城市土地资源配置 [D]. 杭州：浙江大学，2008.
⑤ 王晓通，刘东. 政府偏好、低地价与增长方式的路径依赖 [J]. 经济问题，2008 (7)：46-48.
⑥ 魏立华，丛艳国. 从"零地价"看珠江三角洲的城市化及其城市规划绩效 [J]. 规划师，2005，21 (4)：8-13.
⑦ 钱忠好，曲福田. 中国土地征用制度：反思与改革 [J]. 中国土地科学，2004，18 (5)：5-11.

地价对城市土地资源配置的效应研究

薛白（2011）认为，在财政分权框架下，地方政府是土地资源的垄断供应方，他们通过影响土地出让价格来实现其缓解财政约束、促进经济增长的目标。因此，地方政府存在拉升商住用地出让价格、降低工业用地出让价格的倾向，致使土地出让价格严重偏离其理论价格[1]。工业用地价格的严重偏离，导致工业用地成本约束不足，进一步放大了工业用地需求，工业用地粗放利用、效率低下。

蔡继明等（2010）认为地方政府既在农地非农化过程中实行政府单方面定价，又在城市建设用地出让过程中实行垄断供给，地方政府对地价的双向垄断，导致地价不能反映土地资源的稀缺性和土地真实价值，严重影响土地资源配置效率[2]。谭荣（2010）以江西省鹰潭市为例，建立包含征收、一级出让和二级转让的多市场均衡模型，定量研究了政府在土地征收和出让中的干预行为，认为政府对地价的不当干预行为导致了农地过度非农化，使土地利用效率低下[3]。因此，要优化土地资源配置的制度安排，规范政府干预行为。市场垄断使土地市场供给缺乏平等竞争、市场需求缺乏有效选择余地；市场价格不能真正反映市场有效供求，并且给社会提供扭曲供求的价格信号，引发土地资源在产业、区域和部门之间配置不合理。另外，土地隐性市场的存在也使土地价值不能得到正常显现，从而发出错误的价格信号，误导人们做出错误的判断和决策，进而影响土地资源配置效率。

商品交易其实质是产权的交易，商品价格也是产权的价格，产权交易主体明晰是价格公正合理的前提。李明月等（2007）认为，我国土地产权的残缺导致了我国地价体系的扭曲。在我国，城镇土地属于国家，但是没有具体规定由谁来代表国家执行产权，各级政府都有

---

[1] 薛白. 财政分权、政府竞争与土地价格结构性偏离 [J]. 财经科学, 2011 (3): 49–57.

[2] 蔡继明, 程世勇. 地价双向垄断与土地资源配置扭曲 [J]. 经济学动态, 2010 (11): 75–80.

[3] 谭荣. 征收和出让土地中政府干预对土地配置效率影响的定量研究 [J]. 中国土地科学, 2010, 24 (8): 21–26.

控制土地供应总量的权力。产权关系模糊还导致中央和地方政府利益分配体制扭曲,"利益刚性"使地价不能达到市场水平[①]。

从以上研究可知,土地价格对土地资源配置的效应具有多面性,既可能产生积极效应,也可能会产生消极效应。基于此,有学者提出,只有主动和正确运用价格机制,创造发挥价格调控作用的环境,建立价格有效发挥作用的制度保障,才能最终提高土地资源配置效率[②]。

2.1.3 地价机制构建与制度建设研究

土地价格扭曲不能有效发挥优化配置土地资源的功能。因此,如何纠正地价扭曲现象和提高地价运作效率,使价格机制在土地资源配置中发挥其应有的重要作用就成为社会普遍关心的问题。

2.1.3.1 推进土地市场建设,完善土地价格机制

赵松(2006)认为,应该立足资源稀缺角度,建立土地价格机制,包括价格的形成机制、运行机制和调控机制,以市场为重点,同时也要政府在适当的领域、通过合理的途径参与价格管理、引导和调控,做好信息公开和信息服务,提升价格的运行质量[③]。谭荣(2006)认为,政府对土地价格的过度干预导致了对农地资源的过度需求,减少政府行政干预,完善市场价格配置机制,是减少农地非农化过度性损失的重要途径[④]。李效顺(2010)认为,价格竞争机制的

---

① 李明月,马程琳. 我国土地价格体系的产权透视[J]. 价格理论与实践,2007(4):43-44.
② 吕萍,龙双双,刘新平. 地价在北京市城市扩张中的作用[J]. 城市问题,2007(12):34-38.
③ 赵松. 立足资源稀缺角度、建立土地价格机制[J]. 中国土地,2006(6):36.
④ 谭荣,曲福田. 中国农地非农化与农地资源保护:从两难到双赢[J]. 管理世界,2006(12):50-60.

引入，可以提升城市建设用地的效率，而这无疑有助于减缓城市用地的向外扩展[1]。市场是价格形成以及发挥其基础作用的环境。吕萍等（2007）认为，要发挥土地价格机制的作用，必须建立包括农用地市场、农用地转用市场和建设用地市场的城乡统一土地市场体系。同时，还要规范土地价格体系，包括市地价格、农地价格和农地转用价格，形成城乡多种价格之间的衔接与梯度[2]。李洁（2008）提出建立城乡土地价格管理一体化机制和科学的土地价格管理标准体系，完善动态监测技术，提高服务功能，加大改革创新力度和土地供应调控力度，稳定土地价格，构建不同环节的监督机制，加强土地市场建设，完善地价的形成机制[3]。杨庆媛等（2000）认为要实现合理的城市土地价格，必须建立城乡地政一体化的管理体制，在遵循法律规定和明晰产权的前提下，完善土地市场的运行机制，杜绝隐性交易；加强法制建设，规范市场主体的交易行为；理顺各级政府和各产业部门之间的收益分配关系，建立合理的土地收益分配机制[4]。何文伟（2007）认为地方政府不按市场经济规律办事，以牺牲地价为代价带来投资，导致工业地价无序竞争，工业用地粗放利用。并提出规范政府行为，构建合理、有效的地价市场运作机制，以此达到节约集约利用土地的效果[5]。

2.1.3.2 改革土地制度，加强相关法制建设

要让价格机制有效运行，市场上的交易人必须对交易物品拥有明

---

[1] 李效顺. 基于耕地资源损失视角的建设用地增量配置研究 [D]. 南京：南京农业大学，2010.

[2] 吕萍，龙双双，刘新平. 地价在北京市城市扩张中的作用 [J]. 城市问题，2007 (12)：34-38.

[3] 李洁. 我国地价管理体系的现状、问题和对策研究 [J]. 中国房地产，2008 (3)：57-59.

[4] 杨庆媛，刘智勇. 城市土地价格与政府行为的相关机制研究 [J]. 西南师范大学学报，2000，25 (2)：174-179.

[5] 何文伟. 中部城市工业用地价格机制的构建 [J]. 湖南农业大学学报（社会科学版），2007，8 (4)：45-48.

第 2 章 文献综述与理论基础

晰的产权①。李明月等（2007）提出要确立产权主体和权利的平等原则，要明确城市土地的地方所有权以及要明确土地使用权内涵，进一步细化土地权能等建设我国土地产权制度的对策②。石晓平等（2003）认为应该明确和规范市场交易的权利，构建完善土地市场的市场规则体系和关注社会成本的公共政策体系③。

尹中立（2010）认为要理顺土地价格，需要系统改革土地制度，重建与土地有关的制度，如财产税制度、分税制度、住房保障制度等④。李文君（2013）提出了理顺土地价格的对策，认为应该健全相关法律法规，规范地方政府在建设用地出让中的定价行为，并且明确土地产权主体，从法律上解决土地所有权的虚置问题⑤。秦鹏等（2012）认为，应该健全法律体系，修改和完善《土地管理法》《城市房地产管理法》等系列法律，因为只有完善在法律制度下，市场配置机制才能良好运行⑥。郭志仪等（2008）认为必须改革我国城市土地供应的"双轨制"，全面实行土地有偿使用制度，使城市土地真实价值得到显化⑦。蔡继明等（2010）针对我国地价双向垄断导致的土地资源配置问题，提出改革土地制度的五项原则，即土地所有制结构要依据公益性与非公益性用地的划分来进行安排；实行同地同权同价；有助于城市化进程加快推进、房地产行业健康发展和有效遏制土

---

① 张军. 现代产权经济学 [M]. 上海：上海三联书店出版社，1991.
② 李明月，马程琳. 我国土地价格体系的产权透视 [J]. 价格理论与实践，2007（4）：43-44.
③ 石晓平，曲福田. 土地资源配置方式改革与公共政策转变 [J]. 中国土地科学，2003，17（6）：18-22.
④ 尹中立. 土地价格扭曲导致中国经济结构失衡 [J]. 中国党政干部论坛，2010（9）：44-48.
⑤ 李文君. 中国土地资源价格扭曲：影响、成因及对策 [J]. 北方经济，2013（7）：25-27.
⑥ 秦鹏，孟甜. 土地资源市场配置机制的完善 [J]. 重庆大学学报（社会科学版），2012，18（1）：112-117.
⑦ 郭志仪，隆宗佐. 对我国城市土地低效利用的经济学反思 [J]. 学术论坛，2008（3）：125-128.

地腐败,规范地方政府行为①。裴长洪等(2006)认为应该改革和完善现行的国有土地出让制度、土地整体规划和审批制度、土地管理的监察制度、土地市场信息监测及披露制度,通过综合运用各种手段对土地资源总量、土地结构信息和市场需求信息进行实时监测和控制,加强地价管理,构建合理的土地价格形成机制②。

另外,王文升(2002)认为,要正确处理培育土地市场与地价引导之间的关系,努力构建层次齐全的地价体系和健全的地价管理制度,使地价具有良好的市场运行环境③。叶艳妹等(1997)认为,通过科学地价运作管理提高土地资源配置效率,有两种途径,其一是用"逼迫"手段,即全面提升城市存量用地的租金水平;其二是用"诱导"手段,即完全放开城市存量用地的二三级市场。相比于"逼迫"途径,"诱导"途径可以更好地促进土地市场发育,塑造利用地价经济杠杆优化配置土地资源的制度基础④。

2.1.4 对相关研究的简要述评

以上简单回顾了城市土地资源配置机制及其作用效率、城市土地资源配置的影响因素与动力机制、地价对土地资源配置效应及其障碍、地价机制构建与制度建设方面的国内外研究动态。总结后发现,研究成果很多,但也存在一些值得进一步深入研究的地方。

(1)对于地价对土地资源配置的作用机理方面的研究,国外相关的资源配置理论为其提供了良好的理论基石,国内学者对其也有比

---

① 蔡继明,程世勇. 地价双向垄断与土地资源配置扭曲[J]. 经济学动态,2010(11):75-80.
② 裴长洪,彭磊. 加强土地调控的理论依据及现阶段政策目标[J]. 中国土地,2006(10):9-12.
③ 王文升. 关于土地价格与城市化可持续发展的战略思考[J]. 理论前沿,2002(20):30-33.
④ 叶艳妹,吴次芳,蒋钏. 试论城市地价运作管理与土地资源的优化配置[J]. 经济与管理研究,1997(3):59-61.

较充分的认识，而且国内外一些学者也通过实证研究证实了地价对城市用地规模、用地结构与布局的影响作用，并且取得了一定成果。但是，我国正处于转型期，土地市场发育和政府职能定位都存在一定问题。在我国特殊的转型期地价机制在土地资源配置中运行受到什么条件约束？运行效率有何不同？土地有价使用后，城市土地资源配置效益是否一定有所提高？这些问题都有待系统和深入的研究。

（2）地价能够引导土地资源配置，很多学者提倡运用地价杠杆促进土地资源优化配置。但是，地价对土地资源配置的效应具有多重性，既可能是积极效应，也可能是消极效应。地价究竟对土地资源配置产生怎样的影响？为什么地价会对土地资源配置产生消极效应？地价异化背后的深层次原因是什么？这些问题需要深入探讨。

（3）扭曲的地价不能反映土地资源的稀缺性和土地市场的真实供求，因而不能发挥其优化配置土地资源的功能，只有合理的地价才能实现土地资源的优化配置。由于缺乏对地价在土地资源配置方面的作用进行基础性研究，以及对地价异化背后深层次原因的探析，当前研究提出的利用地价促进土地资源优化配置一系列措施也相对缺乏针对性。因此，通过分析地价的资源配置效应，探讨转型期地价对土地资源配置的作用机理和影响地价有效发挥土地资源优化配置功能的因素，并在此基础上提出有针对性的建议和措施，有待进一步系统和深入的研究。

2.2 理论基础

2.2.1 资源优化配置理论

经济学的核心问题是解决稀缺资源的配置问题。资源优化配置是解决稀缺资源的无限需求与有限供给矛盾的手段，它有两种表达方式：其一是使用有限的资源产生最大的效益；其二是尽可能少地消耗资源以获得预定效益①。城市土地为稀缺的有限资源，因此需要研究如何实现其优化配置，从而使社会经济可持续发展。

2.2.1.1 古典经济学的资源优化配置理论

古典经济学家代表人物亚当·斯密在其《国富论》中探讨了资源的配置问题。他论述了市场为作一只"看不见的手"对资源配置的作用机理。他认为在经济自由条件下自然存在一种使资源得到优化配置的调节机制。经济自由的条件是指"每一个人都应任其完全自由，只要他们的行为限定在严格的正义与法律许可范围内，让他们采取自己的方法追求自己的利益，让他们用自己的劳动与资本同其他人相竞争"。而自然存在的调节机制主要源于"个人利益和情欲"。自由市场是资源实现合理配置的唯一方式，通过利益诱导达到对资源的优化配置，这是古典经济学资源配置论的基础理论。

2.2.1.2 新古典经济学的资源优化配置理论

新古典经济学基于人类面临"资源有限而欲望无限"的矛盾，以资源稀缺性为基本假设前提，认为在完全竞争的市场环境下，市场机制能对资源配置起主导作用并实现资源的最优配置。新古典经济学假设在"市场完全性"的环境下，"经济人"能够做出"理性选择"，因此市场"通过一系列价格等作用，不自觉地协调人们经济活动"，从而实现瓦尔拉斯一般均衡。在瓦尔拉斯一般均衡模式下的资源配置能够实现"帕累托最优"，即资源得到了优化配置。

2.2.1.3 新古典综合派的资源优化配置理论

新古典综合派强调市场在资源配置中的重要地位，认为市场是资

---

① ［美］阿兰·兰德尔著，施以正译. 资源经济学：从经济角度时自然资源和环境政策的探讨［M］. 北京：商务印书馆，1989.

源配置不可替代的重要工具。同时也强调资源配置需要政府的参与和干预,因为"市场有其一定的适用范围和现实局限性"。然而,政府在对资源配置进行干预的过程中也不可避免地存在失灵现象。因此,资源的优化配置需要让市场发挥其资源配置的基础性作用,以市场为主导来配置资源,同时让政府采取相应措施对市场进行适当干预,以弥补市场机制的内在缺陷。

2.2.2 土地区位理论

区位含有"位置、布局、分布"等意义,是一个综合概念,泛指人类行为活动的空间。区位理论也称之为地理区位论,为人类经济活动在空间分布及其空间中相互关系的学说[①]。区位理论包含了人类活动在空间上的选择和空间内人类活动的有机组合这两个研究层面,对城市土地的优化配置与合理利用具有重要的指导作用。关于区位问题,有大量地理学家和经济学家进行过研究并形成了丰硕成果,影响深远的区位理论有杜能的农业区位论、韦伯的工业区位论和克里斯塔勒的中心地理论等。

2.2.2.1 区位理论是关于各用途用地优化配置的理论

(1)农业区位论——农业用地优化配置理论。德国农业经济学家冯·杜能,是古典区位理论的始祖。他在其专著《孤立国农业和国民经济的关系》(简称为《孤立国》)中提出了区位理论的最早形态,即农业区位论。杜能运用孤立化的方法,首先假设"孤立国"内所有影响农业生产类型和土地利用地域差异的自然条件和社会经济条件都是一样的、均质的;然后研究条件不同情况下主导因素和非主导因素的影响和运动变化规律,不断修正得到的农业生产的空间组织

---

① 何芳. 城市土地经济与利用[M]. 上海:同济大学出版社,2009:39.

模式；最后，杜能得出了决定农业种植生产的函数：

$$R = P - (C + T)$$

式中，R 为利润，P 为农产品价格，C 为农业生产成本，T 为运费。

上式表明，农业土地经营集约化程度，与农地到城市（市场）的距离有很大关系，因为距离决定了运费 T。距离不同，其运费也就不相同，因而就产生了地租上的差异。由此可得出各种农业生产方式的地租曲线，形成农业土地利用的"杜能圈"结构。杜能的农业区位论用接近性和地租负担能力等来说明农业土地利用同心圆（环）模式的形成机制，揭示了地租、位置与土地利用之间的关系，并初步发展了农业土地租金与土地利用的一般均衡理论[①]。

(2) 工业区位论——工业用地优化配置理论。德国经济学家韦伯对工业区位进行了系统研究，在其出版的《工业区位论》中完整地提出了工业区位理论。韦伯认为，运输成本和劳动成本以及聚集因素三者作用下的最低生产成本点就是工业企业最理想的区位。他排除了社会文化方面的区位因素，以简单假设为起点抽象地分析工业企业生产、分配过程，用演绎方法推导出生产成本最小的工业区位。韦伯研究了运费对工业区位选择的影响，并提出了原料指数这一概念及其含义，认为稀有原材料重量与产品重量之比就是原料指数；研究了劳动成本对工业企业进行区位选择的影响，并提出了劳动成本指数、劳动系数以及地域重量等概念，认为劳动系数等于劳动成本指数与地域重量之比；研究了集聚因素对工业企业进行区位选择的影响，提出了加工系数这一概念，即为单位区位重量的加工价值。工业企业比较集聚带来的收益与地价上涨造成的损失之后，选择集中布局还是分散布局模式。韦伯的工业区位论阐释了工业经济活动空间分布模式，并且比较深刻系统地揭示了区域工业活动的基本空间规律和空间结构的形

---

① 赵贺. 中国城市土地利用机制研究 [M]. 北京：经济管理出版社，2004：19.

成、演化机制。

（3）中心地理论——商服用地优化配置理论。克里斯塔勒在其出版的《德国南部中心地原理》中系统地建立了中心地理论，详细分析了城市中心居民点发展的区域基础，以及等级—规模之间的空间关系，阐明了中心地的数量规模与结构、中心地的形成过程和分布模式等[①]。中心地是一个相对概念，主要指一定区域范围内的中心集聚点，它可以是一个大城市，也可以是不同等级的商业中心甚至是小商店。中心地内有提供商品与服务的功能。克里斯塔勒认为，中心地提供商品和服务的范围有一个消费者购买商品或服务需要克服的空间距离界限。零售业或服务业布局必须克服一个最小距离，即需求门槛。克里斯塔勒发现，任何一个中心地都有一个大致确定的经济距离和能达到的范围；零售业或服务业的最优服务面是圆形，通过成本和耗率可以求出其半径。在激烈的市场竞争下，考虑区域总利益的最优化，每个中心地圆形的市场区将被六边形市场区所取代。因此，由于各个中心地的规模以及需求与服务范围不同，经过相互作用、相互竞争之后，就将形成排列有序、层次清晰的中心地－市场等级体系。

德国经济学家廖什继承和发展了克氏的中心地理论，结合生产区位与市场，提出了市场区位论。他认为，不同的产业有不同的区位，区位利润导致了区位的产生。

2.2.2.2　区位的选择主要受到地租地价的影响

由于土地资源不可移动性，且单位空间和位置分散于远近、距离各异的不同地区。城市土地利用的实质就是对土地区位进行选择，而土地区位的选择主要受到地租、地价等经济因素的影响。用地者占据不同的土地区位能够获得不同的级差收益，这种级差收益是土地的区位差异所造成，并非用地者的经营效益所带来的。因此，城市用地者

---

① ［德］克里斯塔勒. 德国南部中心地原理［M］. 北京：商务印书馆，1998.

相互竞争使用土地,根据其支付级差地租的能力选择适当的土地区位,最后形成城市土地的均衡区位。这就是竞标地租法则。美国土地经济学家阿朗索的竞标地租曲线模型,揭示了地租对各用途用地的空间分布的影响。阿朗索的竞标地租曲线描述了地租生产能力与距城市中心距离之间的相互关系,其斜率反映了某用途土地对地租支付能力的大小和对区位的敏感程度。因此,在地租地价经济杠杆的调节下,各用途土地之间相互置换,最终使城市用地结构不断调整,形成合理的用地空间布局。

2.2.3 地租地价理论

地租地价是土地资源配置和利用的核心。从古至今,就地租地价这一问题许多经济学家都展开过深入探讨。典型的马克思地租地价理论与西方经济学地租地价理论,虽然因其背景不同而观点各异,但相互之间具有继承性,存在发展关系,它们对于土地资源的合理分配、调整产业结构、制定土地调控政策等都具有重要的理论指导作用。

2.2.3.1 地租理论

关于地租,不同学者对其有不同的论述。马克思在批判和继承其他西方经济学地租理论的基础上,创立了马克思主义地租理论。马克思赋予了地租理论崭新的科学内容,阐明了地租以及绝对地租、级差地租的性质、来源等问题,对我国城市土地资源配置和利用具有特殊重要的指导作用。

马克思在其《资本论》第三卷中指出:"地租是以土地所有权或者说以某些个人对某些地块的所有权为前提的","地租是土地所有权在经济上的实现"[①]。由于土地所有者垄断了土地所有权,他可以

---

① 马克思. 资本论(第3卷)[M]. 北京:人民出版社,1975:698.

凭借其对所有权的拥有获得地租。在资本主义的大农业中，大的土地所有者将土地租包给农业资本家，凭借其对土地的垄断权获得地租，而农业资本家通过经营土地获得平均利润。马克思将平均利润和生产价格理论运用到土地私有权的垄断场合，从而得出科学的地租理论。按照地租形成条件和原因的不同，马克思将地租划分为绝对地租与级差地租两种基本形式[①]。

（1）绝对地租控制城市土地使用权最低市场地价。不管租种任何等级的土地都必须支付的地租称之为绝对地租。根据马克思地租理论，农产品价值超过生产价格的剩余部分形成绝对地租。与社会平均资本有机构成相比，农业资本有机构成较低，因而会产生超额利润。由于土地所有权的存在，超额利润就会转化为地租[②]。在土地所有权被垄断，且土地所有权与土地使用权相分离的情形下，一定会产生绝对地租。

我国城市土地经济中也客观存在着绝对地租。城市土地所有权被国家垄断，但土地经营权被土地使用者拥有，用地者可以对土地占有、使用并获得经营收益。绝对地租为用地者取得土地经营权进行经营活动而必须支付的最低代价。不管是租借优等地还是劣等地，土地使用者都必须因使用土地而向国家缴纳绝对地租。土地使用者缴纳绝对地租数量的多少与其使用土地的面积大小成正比。因此，土地使用者为了最大程度的少支付绝对地租量，必定会尽量减少用地面积，高效利用每一寸土地。

在城镇化进程中，城市土地来源于边缘区的农业用地。城市土地单位面积创造的使用价值要高于农业用地，这是农业用地不断非农化的原始动力。因此，城市的绝对地租水平是由农业用地绝对地租水平决定的，是以城市边缘农业用地绝对地租量为基准。城市地价只有在

---

① 石莹，何爱平. 马克思经济学与西方经济学地租理论的比较研究 [J]. 南京理工大学学报（社会科学版），2013，26（6）：14-21.

② 马克思. 资本论（第3卷）[M]. 北京：人民出版社，1975.

不低于边缘区农地价的情形下才能实现合理利用土地的目的。由此得知，绝对地租是控制城市区域内土地最低价格的重要基础。

（2）级差地租调节城市土地的结构布局。级差地租的概念由威廉·配第最早提出，他把级差地租分为级差地租Ⅰ和级差地租Ⅱ。马克思对级差地租的"质"与"量"进行了详细探析。级差地租也称为区位地租，是与土地利用条件的不同优劣等级相联系的一种地租形式，是因租用较优土地而获得的归土地所有者占有的那一部分超额利润。农产品的个别生产价格与社会生产价格之间的差额就是级差地租数量。土地自然劳动生产率之间存在差别，这是级差地租形成的条件。土地经营垄断权的存在导致农产品的社会生产价格由劣等地的生产条件决定。而优中等地的经营者就能获得超额利润，向土地所有者缴纳级差地租。马克思分析了级差地租的两种形式以及两种形式之间存在的关系。他认为，级差地租Ⅰ是因土地的位置和肥沃程度不同而形成的超额利润转化来的；级差地租Ⅱ是因对同一土地不断增加投资而形成的超额利润转化来的。级差地租Ⅰ是级差地租Ⅱ的出发点，前者代表土地粗放利用阶段，后者代表土地集约利用阶段。

城市土地不同于农业用地，土地肥沃程度的优劣对城市土地没有影响，而土地的地理位置、区位优劣则对城市土地具有重大作用，城市土地利用的区位效益构成了级差地租的实体①。级差地租的形式是土地利用的区位效益，区位较好的土地运距较短、能够节约运输费用和提高土地利用经济效益；区位较好的土地上凝聚了较多的劳动投入量，表现为基础设施齐全、道路畅通等，能够形成良好的社会经济环境，产生区位集聚效益。因此，占据区位好的土地使用者要将这部分利润转化为级差地租，缴纳给土地所有者。

不同产业部门对城市土地区位要求不同，在同一区位上不同产业所取得的区位收益也不同，因此各产业支付区位地租的能力也有所差

---

① 严星，林增杰．城市地产评估［M］．北京：中国人民大学出版社，1999：22．

别。一般而言，商业的支付能力最高，一般位于城市最繁华的中心区，而工业支付能力较低，一般位于城市区位较劣的边缘区。这样，在地租的调节下，各产业用地会自动调整，从而形成合理的城市用地布局。

2.2.3.2 地价理论

地价理论与地租理论两者相互联系，密不可分。各经济学家一般把地租与地价放在一起共同进行探讨。

(1) 土地价格的计算。威廉·配第，英国古典政治经济学家的创始人，早在1662年出版的《赋税论》中就揭示了土地价格的本质，他指出土地价格是一定年数的地租总额，是地租本身的转化形式，是地租的资本化①。亚当·斯密在《国富论》中认为地租是一种垄断价格，是一种由于土地所有权的垄断才不得不支付的垄断价格。他把地租看作是土地所有权的单纯结果，是为使用土地而支付的价格②。

马克思认为，土地价格的实质是地租的资本化。土地没有任何价值，因为土地不是劳动产品。但是，土地有价格，这是由于土地与其他商品相同，可以用货币表示其价格进行买卖交易。土地价格是购买地租的价格，没有地租则不会有土地价格。地价的计算公式为：地租/利息率＝土地价格。地租和利息率两个因素影响地价水平。地价与地租量的大小成正比，与利息率成反比。

(2) 土地价值的基本认识。正确认识土地价值，对保护土地资源、促进土地资源合理配置、提高用地效益意义重大。从上面马克思关于地价实质的论述中可知，他认为没有经过开发利用的土地不是劳动产品，没有任何价值。而经过人类开发的土地，由于人们在土地上增加了投入，也就是"虽然没有增加土地面积，但是增加了土地资

---

① [英] 威廉·配第著，邱霞等译. 赋税论 [M]. 北京：华夏出版社，2006.
② [英] 亚当·斯密著，贺爱军等译. 国富论 [M]. 西安：陕西人民出版社，2006.

本"。变成生产资料的土地，即被人类改良后的土地，其人工肥力与自然肥力结合在一起，包括了土地物质，又包括土地资本。概括而言，在现实经济生活中，凡是经过人类开发利用的土地，其构成具有二元性，由土地物质和土地资本两个要素构成。

土地构成具有二元性，这导致了了土地价值也具有二元性。土地物质价值并不是以劳动价值为基础的。土地物质没有劳动价值，它没有经过人类劳动加工。然而，土地具有使用价值，它可以产生收益。当土地所有权与使用权相分离时，土地所有权在经济上通过收取地租得到实现，这部分地租就是真正意义上的地租（包括绝对地租和级差地租Ⅰ）。因而，土地物质从现实的生产关系中产生出来了"虚幻"的价值形式（称之为土地资源价值）①。土地资本价值是土地中凝结了人类物化的劳动，其中的平均社会必要劳动量决定了土地资本价值量的大小。所以，已开发利用的土地价值包含土地资源价值和土地资本价值。

随着土地资源供求矛盾越来越激烈、资源与环境等问题日益突出，土地的社会功能越来越受到人们的关注与重视，土地价值已扩展到土地对于人类的整体功能与效用，体现出多元化的特点。土地价值不仅包括实际使用价值，还包括选择价值、存在价值等②。选择价值是指土地的潜在收益的价值，包括当前土地利用者、其他人和后代人利用该土地的潜在价值。存在价值指土地作为自然景观系统和生态系统的载体，人类利用土地会对这些系统产生影响，这些系统的功能和效用如果失去将很难恢复。如果全面考虑土地的这些价值构成，并且反映在土地的定价中，则有利于更加科学地指导土地配置，提高土地利用效率。

---

① 周诚. 土地经济研究 [M]. 北京：中国大地出版社，1996：385.
② 霍雅勤，蔡运龙. 可持续理念下的土地价值决定与量化 [J]. 中国土地科学，2003，17（2）：19-23.

地价对城市土地
资源配置的
效应研究
Chapter 3

第3章 地价与城市土地资源配置效应：整体框架

在系统分析地价对城市土地资源配置的效应之前,有必要构建一个全书的分析框架,以便把握分析问题的逻辑,更好地理解本书的研究思路。

地价对城市土地资源配置的效应是指地价变化对土地资源配置状况产生的影响或作用,即土地资源配置状况在地价的影响下产生的变化。从稀缺资源优化配置角度而言,这就涉及两个问题,即地价影响下的土地资源配置是否优化以及如何优化。解决这两个问题,就需要确定城市土地资源配置的价值目标,分析地价影响土地资源配置变化的作用途径。在此基础上,才能为地价的优化调控提供依据,最终实现城市土地资源配置目标。因此,本章首先分析地价对土地资源配置效应的一般作用机制,然后确定城市土地资源配置的目标,最后构建全文的分析框架。

3.1 研究的基本假设前提

在构建本书的分析框架之前,需要对所研究的基本假设前提进行介绍。基本假设前提是演绎推理的基础,也是许多理论赖以建立的基础,它们起着逻辑起点的作用。针对本书的研究对象和研究内容,建立资源稀缺性、有限理性假设和机会主义行为倾向的前提假设极其重要。

3.1.1 资源稀缺性

即社会资源的有限性。人类的需求具有无限增长和无限扩大的趋势,然而,一定时间、空间范围之内的社会资源却是相对不足和数量有限的。因此,相比之下,这就造成了资源的稀缺性。资源的稀缺性可以分为两类,一类是绝对稀缺,另一类是相对稀缺。前者指资源总

第3章 地价与城市土地资源配置效应：整体框架

供给数量相对于总需求而言表现为不足，总供给不能满足总需求；后者指在全局上资源的总供给可以满足总需求，但在局部上资源需求因供给结构不均衡而得不到满足。一般人们所说的稀缺性主要是指相对稀缺。城市土地资源因地区、结构分布不均衡，而成为相对稀缺的生产资源。

经济学的第一原则就是资源的稀缺性，资源的稀缺性使人类所有的经济活动需要面临选择问题，所有经济学理论都以该原则为出发点提出观点并进行论证和研究[①]。稀缺性的客观存在迫使人们不得不考虑如何利用有限的资源，也决定了人们在有限的资源面前不得不作出选择，例如选择生产什么、如何生产、为谁生产以及如何最大限度地满足人们的各种需求，这就是人们面临的、需要解决的"经济问题"。当人们需要在具备多种用途的稀缺资源中进行选择时，这时就会产生一种成本，这种成本称之为"机会成本"。经济上所要解决的问题就是如何让这种因选择而产生的机会成本降到最低点。

经济社会中的生产资源或者说生产要素，即土地、资本、劳动力都具有稀缺性，在选择和使用过程中会产生机会成本，这就引致了怎么样使土地、资本、劳动力等资源得到合理配置以及有效利用等问题的产生。资源的配置方式有多种，包括早期的"习惯"，后来的抓阄、排队等。一般而言，理论界根据资源配置主体将配置方式划分为两类，一是市场配置，即市场主体以价格为信号，在竞争中对资源进行分配、组合以及再分配和再组合的过程。市场配置鼓励市场主体公开自由交易，由市场自身来形成价格，更注重效率，普遍采用优胜劣汰法则。二是政府配置，即政府采取管制、定量配额、交易许可证等手段对资源进行配置。如何合理配置土地资源，使之以最有效率的方式得到使用，这是当前值得深入研究的课题。

---

① 李德甫. 西方经济学新论 [M]. 北京：中国社会科学出版社，2013：1-3.

3.1.2 有限理性假设

理性人指在既定的机会成本情况下，有目的地、系统地尽最大努力实现其目标的人①。理性人假设是对"经济人"假设的延续，认为理性的主体在做任何决策之前都会精打细算，决不会感情用事和盲从。"理性人"的基本特征就是所有从事经济活动的人都是以利己为根本目标的。理性人很明白，在现实中很多决策不是黑与白的选择，而通常是介于其间。理性人一般是在比较边际利益和边际成本之后才来做出相关决策。理性人采取某种行为的前提是这种行为所产生的边际利益会大于边际成本，否则理性人是不会采取这种行为的。理性人的行为总是趋利避害的，能够通过成本—收益原则进行优化选择，唯一目标是自身经济利益的最大化，如居民追求效用最大化，厂商追求利润最大化。作为"公共机构"的政府机构，在其经济活动中也是以"理性人"的角色追逐自身利益最大化。

按照理性人的假设，市场中的买者或者卖者，他们的行为是理性的，只要存在资源的稀缺性，他们都是以追求自身利益最大化为行为目标，这一过程也是对自身资源进行有效配置的过程，即市场机制通过诱导买者和卖者等市场主体做出相关行为选择，进而引起资源配置发生改变。他们行为的结果将会形成市场的动态均衡。当市场处于任何改变都会导致供求双方利益格局发生变化的均衡状态时，则这种状态就是帕累托最优状态。此时的资源配置就是最佳的、有效率的配置。

"理性人"的假设最早是由约翰·穆勒提炼而得出的，后来由帕累托引进经济学。它忽视了人的本质及信息等交易费用的存在。理性人的假设从一开始就遇到很多学说的挑战，如西蒙的有限理性说、马

---

① ［美］曼昆著，梁小民译. 经济学原理：微观经济学分册（第5版）［M］. 北京：北京大学出版社，2009：6.

斯洛的需求层次说、莱宾斯坦的 X 低效率理论说、威廉姆森的机会主义说等。在经济活动过程中，由于各种环境的复杂性和不确定性，市场信息的不完全性，以及自身能力的有限性，"理性人"表现出来的行为只能具有有限理性。因而，通过制度建设，创建更好的信息流通环境，增强人们认知能力，使行为人的行为更接近其目标。

3.1.3 机会主义行为倾向

机会主义行为是指不全部如实地披露所有的信息，用失实的、笼统的、非真实威胁或承诺谋取个人利益的行为。这是一种损人利己的行为，不同于一般的自利行为。机会主义不受服从和遵守信用的约束。机会主义行为产生的根源是人的逐利本性，由于信息不对称、人的有限理性等原因的客观存在，使人们在追求自身效用最大化时，往往不自觉地走到机会主义上去。当资源稀缺性的客观存在、主体需求利益不同、信息不对称、有限理性和机会主义结合在一起时，将会严重影响资源配置问题或效率问题，造成资源极大浪费。价格机制的作用就会受到很大限制，不能很好地解决协调和激励问题。在管理活动中，管理绩效会被降低，管理目标难以达成。在现实经济活动中，个人利益最大化和满足程度最大化的目标只能有限地达到。由于制度具有约束人的机会主义行为的重要功能，为了保持市场经济效率，需要制定相关的法规制度来克服机会主义行为倾向。

3.2 地价在土地资源配置中的作用分析

3.2.1 地价的特性与功能

地价，即土地价格，横跨土地与价格两个领域，它除了具备一般价格的基本特性和功能外，还具有一些与众不同、自身独有的特殊性和功能。

3.2.1.1 地价的特性

（1）地价是产权束组合的价格。地价是土地产权的买卖价格，反映了复杂经济社会中人与人、人与地之间的关系。在我国，农地征收市场上存在农地征收价格；土地一级市场上存在国有土地的出让价、入股价、租赁价；土地二级市场上存在国有土地的转让价、出租价、抵押价等。地价在不同层次的土地市场上具有不同的价格内涵，代表不同的权利束价格。各种不同的地价形式产生于各种不同的土地产权交易内容[①]。土地产权的可交易性是地价形成的基础，也就是说，地价是土地产权市场化的结果。

（2）地价具有长期递增趋势。由于土地利用具有永续性，地价在使用过程中一般不会因被损耗而贬值。相反，如果利用得当，随着社会经济发展对土地需求的日益增加，土地供给的有限性逐渐凸显，再加上科技进步和发展不断提高土地利用的集约程度，单位土地面积上的国民经济产出也不断增加，土地因而产生了增值[②]。因此，土地价格总体上会呈现出长期递增趋势。

当然，土地价格不是越高越好。作为生产要素的土地，其价格如果过高，对土地使用者而言则意味着用地成本太高，这将导致企业利润减少，负担增加。同时，在一定时期和经济技术条件下，如果土地资源配置和利用不合理，土地生态环境遭到破坏，有可能导致土地价格产生波动，某一时期出现一定程度的下降。

（3）地价具有地域差异性。一定区域的土地价格是该区域内各

---

① 唐焱. 城市土地价格及其影响因素的理论与实证研究[M]. 北京：中国大地出版社，2006：58.
② 刘卫东，罗吕榕，陈武斌，等. 城市土地价格调查、评价及动态监测[M]. 北京：科学出版社，2002：7.

种社会资源综合配置的结果和体现。土地价格的区域差异来源于土地的区域差异性,地球上没有两块完全相同的土地,土地不能批量生产和统一标价。土地所处的区域位置以及社会经济条件不同,其土地价格水平也不同。由于不同城市的区域位置、城市基础设施状况、经济发展水平、居民收入水平、土地稀缺程度和土地市场发育程度各有差异,因而其土地价格水平也各不相同。

(4) 地价是市场交易、最佳用途下的价格。当土地在理想的市场上交易时,它所形成的价格为理论价格,该理论价格可以称之为合理地价。而在现实的市场上,交易双方经过多次谈判后最终形成的价格为实际成交价格。在市场环境、交易主体的目标与行为等因素影响下,实际成交价格往往会偏离理想市场下的合理地价。

另外,与资本、劳动等其他生产要素一样,土地要参与生产经营成果的分配。土地的具体用途决定了生产经营成果的多少,在同一块土地上进行不同的生产经营活动,所能获得的经营成果、经营收益也不同,因而其土地价格也就不同。作为理性的"经济人",土地产权拥有者一般会根据利润最大化原则,选择效用最佳、收益最高的土地用途。因此,土地价格应该是最佳用途下的价格[①]。

3.2.1.2 地价的功能

(1) 核算功能。对经济核算可以采用的指标一般包括实物指标或价值指标两种。价格是进行价值指标核算必不可缺的工具和手段[②]。土地价格作为核算工具,便于社会对土地资产的计算。土地价格体现了用地者的用地成本,并且间接反映了用地者占用土地资产的数量。因此,土地价格的核算功能能够促使土地利用者加强投入产出观念,从而提升土地利用集约度和土地资产的经济效益。

---

① 彭俊,陈方正. 城市土地经营的价格原理 [M]. 北京:中国财政经济出版社,2005:13.
② 杨继瑞. 价格理论与实践 [M]. 成都:四川大学出版社,2006:83.

(2) 信息传递功能。价格能"浓缩"其他大量信息，把最关键的信息传达出去。地价的信息功能则是指地价本身表现出来的价格水平及其上下波动，都能向社会反映和传递经济信息，从而可以为社会用地者、管理者提供市场参考。地价受到各种社会经济因素的影响和制约，其价格水平以及波动都承载一定的经济信息，能反映土地的供给与需求变化，为用地者和管理者了解土地市场需求，做出相关决策提供依据。实际上，政府经常更新公布城市地价水平，就是为了使土地市场上的交易双方能够获得较为准确的地价交易信息，从而促进土地市场交易行为规范。

地价信息功能能否正常、有效发挥，关键在于地价水平及其波动变化能否准确、灵敏地反映土地经济价值和土地的真实供求。不合理、扭曲的地价必将传递出失实的、扭曲的市场信息。

(3) 调节收益功能。在土地出让、转让、转租过程中，地价能够调节土地交易双方的利益关系。如果土地市场中地价混乱、地价不合理，则交易双方中必有一方吃亏、另一方得利。不合理的地价容易引起地方政府寻租等不规范行为的产生，容易引起土地市场上投机炒卖行为的产生，导致城市郊区农地大量非农化，城市建设用地闲置、低效利用；而合理的地价则有助于理顺土地市场上交易双方的土地收益关系，引导人们保护耕地和高效利用城市土地，促进土地市场健康发展。

(4) 引导土地利用方式改变功能。由于土地不可移动，不同区位的土地其价格也不同，而且其区位收益也不同。区位差别导致的区位地租地价对用地者形成一种约束，从而指导城市用地者选择适合自己实际需要和用地成本的土地。用地者将用地成本和用地收益进行对比，根据其对不同土地的地租支付能力调整自己的用地区位和用地方式。如果地价合理，则可以在引导用地者不断转变土地利用方式的过程中优化配置土地资源；相反，则可能使土地利用结构不合理，导致土地资源布局混乱。

地价对城市土地资源进行配置，其实就是地价以上功能在土地市场中的具体化。地价的土地资源配置功能是地价以上功能的综合体现。地价发挥资源配置功能，促使土地资源在不同部门、不同用途之间进行流动、分配和组合。

3.2.2 地价对土地资源配置效应的基本作用途径

上述地价的特性和功能为其对土地资源配置产生影响提供了可能与前提条件，但是，这不是实现地价对土地资源配置产生影响的充分条件。换言之，要使地价发挥土地资源配置功能，还需要通过一定的作用途径。

在地价对土地资源进行配置的过程中，人的目标和行为选择是关键。如果离开人的行为作用，土地资源就无法实现在时间、空间和不同产业部门之间的分配与组合，地价的土地资源配置功能也就无法实现。地价在外界因素的影响下不断发生变动，而地价的变动将产生信息冲击，对市场行为主体的心理预期波动产生影响，从而打破市场行为主体先前心理账户的平衡状态。作为具有"机会主义行为倾向"的有限理性人，市场主体会为了追逐自身利益最大化（如居民追求效用最大化，厂商追求利润最大化），而不断调整自己的行为选择。

地价的存在使人们在利用土地过程中必须考虑用地成本。当地价变动即用地成本发生变化时，人们的行为也会随之发生改变。地价上涨时，意味着用地成本相对增加，利润相对下降，这会约束人们对土地的占用量，激励他们高效利用土地，或促使人们搬到较差的区位，以减少用地成本；相反，地价下降时，意味着用地成本相对减少，利润相对提升，这会激励人们多占地、占好地，从而导致用地规模无序扩张、闲置浪费。

总而言之，地价对城市土地资源配置产生影响主要是通过地价的变动影响市场主体的目标和行为，进而影响土地资源在时间、空间、各部门的配置比例和效率。简单地表示地价对土地资源配置效应的基本作用途径为：环境因素→地价变动→权利主体目标与行为选择→资源配置变化，如图3-1所示。

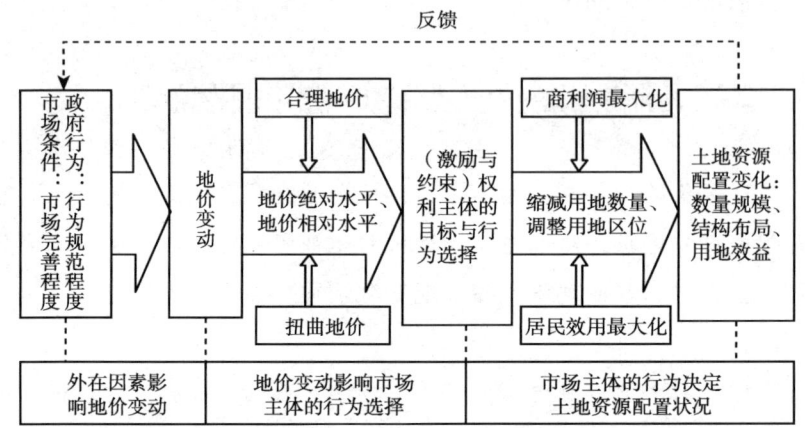

图3-1 地价对城市土地资源配置效应的作用途径

3.2.3 地价对土地资源配置效应的特点

（1）地价对土地资源配置效应的多种方向性和可选择性。在市场经济体制下，城市土地的有价使用可以激励或约束市场供需主体的行为，对土地供需主体的行为选择产生影响，进而影响城市土地资源配置。因而，只要城市土地存在有价使用，地价就必然能对城市土地资源产生配置效应，即土地价格具有资源配置的功能，地价的土地资源配置效应是客观存在的。但土地价格受到一系列因素的影响，地价配置资源的功能在不同的条件下会产生不同的作用与效果。土地市场条件完善与否以及政府干预适度与否都会影响到真实土地价格的形成。因而，地价对城市土地资源配置效应表现为多种方向性和多种可能性。

西方经济学认为，完善的市场条件下，地价能优化配置城市土地资源。但是，土地市场往往不完善，地价不能使土地资源达到最优化

第3章 地价与城市土地资源配置效应：整体框架

配置状态。为使地价的土地资源配置效应向确定的方向发展，首先要确立资源配置的价值目标，并设定价值目标是否实现的评价标准，其次再研究是否实现了价值目标，需要具备哪些条件才能实现这一价值目标。当所需条件越充分、越能得到满足，则资源配置的价值目标越能得到实现。通过促进土地市场发育，规范政府行为，建立并完善地价宏观调控体系，推进相关配套制度的改革，使地价真实、合理，可以实现地价优化配置土地资源的功能。所以，我们认为地价对城市土地资源配置效应又具有主观调控能动性和可选择性。

（2）地价对土地资源配置效应影响具有静态性和动态性。地价对城市土地资源配置产生一定的影响，这种影响也就是资源配置结果。从土地资源呈现的配置结果来看，地价对土地资源配置效应具有静态性。静态的地价资源配置效应只强调结果，不关注地价在市场条件和政府干预影响下是如何对土地资源的数量、结构、布局以及利用效益产生作用的。而动态的地价对土地资源配置效应则是强调一种过程，关注地价对土地资源的数量、结构、布局以及利用效益的作用机理，详细分析不同市场条件下和政府干预下地价对相关市场主体的行为选择的影响，深刻研究产生不同资源配置结果的原因。动态性强调过程，从动态角度研究地价对土地资源配置效应能够更好地把握地价的土地资源配置结果，进而有助于相关决策者做出科学合理的配置决策。在本书的研究中，同时注重地价对土地资源配置效应的动态性和静态性特征。

3.3 地价配置城市土地资源的目标及评价标准

人类需求的无限性与资源的稀缺性这一矛盾引发了资源配置问题。城市土地资源相对于人类需求的无限性而言，同样具有稀缺、宝贵的特性。因此，这就引发了城市土地资源的配置问题。然而，城市土地资源配置要达到一个什么样的目标呢？只有首先明确其配置的价值目标，才对配置活动有指导意义以及对配置结果有基本的评判标准。价值目标是指人们关于经济社会活动中的客观事物或事件的一些总看法和总评价。价值目标主要表现在下列两个方面，一是价值追求或取向，即人们通常所说的价值目标；二是价值尺度和准则，成为人们判断某一事物或事件实施效果的评价标准。因此，确定了城市土地资源配置的价值目标，就可以为地价对城市土地资源配置效应提供评价标准，并为地价的优化调控指明方向。由于不同的评价者其价值观不同，对资源配置目标的评价结果也存在巨大差异。因此，资源配置的目标及其评价必须有一个基本评价标准作为评价的出发点或平台[①]。

3.3.1 城市土地资源配置目标

城市土地资源配置的根本目标是在一定的时间和空间范围内，使有限的城市土地资源合理分配和可持续利用，实现土地经济效益、社会效益、生态效益三者综合效益最大化。取得三者效益的统一，是合理配置土地资源的最高目标[②]。其中，经济效益是指人们在土地利用活动中所取得的经济成果，社会效益是指土地利用在促进社会发展和社会进步等方面所取得的对社会生活有益的成果，生态效益是指从生态平衡角度来衡量的、对生态环境所产生的有益影响或有利效果。土地利用综合效益是一个综合性的概念，包含了土地利用经济效益、社会效益和生态效益三个方面。城市土地综合效益的最大化不仅取决于土地经济产出的最大化，还取决于社会效益、环境效益等各方面的相互协调，包含了公平的意思。因此，城市土地资源配置的根本目标即

---

① 诸培新. 农地非农化配置：公平、效率与公共福利 [D]. 南京：南京农业大学，2005.

② 毕宝德. 土地经济学（第6版）[M]. 北京：中国人民大学出版社，2010：32.

实现土地利用综合效益最大化，实质上涵盖了城市土地资源配置的效率与公平两个目标。

3.3.1.1 城市土地资源配置效率

鉴于资源的有限性以及人类欲望的无限性，人类在经济活动过程中不得不面对效率这个关键问题。效率，在《汉语大词典》中的解释为"单位时间内完成的工作量"。在《投资大辞典》中被解释为"劳动成果与为获得这一劳动成果所花费的劳动时间之比"。在百度百科中效率的基本含义有两种，为"单位时间内完成的工作量"和"指最有效地使用社会资源以满足人类的愿望和需要"，而其经济学含义是指"社会能从其稀缺资源中得到最多东西的特性"。因此，总体而言，效率是反映成果与消耗、产出与投入之间的关系。在既定生产技术和生产投入条件下，资源越被有效地使用，给人类带来越大可能性的满足程度，则效率越高。资源配置效率是指投入一定组合的生产要素来生产出最优的产品数量组合。城市土地资源配置效率则是指一定数量组合的城市土地投入与产出之间的关系。

3.3.1.2 城市土地资源配置公平

公平，指对一切有关的人公正、平等的对待，包括公民参与政治经济和社会活动时的机会公平、过程公平和结果分配公平。资源配置既要强调效率，同时也不能忽视公平。资源配置公平不是指社会上所有人平均分配、占有资源数量，而是指社会各方面相关利益的调整是否公平。

根据可持续发展理论，资源配置公平包含两层含义：一是代内公平，二是代际公平。前者是横向比较，指同一代人在分配和利用自然资源、满足个人利益上权利均等；后者是纵向比较，指当代人和下代人在利用资源、谋求生存和发展方面都享有平等权利。城市土地资源配置公平也包含代内公平和代际公平两层含义。城市土地资源配置的公平目标，就是要促使城市土地资源配置向代内公平和代际公平演进。

地价对城市土地资源配置的效应研究

其一,城市土地资源配置代内公平。代内公平既包含国家之间资源分配和利用的公平,也包含了一个国家(或地区)内部不同区域(或群体)之间资源分配和利用的公平。本书研究城市土地资源配置问题,涉及城市居民与农村居民就土地资源分配和利用的公平问题。城市用地规模快速扩张,大量农村土地非农化,农民耕种农地的权利被剥夺。特别是当农地被大量低价征收,农民享有土地财产权利也被剥夺了。这导致了城乡居民收入差距拉大,农民生活贫困的状况没有得到改善。就城市用地而言,不合理的城市用地结构,如公共设施用地、绿地等布局不均衡,都将影响城市居民不同群体平等享有公共基础设施和绿地的权利。就城市内各产业用地而言,城市各产业部门拥有选择与其经济水平相适应的地段和用地方式的权利,应使高收益产业能够得到较优区位的用地,低收益产业被自动排挤到较劣区位。

其二,城市土地资源配置代际公平。代际公平由保存选择原则、保存质量原则、保存接触和使用原则这三项基本原则组成。每代人在使用自然资源时都不要破坏自然资源的多样性,应该让每代人在选择使用自然资源时都拥有类似的多样选择性;每代人在把自然资源交给下一代时要保证自然资源不比自己从前一代人手里接过来时更差;每代人都应该使当代人和后代人都有接触和使用前代人遗产的权利,都有权来了解前代人留下来的东西并从中受益。对于农业用地而言,主要要求土壤质地易于耕作,具有较高的肥力,农地一旦被转变为城市建设用地,土壤质地性状遭到破坏,就很难再恢复到农地状态,其种植农作物的功能将不再存在,后代人选择耕种农地的权利将被剥夺。我国是一个农业大国,农地是祖先们世世代代留下来的宝贵遗产,当代人应尽量保存其数量和质量。因此,城市新增建设用地规模的扩大一定要谨慎。就城市用地内部而言,也要保证代际公平。城市土地不合理利用,片面强调对土地的开发利用,并在土地开发利用过程中片面强调建设房屋等建筑,绿地面积配置较少,各种用地面积配置比例严重不协调,硬质景观面积比例远远高于软质景观面积比例,这将破坏城市内部原有的生态系统。城市公共设施包括文化娱乐、行政办公、教育科研设计、医疗卫生、商业金融、文物古迹等八类,每一类都与居民每天的生活密不可分。受"重工业、重生产、轻生活、轻基础设施"的思想影响,城市用地结构不合理,生产用地过大,导致城市资源破坏,环境污染严重;城市中心区空间布局混乱,土地区位效益不能得到显现;郊区土地被违章乱建,低效利用。城市的无序蔓延和对城郊土地的无序使用,原生态的河床、湿地等被大量的钢筋水泥所代替,使城市土地自然生态环境恶化,这些都影响当代人类的生活质量和可持续发展,是对当代人和子孙后代人的犯罪。

3.3.2 城市土地资源配置目标的评价标准

在资源配置效率方面,新古典经济学评价资源配置效率的标准为帕累托最优,即在不损害任何一个人满足程度的情况下,已无法使任何人的满足增加。新古典经济学认为在完全竞争的市场条件下可以实现一般均衡,而一般均衡状态下社会资源得到了合理的配置,即资源的配置是"帕累托最优"的。任何偏离一般均衡状态的资源配置,都有效率损失[1]。帕累托最优是资源配置的一种理想状态,由于现实的市场是不完全竞争市场,存在交易成本、人们之间有利益冲突、经济活动具有不确定性等,资源配置不可能达到帕累托最优,而只能是帕累托改进。帕累托改进是指一种变化,是实现帕累托最优的途径。"帕累托最优"的效率标准同样适应于评价城市土地资源配置效率。虽然由于产品具有同质性、市场交易活动自由公开、市场信息畅通准确、各种资源都能够充分地流动等条件在城市土地市场不可能存在,这使城市土地资源配置不可能达到帕累托最优,但是城市土地资源配

---

[1] 汪丁丁,韦森,姚洋. 制度经济学三人谈 [M]. 北京:北京大学出版社,2005:272.

置可以朝最有效率的方向发展，即实现城市土地资源帕累托改进①。

在资源配置公平方面，由于不同的人其价值判断不同，因而对资源配置公平的标准看法也不同。一般认为公平有下列三个标准：一是贡献标准，即按照个人能力和努力程度对社会所作贡献大小进行收益或财富的分配；二是需求标准，即根据每个人的基本生存条件得以保证来分配，并借助社会保障形式来实现；三是机会均等标准，是指财富分配过程的公平参与问题。同样，城市土地资源配置公平的标准，不同的利益集团，如中央政府、地方政府、居民、厂商等对其看法也不同。因此，导致城市土地资源配置的结果具有多样性。城市现有的用地规模、用地结构布局、用地效益是多个利益集团相互竞争和妥协的结果。本研究认为，评价城市土地资源配置公平的标准有：是否城乡居民在满足其基本需求和追求更好生活时公平享有使用土地资源的权利和机会；城市土地利用过程中是否考虑了后代人的长远利益；城市用地结构和布局是否合理，城市居民不同群体是否平等享有公共基础设施的权利，等等。

综合而言，可以用以下标准来评价城市土地资源配置目标是否得到实现或城市土地资源是否得到优化：

第一，是否可以保持土地资源的可持续利用。在促进城市经济可持续发展的同时，保证土地资源可持续利用，防止因城市用地规模过度扩张而导致城市未来可利用的土地数量受限。相对于农业用地而言，城市用地的边际产出率更高。为保证城市经济的发展和社会福利水平的提升，城市需要占用一定数量的农业用地。但是，城市用地规模不能过度扩张，应保证城市未来发展有足够的预留空间。这一标准体现城市用地规模适度的思想，即满足经济增长中必需的、合理的用地需求，不存在过度扩张现象。如果城市用地过度扩张量呈现减少趋势，说明土地资源配置在往优化方向演进。

---

① 袁绪亚. 土地资源市场配置效率的"帕累托改进" [J]. 扬州大学税务学院学报，1996 (3): 10-14.

第二，土地是否被分配给利润最大化的使用方向。美国土地经济学家阿朗索的"竞标地租与土地资源配置模型"显示：在单一中心城市中，不同行业对土地的竞争性使用将使城市土地的均衡地租曲线呈现由中心向城市边缘逐渐下滑的状态，最终使商业用地集中于地租最高的城市中心区域，居住用地次之，工业用地由于竞租能力差而位于城市边缘地带，即城市用地结构布局表现为从城市中心至边缘地带依次为商业用地、居住用地和工业用地，如图3-2所示[①]。一般认为，由于均衡地租曲线是各行业根据用地成本边际节约等于交通费用边际增加相平衡后的结果，是城市不同用途土地在各个区位上相互竞争之后获得的最高用地收益率的集合，各个用地者都实现了最高的效用或利润。在这样的城市用地均衡结构布局下，整个城市土地资源配置效率达到了最高。因此，城市土地均衡地租曲线可以用来作为城市土地资源配置效率的评判标准[②]。当城市中的商业用地、居住用地和工业用地的选址符合阿朗索竞标地租模型中的各用途布局时，则可认为城市土地资源配置是有效率的；否则，城市各用途土地的选址位于同自己的支付能力不相适应的区域，城市土地资源配置是低效率的[③]。

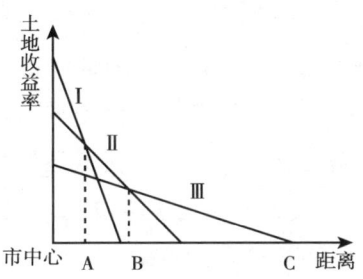

图3-2 城市土地收益率曲线

---

① 周京奎. 城市土地经济学 [M]. 北京：北京大学出版社，2007：182.
② 曹建海. 中国城市土地高效利用研究 [M]. 北京：经济管理出版社，2002：65.
③ 刘彦随，蒋建军，李九全. 论城市土地优化配置的原则及标准 [J]. 南京师大学报（自然科学版），1996，19 (3)：73-77.

第三，是否有利于土地利用综合效益的提高。土地资源配置根本目标就是要实现经济效益、社会效益和生态效益三者综合效益的最大化，因此要注重三者的总和，这是土地资源合理配置的必要条件和一组完整的准则。要求以尽可能少的土地投入获得尽可能多的国民产出，即单位土地面积上取得的经济成果越多则效率越高；同时，注重土地利用对城市社会发展和生态环境的影响。通过单位国民收入占地率、土地要素对国民收入增长的贡献份额等指标判断土地利用的经济效益。同时，通过城市居民收入水平、城市生态环境质量等指标反映土地利用的社会效益、生态效益。经济效益、社会效益和生态效益三者综合效益都得到提高，说明城市土地资源配置得到了优化。

3.3.3　地价对城市土地资源配置效应优化

3.3.3.1　城市土地资源配置效率与公平的权衡

"效率"与"公平"本是经济活动中的一对基本矛盾，如何权衡两者之间的关系是资源配置过程中必须要考虑的问题。在城市土地资源配置的过程中，城市土地资源配置效率与公平都是人类经济活动追求的目标。然而，追求效率和公平并不是要求两种目标间的均衡或同时获得两种目标的最大化，而是在一定时间和空间范围内以一种目标为主导，同时辅以另一目标得以实现，使公平和效率目标的总和最大化。因此，两者并不是相互排斥的，本质上是相互依存和相互渗透的关系，即"交互正向"关系。资源配置效率的提高促进经济发展，从而为实现资源配置公平提供物质基础；资源配置公平的实现有利于社会和谐稳定，从而为经济发展提供良好环境，以便更好地提高资源配置效率。

土地资源是社会经济发展的基本生产要素之一，又是人类社会赖以生存的基础条件之一。从保障社会经济发展的角度来看，城市土地资源配置必须以提高资源利用效率为目标。如果没有配置效率，经济就得不到发展，地方政府的财政收入也就会受到影响，从而政府也就无力为社会提供更多的公共物品，不能为弱势群体建立必要的社会保障体系，最终将导致社会成员整体贫困落后。另一方面，从保障人类社会的长期生存和可持续发展角度来看，城市土地资源配置必须考虑到社会公平性，包括代内公平和代际公平。从保障代内公平而言，城市土地资源配置不能以损害部分社会成员的利益或权利为代价，不同社会群体的收益或利益应该有所提高而不是减少。从保障代际公平而言，城市土地资源配置不能剥夺后代人享有选择使用土地资源的权利，应该为后代人留下足量的农地资源；要保证城市土地自然生态环境不恶化，不影响后代人的生存和可持续发展。

3.3.3.2 地价对城市土地资源配置效应优化衡量

效应有正有负，地价对城市土地资源配置的结果也存在正效应和负效应两种情况。城市土地资源配置效应优化即是要求地价对城市土地资源配置效应向正效应方向演进，使资源配置的效率与公平目标充分实现。在现实当中，地价对城市土地资源配置效应优化的衡量可以通过比较单位国民收入占地率、城市用地过度扩张面积比例、各种竞争性用途之间土地的配比、土地利用结构合理化程度、土地利用社会效益和生态效益等做出判断。

另外，西方经济学中帕累托最优的资源配置状态是建立在市场完全竞争的假设条件之上。但是现实的土地市场不具备完全竞争市场的条件，具有竞争不完全性的特点，存在"市场失灵"，土地资源配置不可能达到帕累托最优的状态。地价对城市土地资源配置效应只能表现为趋优化而不是最优化。地价可以调节土地供求关系，通过对城市土地利用量、利用强度、结构和布局等产生作用，使城市土地资源配置朝最有效率的方向发展，即实现城市土地资源帕累托改进。换言之，虽然城市土地资源配置的帕累托最优效率无法实现，但地价的合理变动可以使城市土地资源配置帕累托改进具有可行性。因此，我们可以认为,合理地价调节城市土地资源配置,其结果使城市土地综合效益得以提高,社会总效用(福利)有所增加,此时的土地资源配置状态是具有效率的。比如配置效率有所改进,公平程度得到提高。据此,本研究认为地价对城市土地资源配置效应优化,主要是指相对于以前某个状态而言,资源配置效率和公平有所改善、社会总效益(总福利)有所增加。如土地利用效益的增加、单位城市建设用地的产量提高、城市用地过度扩张面积比例下降、城市用地结构更加合理等,都可称之为地价对城市土地资源配置效应的改进或优化。

3.4 地价对城市土地资源配置效应的分析思路

基于以上分析,并为了对全书有一个总纲性的认识,下面将构建一个全书的分析框架,以便更好地厘清全书的思路。

城市土地资源配置的根本目标是实现城市土地利用综合效益最大化,优化城市土地资源配置。地价具有核算、信息传递、调节收益和引导土地利用方式改变的功能,在土地资源配置中发挥基础性的作用,通过地价的波动变化能够促使土地资源在不同部门、不同用途之间进行流动和组合。合理地价变动能够促使城市土地资源优化配置,实现土地资源配置目标。然而,在现实当中,市场发育是不完善的,地价受到多种因素的综合影响,土地价格有可能遭到扭曲和异化。因而,地价对土地资源配置效应也表现出多种可能结果。地价配置土地资源效应多种可能结果的存在,要求正确把握地价对土地资源配置效应的作用机理以及作用程度,并为合理地价的形成创造基本条件和进行有效调控,以便发挥地价的资源配置正向效应,实现土地资源配置目标。

本书的分析思路是沿着"是什么—为什么—怎么办"的主线进行逻辑展开的。"是什么"是指城市土地资源配置目标是什么,地价

第3章 地价与城市土地资源配置效应：整体框架

配置城市土地资源的现实结果是什么；"为什么"是指地价配置城市土地资源的现实结果为什么会是这种状态，为什么没有实现优化城市土地资源配置的目标；"怎么办"是指怎么改善城市土地资源配置状况，实现城市土地资源配置的目标。地价对城市土地资源配置效应的研究逻辑思路如图3-3所示。

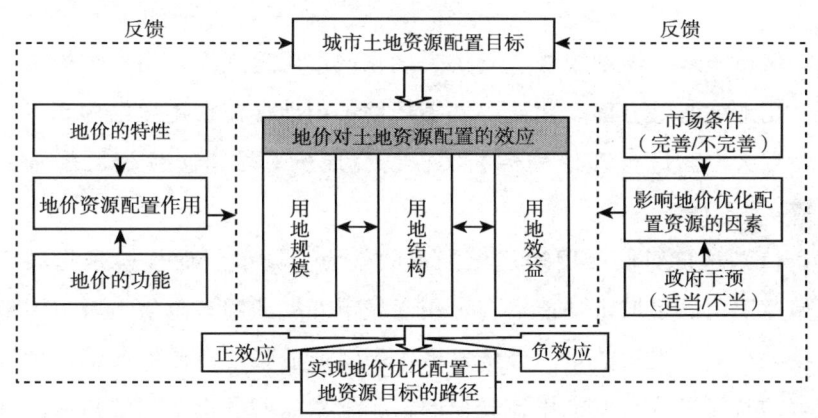

图3-3 研究的逻辑思路

首先，明确城市土地资源配置价值目标，确定土地资源配置目标实现的评价标准；其次，从城市用地规模、用地结构、用地效益三个方面展开研究，实证考察现实市场环境条件下地价对城市用地规模、用地结构以及用地效益配置的效应，全面把握现实状态下的地价对土地资源配置的影响程度。再次，根据实证研究结果，深入剖析地价未能实现优化土地资源配置目标的现实原因。反思影响地价对土地资源配置效应的内在因素和外在因素，分析不同市场条件和政府干预下的地价及其资源配置效应的表征。最后，提出政策建议，设计实现地价优化配置土地资源目标的制度体系。

图3-3中，中间虚线围成的内容是本书研究的主体内容，通过三个方面实证研究现实市场环境条件下的地价对城市土地资源配置产生了什么样的结果。外围虚线表示：国家相关部门为了实现土地资源配置目标，针对地价对城市土地资源配置状况产生的影响作出新的响

应，采取新的地价政策和建立新的制度环境。这样不断反馈、响应、调控，循环往复，使城市土地资源配置在地价杠杆作用下朝着帕累托改进的方向发展，最终使城市土地资源配置价值目标能够得以实现。

3.4.1 地价对城市土地资源配置的效应

城市土地资源配置效应具体表现在城市用地规模、用地结构布局以及用地效益等方面。因此，本书从城市用地规模、用地结构和用地效益三大方面进行理论分析和实证研究地价对城市土地资源配置的效应。

（1）地价对城市用地规模配置的效应。城市用地规模是指城市区域范围内满足城市功能运转、用于城市发展的用地总量。城市用地规模大小受到人口数量、经济发展水平、产业集聚、政府政策计划等因素的共同影响。城市用地规模的扩张，意味着城市空间的拓展。城市土地来源于农村土地，城市用地规模扩张的过程也就是农村土地数量减少的过程。在我国，地方政府通过征收手段，把农村土地转变为城市土地，实现农地的非农化，然后在土地一级市场，采用招标、拍卖、挂牌或协议等方式出让土地使用权。

在我国，地方政府为特殊的行为主体，是城市土地特殊的垄断需求者和供给者，同时也是特殊的土地价格规制者。在农村土地被征收为城市土地过程中，地方政府实行行政性征收和政府单方面定价的方式；在城市土地供给过程中，地方政府控制着土地供给这个"水龙头"，土地供应时间、供应数量、供应方式、供应方向几乎完全由地方政府决定，地方政府从各方面干预地价。地方政府在城市土地供求过程中行为不当，导致地价扭曲，则可能使城市土地供给与需求一直处于发散状态，即城市用地规模呈现不断扩张的状态。

地价对城市用地规模配置的效应主要体现在遏制或促进城市用地规模的过度扩张。过度扩张和适度扩张是相对而言的，符合城市人口

第3章 地价与城市土地资源配置效应：整体框架

增长的自然规律与经济发展要求的城市用地增加，被认为是城市用地规模适度扩张；而过于超出城市人口增长速度和经济发展要求的城市用地增加，则认为是城市用地规模的过度扩张。地价在城市用地规模配置中发挥着双重效应，或者说是一把"双刃剑"。地价在城市用地规模配置中具体发挥着什么样的效应，主要取决于地价本身的状态。不具市场代表性、不能反映土地真实价值的地价会导致城市用地规模不合理。本研究将在第5章具体探讨南京市地价对城市用地规模配置的效应。

（2）地价对城市用地结构配置的效应。城市用地结构是指城市区域内各类用地的比例以及空间布局，反映了城市各种功能用地相互影响、相互作用的关系。城市建设用地包括居住用地、工业用地、商业服务业设施用地、绿地等。传统计划经济体制下，城市用地结构完全由政府决定；市场经济体制改革后，城市土地有偿使用，地价（或地租）开始对城市用地结构的形成和演变发挥重大作用。

地价对城市用地结构配置的效应主要体现在：一是影响城市用地的数量比例，即各类型用途土地在城市用地总量中所占的比例；二是影响城市用地的空间格局，即各类型用途土地在城市空间上的分布。不同用途类型的土地其功能和收益也不同，城市级差地租和地价的存在促使用地者根据区位收益选择用地区位，结果导致不同用途的土地在地域空间上不断置换，最终形成土地价格与土地收益相匹配的城市用地结构布局，城市土地最终被分配给利润最大化的使用方向。本研究以阿朗索竞标地租理论中的城市土地均衡地租曲线为评价标准，来考察地价对城市用地结构配置的效应。地价对城市用地结构配置具有正的或负的双面影响，合理地价能够促使地租地价支付能力最低的工业用地逐步退出城市中心区，置换到区位较差、地租地价较低的城市边缘区，而收益最高、地租地价支付能力最强的商业用地占据区位最佳的城市中心区，最终使城市用地结构布局接近阿朗索理论中的城市用地空间结构均衡模式。相反，不合理的地价可能导致城市用地布局混乱，功能分区不明显。本研究将在第 6 章具体探讨南京市地价对城市用地结构配置的效应。

（3）地价对城市用地效益配置的效应。城市用地效益是指城市用地数量、分布、使用的安排对整个城市范围内的经济、社会、环境的影响而产生的作用和结果。从城市用地效益的内涵可以得知，城市用地规模配置和用地结构配置结果最终影响并体现在城市用地效益水平上，有怎样的用地规模、用地结构，就会产生怎样的用地效益。用地规模和用地结构合理与否，直接关系到城市功能及用地效益的发挥。另外，城市用地效益是指综合效益，包含土地利用经济效益、社会效益和生态效益三方面的内容。

地价对城市用地效益配置的效应主要体现在：一是城市用地综合效益水平；二是地价与城市用地综合效益的耦合度。地价影响城市用地规模和用地结构，城市用地规模和用地结构又影响到城市用地效益。因此，作为城市土地资源配置结果的综合体现，城市用地综合效益本身就是一个地价对城市土地资源配置结果的评价指标。地价对城市土地资源配置合理与否，通过城市用地综合效益水平高低可以反映出来。另外，城市地价和用地综合效益相互影响，两者存在耦合共生的关系。因此，地价与城市用地综合效益的耦合度可以反映出地价对城市用地效益配置的效应。本研究将在第 7 章具体探讨南京市地价对城市用地效益配置的效应。

3.4.2 影响地价及其城市土地资源配置效应的因素

地价对城市土地资源配置效应整体变化趋势如何，能否真正改善土地资源配置状况，取决于影响地价合理变动的内在因素和外在因素。地价水平、地价波动幅度和地价体系的健全合理与否对市场主体行为产生不同影响，进而对城市土地资源配置产生的效应也方向各异。因此，需要从地价水平、地价波动幅度和地价体系这些方面来综合考察地价本身所处的状态。

市场条件与政府干预是影响地价合理形成的两种主要力量,市场条件完善与否以及政府干预适度与否影响地价的土地资源配置效应。具体分析不同市场条件和政府干预之下地价的土地资源配置效应,为进一步建立相应的制度体系提供行文上的逻辑支撑。

3.4.3 实现地价优化配置城市土地资源目标的路径

采取一定措施,建立相关制度,保障地价能够实现其优化配置城市土地资源的功能,是国家相关管理部门或政策制定者对地价绝对水平及相对水平、导致地价扭曲的因素、地价的土地资源配置效应表征及其变化所做的响应。主要是指国家相关管理部门或政策制定者为了实现城市土地资源优化配置目标,针对有损地价优化配置土地资源或者使地价带来土地资源配置负效应的影响因素,作出一系列应对措施。制度的科学性和有效性将直接影响到今后地价对城市土地资源配置效应的优化程度。

完善的市场条件使地价能够充分发挥优化配置土地资源的作用,但是土地市场发育程度及市场本身难以克服的缺陷引起的失灵,都决定政府运用公权力,通过制定和实施各种形式的政策对市场进行干预的必要性。因此,建立相关制度,保障地价能够实现其优化配置城市土地资源的目标,必须把市场培育与政府行为规范相结合。

3.5 本章小结

本章主要是构建了全文的基本理论分析框架,以深化对整篇论文思路的理解与把握。

3.1节提出了本章进行研究逻辑推理所依据的基本假设前提。基本假设前提是本文研究问题的逻辑起点。城市土地资源具有稀缺性，稀缺性的存在使得人们必须考虑如何使用有限的资源。市场主体都是以追求自身利益最大化为行为目标的理性人，但是由于各种环境的不确定性和信息的不完全性，"理性人"表现出来的行为只能具有有限理性。资源稀缺性的客观现实、有限理性和机会主义结合在一起时，严重影响了资源配置效率问题。

3.2 节分析了地价在土地资源配置中的作用及其作用途径。地价的变化影响市场相关主体的目标和行为，进而影响城市土地资源的配置。即在价格机制的引导下，城市土地供求双方根据成本与收益对比原则决定自己的用地行为，实现城市土地资源的配置。地价对城市土地资源配置效应产生影响具有客观必然性，但其发展方向又具有多种可能性和主观调控能动性。

3.3 节明确了城市土地资源配置的价值目标，认为效率与公平是城市土地资源配置要实现的两大具体资源配置目标。土地资源配置效率要求土地资源没有被浪费和闲置，而是被配置在最适宜的用途上得到最有效的使用。土地资源配置公平是与效率相对应的一个概念，指与土地资源配置相关的社会各方面利益分配是否公平，包括代内公平和代际公平。地价对城市土地资源配置效应只能表现为趋优化而不是最优化。地价对城市土地资源配置效应优化主要是指资源配置效率和公平有所改善、社会总效益（总福利）有所提高。

3.4 节描述了本书的分析思路框架：城市土地资源配置的目标是什么？地价对城市土地资源配置产生了什么影响？为什么地价没能发挥其优化土地资源配置的功能？要改善地价对城市土地资源配置的效应并达到资源配置的价值目标应该做出怎样响应？这个分析框架围绕"是什么、为什么和怎么办"的主线进行逻辑展开，为全书提供了清晰的思路。

地价对城市土地
资源配置的
效应研究
Chapter 4

第4章 南京市地价改革历程与地价问题

以下将是本书的实证研究部分,以我国经济较为发达、土地资源供求矛盾较为激烈的南京市为例,全面考察地价对城市用地规模、用地结构布局和用地效益配置的效应。因此,有必要先了解一下南京市的基本概况。本章将对南京市的经济社会发展情况和用地状况作简单介绍,并考察南京市土地价格的改革历程、分析土地价格存在的问题,为研究后面章节内容做好铺垫。

4.1　南京城市基本情况

南京简称宁,位于江苏省西南部,地处长江下游中部地区,是长江下游的核心及富庶地带。南京市域地理坐标介于 $31°14′\sim32°37′N$,$118°22′\sim119°14′E$ 之间。南京市地跨长江两岸,北部为平坦开阔的江淮平原,西部与安徽省滁州市、马鞍山市、宣州市接壤,东接富饶的长江三角洲,连接镇江市、扬州市、常州市等地市。

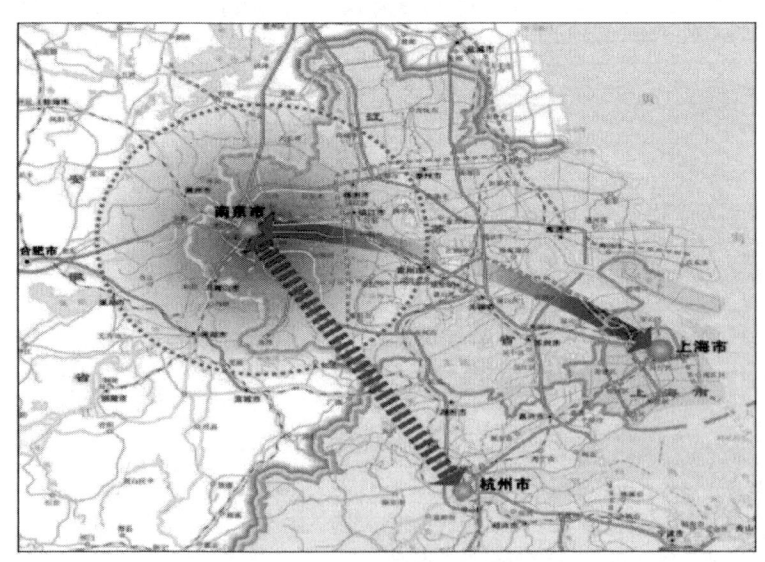

图 4-1　南京市交通区位图

第4章 南京市地价改革历程与地价问题

南京市是中国江苏省的省会城市，是长江三角洲西部重要枢纽城市，与上海、杭州形成长江三角洲三大核心城市。随着经济的快速发展和城市化进程的不断推进，南京城市发展对土地的需求不断增加。土地利用总体规划期（2006～2020年）内，南京市耕地数量还要净减少1.02万公顷，耕地变化已影响到粮食安全①。本书将经济发展速度较快、土地资源供求矛盾较为激烈、土地市场发育较为完善的南京市作为实证研究区域，具有典型性和代表性。

南京市市区下辖鼓楼、玄武、秦淮、白下、建邺、下关、栖霞、雨花台、江宁、浦口和六合共11个区②。2011年市区土地总面积为4733.12平方公里，户籍人口为551.55万人，地区生产总值为5538.93亿元，第一产业、第二产业和第三产业值分别为111.19亿元、2401.16亿元和3026.58亿元，三次产业比重分别为2.01%、43.35%和54.64%。人均地区生产总值为91842元，财政预算收入为440.53亿元（见表4-1）。

表4-1　　　　2011年南京市经济社会基本情况

行政区	土地总面积（km²）	户籍人口（万人）	地区生产总值（亿元）	财政预算收入（亿元）	人均可支配收入（元）
玄武区	75.46	51.25	461.37	31.23	34155
白下区	26.39	46.25	410.37	30.10	32964
秦淮区	22.72	25.38	142.06	12.29	29182
建邺区	82.93	25.15	286.13	27.83	29589
鼓楼区	24.65	64.62	485.24	44.74	35000
下关区	28.35	31.04	242.45	17.41	30808
浦口区	910.49	58.04	434.56	52.65	30013
栖霞区	395.44	43.33	815.00	40.13	29751

---

① 肖丽群，陈伟，吴群，马素华. 未来10年长江三角洲地区耕地数量变化对区域粮食产能的影响［J］. 自然资源学报，2012，27（4）：565-576.

② 注：2013年2月12日，南京市政府发布了行政区划调整方案，撤消秦淮、白下两区，设立新的秦淮区；撤消鼓楼、下关两区，设立新的鼓楼区。由于本书研究的数据时点在2013年之前，因此在这里没有按照最新的区域进行划分。

续表

行政区	土地总面积（km²）	户籍人口（万人）	地区生产总值（亿元）	财政预算收入（亿元）	人均可支配收入（元）
雨花台	132.39	23.19	260.10	26.06	29321
江宁区	1563.32	93.97	829.42	115.07	31002
六合区	1470.99	89.35	699.02	43.02	29297

资料来源：南京统计年鉴（2012）。

1990年以来，南京市区建成区范围快速扩展。表4-2显示，1990~2011年，南京市建成区面积由129平方公里增加到637平方公里，期间建成区面积共增加了508平方公里，扩大了3.94倍，建成区面积年均扩展24.19平方公里。但是，南京市建成区面积的扩大与人口的增长不相一致。1990年南京市人口密度为2637人/平方公里，2011年人口密度为1165人/平方公里。建成区面积扩大的速度远远超过了人口增长的速度[1]（见表4-2）。

表4-2　　　　　南京市建成区面积和人口密度

年份	建成区面积（km²）	人口密度（人/km²）	年份	建成区面积（km²）	人口密度（人/km²）
1990	129	2637	2001	212	1431
1991	131	2663	2002	439	1016
1992	148	2689	2003	447	1037
1993	148	2730	2004	484	1061
1994	150	2746	2005	513	1087
1995	151	2723	2006	575	1111
1996	167	2760	2007	577	1132
1997	177	2800	2008	592	1146
1998	179	2694	2009	598	1156
1999	194	2751	2010	619	1159
2000	201	2822	2011	637	1165

资料来源：中国城市统计年鉴（1991~2012）。

---

[1] 何流，崔功豪. 南京城市空间扩展的特征与机制 [J]. 城市规划汇刊，2000 (6)：56-60.

第4章 南京市地价改革历程与地价问题

不同时段，南京市建成区面积扩展速度不一。其中1998～2003年，建成区面积扩展强度最大，扩展速率为29.94；2003年之后，城市建成区面积扩展强度出现明显减缓的趋势（见表4-3）。

表4-3　　　　　各时段建成区面积扩展速率

时段	1990～1998年	1998～2003年	2003～2007年	2007～2011年
扩展速率	4.85	29.94	7.27	2.60

资料来源：根据中国城市统计年鉴（1991～2012）相关数据整理得到。

在南京市城市建设用地规模不断扩大、城市内部各类用地均呈现不断增长态势的同时，城市建设用地结构也发生了很大的变化。2011年南京市各类建设用地面积及其所占比例见表4-4。

表4-4　　　　　2011年南京市各类建设用地面积

项目	居住用地	公共设施用地	工业用地	仓储用地	对外交通用地	道路广场用地	市政设施用地	绿地	特殊用地
面积（平方公里）	173.16	77.47	161.66	16.32	29.14	80.75	22.84	74.92	18.17
比例（%）	26.46	11.84	24.70	2.49	4.45	12.34	3.49	11.45	2.78

资料来源：中国城市建设统计年鉴（2012）。

从建设用地结构变化情况来看，1992～2001年，居住用地增长最快，年均增长了4.85平方公里。2001～2007年，工业用地增长最快，年均增长了17.71平方公里。2007～2011年，居住用地和工业用地增长速度都开始放缓，而道路广场用地和绿地年均增长面积都高于居住用地和工业用地（见表4-5）。

表4-5　　　　　不同时段的各类建设用地年均变化数量

用地类型	1992～2001年	2001～2007年	2007～2011年
总用地面积	13.68	56.54	19
居住用地	4.85	13.85	3.89
公共设施用地	1.64	7.16	0.17

续表

用地类型	1992～2001年	2001～2007年	2007～2011年
工业用地	2.11	17.71	2.64
仓储用地	0.28	1.22	0.89
对外交通用地	0.62	2.35	1.44
道路广场用地	1.68	6.89	4.53
市政公用设施用地	0.63	1.65	0.99
绿地	1.81	4.40	3.94
特殊用地	0.04	1.32	0.52

资料来源：根据中国城市建设统计年鉴（1993～2012）相关数据整理得到。

4.2 南京市地价改革的历史回顾

改革开放之前，南京与全国其他城市一样，城市土地实行无价、行政划拨使用。进入20世纪70年代末80年代初，伴着经济体制的改革，城市土地使用也开始走向市场化，深圳、广州、抚顺等城市由"三无"（无偿、无限期和无流动）的行政划拨土地使用制度向"三有"（有偿、有期限和有流动）的土地出让制度转变。相对而言，南京城市土地有偿使用制度改革较晚，进入90年代之后，南京市才开始逐步进行土地使用制度改革，实行城市土地有价使用。

4.2.1 探索和尝试阶段（1992～1999年）

1992年5月，石鼓路片、中山南路等6个地块公开出让公告的发布以及南京市政府《关于开展国有土地有偿使用有关事项的通知》的出台，标志南京市全面启动城镇国有土地使用权有偿使用制度的改革，开始实行城镇国有土地有价使用，要求企业按土地的市场价格来支付出让金或地租。该通知明确了土地使用权出让的组织形式和工作的基本流程，为城市土地有偿出让奠定了基础。此外，南京市政府还特别成立了南京市土地使用制度改革领导小组和南京市国有土地出让办公室。随后，为了进一步规范城市土地有价出让工作，南京市政府颁布了《关于出让面积界定和出让金计收标准的规定》，建立了土地出让金管理制度，实行土地有偿收益专户储存，政府严格征收并管理城市土地出让金。1999年南京市政府批准成立南京市土地市场管理办公室。

在推进城市土地有价使用改革的同时，南京市早在1991年就开展了城区土地的定级和估价工作，并建立了商业、住宅、工业和综合用地等的基准地价体系。城市土地定级和估价工作的进行为南京城市土地有价使用的建立、完善和发展发挥了巨大作用，为确定城市土地出让价格提供了依据。关于城市土地的定级和估价工作，南京市在全国城市中属于较早的城市之一。1994年，南京市政府下发地价管理办法，全市自下而上组建了土地评估机构，建立评估网络。1996年6月，南京市为了使郊县土地有价使用的顺利开展，市政府下发了"加强五县土地出让管理的通知"。根据城市建设的发展和土地市场的变化，1997年又对基准地价进行修订。

为了使国有土地出让价格更加科学、合理和规范，南京市又规定了城市土地出让价格确定办法。从1997年1月起，南京市土地出让价格实行"委托评估、集体会审、评审分开、公开定价"的会审分签责任制。经南京市国土局筛选的具有评估资质的地价评估机构，根据国家相关的估价规程与技术规范，以南京市土地的定级和估价成果为依据，考虑待出让土地的用地条件，综合评估出土地出让单价，然后市国土局地价审核小组对该土地出让评估单价进行会审，最终确定待出让土地的出让价格。城市土地出让实行按级别和用途、分层次定价的原则进行。同年，南京市为逐步拓宽有偿供地渠道，开始改变单一出让的有偿供地方式，推出另一种国有土地有偿用地的供地形式，即国有土地租赁方式。这种供地形式在企业改革补办有偿用地手续、新增工业项目用地中得到较广使用。

这一阶段尚属南京城市地价改革的探索和尝试阶段。土地出让中尝试了招标拍卖方式,但仍以带有很强计划和行政色彩的协议出让方式为主,土地配置市场程度低,未能充分体现公开、公平、公正的市场配置制度,土地使用权价值没有真正得到体现。而且,在现实当中,大量的存量国有土地仍然被无偿使用。

4.2.2 深化和调控阶段(2000年至今)

为响应国土资源部于1999年1月颁发的《关于进一步推行招标、拍卖出让国有土地使用权的通知》,南京市于2000年3月出台了《南京市国有土地使用权招标和拍卖管理办法》。该办法规定:必须以招标、拍卖方式供应经营性用地(如房地产开发、商业、旅游、金融、娱乐等)的国有土地使用权;对于"退二进三""污染搬迁"及特困企业迁址后原土地、"以地补路"补偿用地、破产企业原生产经营性用地、旧城改造地块、单位自有划拨土地等用于经营性用途的土地出让必须以招标拍卖方式进行。根据国土资源部印发的《关于严格实行经营性土地使用权招标拍卖挂牌出让的通知》,2002年7月之后又增加了挂牌出让经营性用地的供应方式。全面推行经营性用地招标拍卖挂牌出让制度,拉开了经营性用地通过"招拍挂"市场进行公开出让的序幕,使城市土地有价使用制度改革进入了深化和调控阶段。土地出让方式引入市场竞争机制,经营性用地通过"招拍挂"的方式进行出让,有利于地价形成机制更加科学合理。

工业用地的地价改革也在逐步加强和完善。在2006年之前,南京市工业用地主要以低价协议出让甚至划拨为主。2006年,国土资源部发布实施《全国工业用地出让最低价标准》,确立了政府行政干预工业用地价格的标尺。其中规定南京市鼓楼区、建邺区、秦淮区、白下区、玄武区、下关区、雨花台区最低标准为480元/平方米;栖霞区最低标准为337元/平方米；浦口、六合和江宁区为288元/平方米。南京市给工业用地出让划定两条"价格红线"，即：一是依据《全国工业用地出让最低价标准》规定南京各区县的"最低价"，二是包含土地开发等费用的"土地成本价"。如"土地成本价"高于"最低价"，按土地成本价出让。在国土资源部发布《关于落实工业用地招标拍卖挂牌出让制度有关问题的通知》之后，2007年南京市政府出台了《南京市工业用地招标拍卖挂牌出让实施细则（试行）》，规定"工业项目使用国有土地应按照公开、公平、公正的原则，在土地有形市场通过招标拍卖挂牌出让方式取得土地使用权"。

2012年，《南京国土资源管理转型创新总体方案》又把工业用地最低价标准在国家规定标准基础上提高30%以上，其中雨花台区由480元/平方米提高至630元/平方米，栖霞区由337元/平方米提高至600元/平方米，江宁区由288元/平方米提高至570元/平方米，浦口和六合区由288元/平方米提高至345元/平方米。并且特别规定，除经市政府批准的特殊情况和科技含量高、成长性高的科技创业型项目外，不得给予地价优惠。这些政策在"约束政府出让行为""压缩恶性竞争竞相压价的空间""建立合理工业用地出让价格水平"和"抑制工业用地低成本扩张"等方面发挥着积极作用[①]。工业用地出让最低价标准的公布以及工业用地招拍挂制度的实施规范了工业用地的阳光交易，工业用地出让在最低价基础上以市场公开竞争方式来确定用地者，能更准确地反映工业用地的真实价值。这表明南京工业用地在市场化配置方面迈出了重大一步，工业地价市场化形成机制得到进一步完善。

南京市政府为地价市场化形成创造环境条件，在土地有形市场的规范建设方面也加快了脚步，并逐步完善土地出让、转让、出租、抵押等市场规则。为了使土地"招拍挂"工作顺利开展，特别成立了

---

① 王博. 实行差别化的地价管理政策 [N]. 中国国土资源报，2009-05-20.

"南京市国有土地使用权招标和拍卖领导小组",由南京市土地市场管理办公室具体实施土地出让、转让、出租和抵押工作。2001年下半年,还建成了建筑面积为300多平方米的土地有形市场,具备了提供土地交易场所、办理土地交易事务、提供土地交易信息等基本功能,为土地信息发布、咨询、交易等提供相应服务。2003年12月颁布了《关于进一步治理整顿土地市场秩序的通知》,为地价运行和管理创造良好的市场秩序和环境。同时,南京市政府还加强了地价调查和基准地价更新工作。2001年,南京市开始开展城市土地价格调查,进行新一轮土地级别调整和基准地价更新工作。2004年针对2001年评定的城区土地级别再次进行局部调整,对基准地价进行更新。此后,南京每年都定期更新和公布城市基准地价。南京市地价改革促使了各类中介机构的产生,如土地估价或房地产估价等价格评估的专门机构,房地产交易中介代理或经纪人、产权交易所、拍卖行等交易中介代理机构,土地登记代理和土地测量服务等其他技术服务机构。这些机构的规范运作为土地价格信息的发布、传递等发挥着重要作用。

纵观南京市地价改革的历史,可以得知,南京市地价改革和地价形成具有诱致性变迁和渐进式改革的特征。地价改革是经济体制改革的产物,地价是随着土地使用制度和土地市场的建设而形成的,这是一个典型的诱致性制度变迁的过程。同时,地价改革采取了渐进式改革策略,是逐步改革和深化的。随着原有的计划经济体制逐渐向市场经济体制转变,地价形成机制也由原来的政府定价转变为市场竞争定价占主导。南京市政府逐渐认识到地价在城市建设、资源配置等方面的重要性。通过深化改革,在相继出台土地价格管理政策及相关配套政策后,南京市土地从无价使用转变为有价使用,土地有形市场逐步建立,以市场为导向的土地价格形成机制逐步走向完善。但同时也看到,相对于商住等经营性用地地价的改革,工业地价改革相对落后,工业地价市场形成机制还有待进一步完善。

4.3 南京市地价问题分析

近十多年来，南京市政府为土地价格改革和土地市场建设做出了巨大努力，土地价格变化的基本轨迹总体上符合深化资源配置的市场化方向，土地价格科学、合理和市场化的形成机制也日益形成。但是，由于市场发育不完善和政府干预失当，土地价格还存在一些问题。

4.3.1 工业用地价格水平较低

尽管自2007实行工业用地"招拍挂"出让和最低限价以来，南京市工业用地在市场化配置方面迈出了重大一步，工业地价水平较以往也有所提高，但是南京市的工业用地价格水平总体上还是较低。

首先，从工业用地出让价与工业用地成本价比较而言，工业用地出让价等于或甚至低于成本价。

国务院《关于加强土地调控有关问题的通知》中规定"各地工业用地出让最低价不得低于土地成本价"。对于净地出让的土地而言，土地成本价由土地征收补偿费用和土地开发费用构成。

土地征收补偿费用由土地征收补偿费（包括土地补偿费、安置补助费、青苗补偿费、地上附着物补偿费）以及土地征收过程中发生的各种规费构成。根据《南京市征地补偿安置办法》和《南京市政府关于公布征地补偿安置标准的通知》文件，南京市江南八区对征收土地采用征地区片价补偿办法[①]。征地区片补偿标准按等级划

[①] 江南八区，即主城区，包括玄武区、白下区、秦淮区、建邺区、鼓楼区、下关区、栖霞区、雨花台区。江宁区、浦口区、六合区、溧水县、高淳县范围内的征地补偿安置办法，由所在区（县）人民政府参照这两个文件自行制定标准。

分，为5.8万~11.3万元/亩不等，青苗补偿费为0.08万~4万元/亩不等。因此，根据南京市征地所使用的补偿标准可知，2011年南京市土地征收补偿费在5.88万~15.3万元/亩（合88~229元/平方米）。同时，根据相关文件规定，南京市在土地征收过程中发生的各种规费合计为150~202元/平方米（见表4-6）。

表4-6　　　南京市土地征收过程中的各种规费标准

规费项目	耕地占用税	耕地开垦费	新增建设用地土地有偿使用费	土地用途变更费	农业重点开发建设资金	土地管理费	合计
收费标准（元/平方米）	10~50	20	80	2	3.6	征地总费用的3%	150~202

资料来源：江苏省国土资源厅资料整理。

土地开发费用主要指宗地红线内外通路、通电、通上下水、通气、通信通暖等方面的费用和宗地内场地平整费用。如果按"五通一平"（指通水、通电、通路、通气、通信、平整土地）来计算，南京市宗地红线内的土地开发费为115~170元/平方米[①]。

因此，根据上面的数据，可以计算出南京市主城区土地成本价在353~601元/平方米。也就是说，按照国家文件规定，南京市主城区工业用地出让价格不得低于353元/平方米。然而，现实当中许多工业用地都是低于这个成本价出让的。如栖霞区在2011年当中就有16宗工业用地以337元/平方米的地价出让，这个工业用地出让价格水平只是满足了国家的最低限价标准，并没有达到成本价要求。工业用地出让价空间差异小，经常出现"多地一价"、无溢价的现象。

其次，从工业地价与经济发展指标相比较而言，工业地价年际间基本没有变化，没有随着经济发展的增长而提高。

从2000~2012年，南京市工业总产值由1245.32亿元增长到10171.97亿元，增长了716.81%。工业企业利润总额由119.6亿元

---

① 资料来源：江苏金宁达不动产评估咨询有限公司内部资料。

增长到488.24亿元,增长了308.22%。而工业地价只从878元/平方米上升到1068元/平方米,仅增长了21.64%(见表4-7)。

表4-7　　　　　南京市工业地价与经济发展指标比较

年　度	工业平均地价 (元/m²)	工业总产值 (亿元)	工业企业利润总额 (亿元)
2000	878	1245.32	119.60
2001	911	1579.21	147.57
2002	958	1842.04	177.28
2003	974	2339.82	232.47
2004	981	3071.05	192.54
2005	981	3816.55	187.76
2006	991	4389.05	203.84
2007	1035	5387.51	352.64
2008	1023	5959.45	101.85
2009	1031	6138.00	314.56
2010	1039	7763.64	425.75
2011	1058	9372.37	507.56
2012	1068	10171.97	488.24

资料来源:中国城市统计年鉴(2001~2013),中国地价网(http://www.landvalue.com.cn/)。

从图4-2可以看到,南京市工业地价与工业总产值、工业企业利润总额的每年增长率变化幅度也不一致。这些数据显示,工业地价水平并没有随着经济社会的发展而提高,工业地价水平落后于工业经济发展变化,没有真正反映工业用地的经济价值。

总之,南京市工业地价水平总体上较低,土地的实际使用价值与价格相背离。以最低限价标准为据出让的工业地价,既没有完全显现资产价值,又没有及时反映工业用地资源紧张形势。而且,现行工业用地最低限价标准是按照行政单元来划分等别,未能充分考虑各地区的经济发展水平,显得比较粗糙和不尽合理。

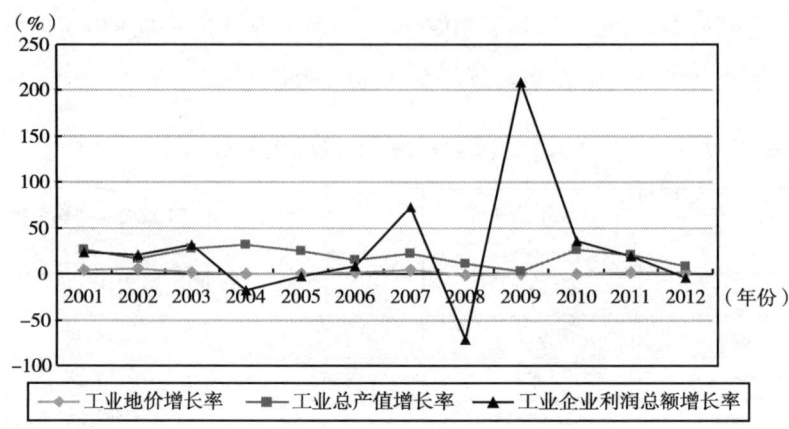

图 4-2 工业地价增长率与经济发展增长率变化情况

4.3.2 商住用地与工业用地比价过大

不同用途类型的土地因对其利用方式不同,将产生不同的用地收益,因此地价也会有所不同。不同用途类型地价之间存在一定差异,属于正常现象。但是,如果不同用途类型的地价相差太大,而且之间的比价逐渐扩大,则可能会产生一些不良影响。

2000~2012 年,南京市各类用地价格水平总体呈现出上升态势,但不同用途用地价格水平增长幅度表现不一。工业用地价格相对稳定,年际间基本不变,远远低于商业用地和居住用地的价格变化。工业用地价格由 2000 年的 878 元/平方米增至 2012 年的 1068 元/平方米,仅增长了 21.64%,平均年增长率为 1.8%;商业用地价格由 8263 元/平方米增至 16947 元/平方米,增长了 105.1%,平均年增长率为 8.76%;住宅用地价格由 4162 元/平方米增至 8530 元/平方米,增长了 104.95%,平均每年增长率为 8.75%。工业与商业、居住用地价格水平增长幅度相差太大,导致的结果是工业用地与商业、居住用地价格比越来越大。图 4-3 显示,商业与居住用地价格比一直维持在 2.00 左右,商业与工业、居住与工业用地价格比较高,而且存在逐渐扩大的趋势。商业用地与工业用地价格比从2000年的9.41扩大到2012年的15.87，居住用地与工业用地价格比从2000年的4.74扩大到2012年的7.99。

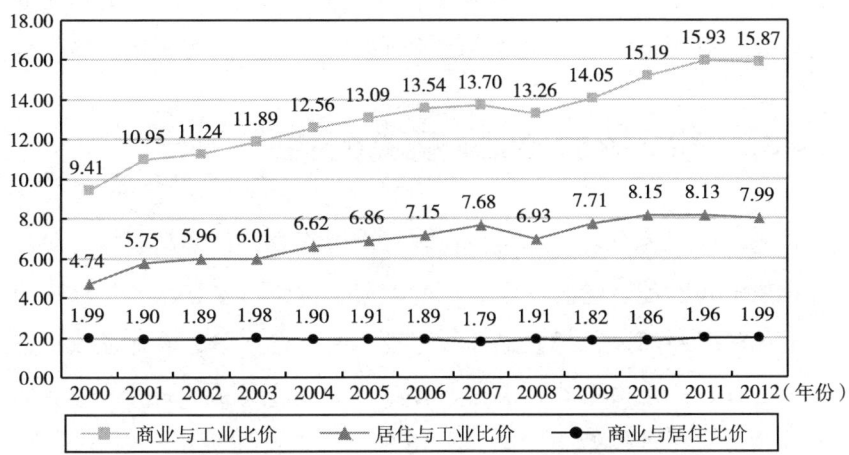

图4-3 工业、商业和居住用地价格水平比

从图4-3可以发现，商业地价与居住地价两者间具有明显的相关性，而相比之下，工业地价与商业、居住地价的相关性则非常小。这主要是因为商业与居住用地价格都是在公开市场环境下经过充分竞争后而形成的，而工业用地在出让过程中没有形成完全充分的市场竞争。虽然工业用地在形式上采用了"招拍挂"的出让方式，但是由于工业项目用地实行预审制度，先确定项目后确定用地的模式没有改变，工业用地出让条件"量身定做"现象比较普遍，导致工业用地出让市场竞争性差，工业用地价格影响因素中非市场因素比重较大、市场化因素较小。在基本没有市场充分竞争的现实条件下，南京市工业地价明显偏低，地价水平没有显现出工业用地真实的经济价值。

多年来，南京市工业用地的供应有力促进了经济社会的发展，但总体上工业用地的供应都是根据各区、开发园区招商引资的实际情况，以对应企业设定条件和以较低的价格进行出让交易，价格低、方式单一。工业用地一直以较低廉的成本支撑着工业化、城镇化的发展,工业用地价格远远低于经营性用地价格,已不能适应市场经济深化改革的要求。工业用地与居住用地比价不合理,一方面不利于产业结构的调整和经济的长久发展,另一方面也不利于保障民生政策的落实。因此,必须"以市场在资源配置中起决定性作用为前提,建立有效调节工业用地和居住用地合理比价机制,提高工业用地价格"[①]。

4.3.3 不同层次市场的地价体系略显混乱

首先,就征收市场土地价格而言,农地征收补偿费与农地资源的综合价值不相匹配。随着社会经济的发展,南京市根据国家土地征用制度改革的不断深入,对农地征收标准不断进行调整,农地征收价格在不断上升,但是由土地补偿费、青苗补偿费、安置补助费等组成的征地补偿价格还是很低。比如,上述在分析工业地价水平内容部分,计算出南京市土地征收补偿费在88~229元/平方米。而根据李效顺的研究[②],南京市农地(耕地)资源综合价值为1545.98元/平方米(其中,经济价值为135.1元/平方米,社会价值为1083.48元/平方米,生态价值为327.40元/平方米)。通过比较发现,南京市的土地征收补偿费明显太低,相当于仅仅补偿了农地的经济价值,而农地的社会价值和生态价值则被忽略了。这种过低的、扭曲的农地征收价格容易引致对农地的过度需求,从而导致农地过度非农化,城市用地规模过度扩张。

其次,就一级市场土地价格而言,工业用地出让价格与商业、居住用地出让价格相差较大。而且,不同出让方式下的土地价格存在明显区别,"招拍挂"出让方式价格较高,则协议出让方式价格较低。

---

① 引自:党的十八届三中全会《中共中央关于全面深化改革若干重大问题的决定》(2013年11月12日)。

② 李效顺.基于耕地资源损失视角的建设用地增量配置研究[D].南京:南京农业大学,2010.

从图 4-4 可以看出，2003~2011 年，南京市一级市场"招拍挂"出让方式价格高于协议出让方式价格。

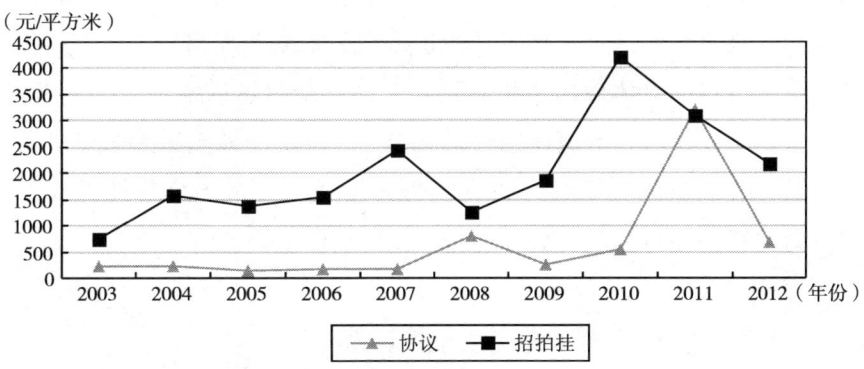

图 4-4　不同出让方式土地价格比较

最后，就二三级市场土地价格而言，南京市土地转让价格与抵押价格关系复杂，不同时段表现不一。如图 4-5 所示，1999~2004 年，南京市土地转让单价高于土地抵押单价，而 2005~2008 年，土地抵押价格则高于土地转让价格，而且抵押价格与转让价格的差距有扩大之势。

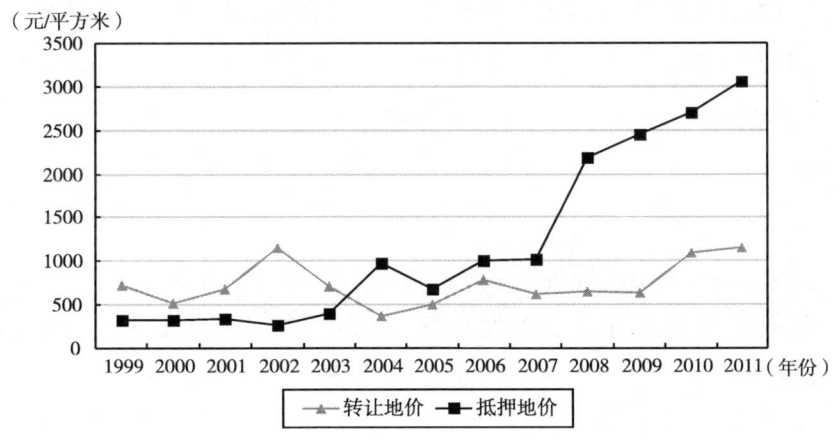

图 4-5　南京市二三级市场土地交易价格

从总体上来看，征收市场的土地征收价格与一级市场中工业用地出让价格相近，而与一级市场中的商业、居住用地出让价格相差较远，彼此之间没有显示出相互影响的承接关系；一级市场土地出让价格与二三级市场的抵押价格、转让价格则关系复杂，相互之间不存在不同层次市场应该体现的价格差别。不同层次市场的地价之间脱节，土地价格难以反映市场真正的供需状况。这必然导致国家无法对市场价格进行有效监测与调控，投资者也无所适从，市场公平性没有保证，致使其交易行为发生偏差。

4.3.4 土地市场价格信号灵敏度较差

在市场经济下，地价是土地市场的晴雨表，地价对土地供求关系变化的反应灵敏度影响市场运作的顺利进行。从土地价格供给（需求）弹性、土地价格离散度来看，南京市的地价灵敏度较差。

4.3.4.1 土地价格供给（需求）弹性

土地价格供给（需求）弹性表示土地价格变动与土地供给量变动之间的关系，指土地供给或需求量每变动百分之一时，对土地价格提高或降低的百分比。用下列公式表示：

$$R = \frac{\Delta P/P}{\Delta Q/Q} = \frac{\Delta P}{\Delta Q} \times \frac{Q}{P}$$

式中，R 为土地价格供给（或需求）弹性，Δ 为增量，P 为土地出让价格，Q 为供给（或需求）量。土地供给量用土地出让量来表示，土地需求量用开发商本年购置土地面积来表示[①]。

---

① 由于收集到的"开发商本年购置土地面积"有些年份数据缺失，这里用土地价格收入弹性这一间接变量代替土地价格需求弹性来分析。

表 4-8 显示,在变化方向上,土地价格与供给量的变动基本上呈反向关系,与需求量的变动大部分呈正向关系。也就是说,当供给量增加时,价格趋于下降;当收入增加、需求上升时,价格也上升。从弹性的大小来看,表现出土地价格供给弹性和需求弹性都参差不齐,土地价格需求弹性波动较大,而且在 2002 年度还出现了畸高值。这反映出南京市土地市场价格对需求的敏感度高于价格对供给的敏感度,土地需求旺盛,消费者存在"追涨"甚至投机的行为。

表 4-8　　　　　　南京市土地价格供给和需求弹性

年度	土地价格供给弹性	土地价格需求弹性
2000	-0.25	-1.26
2001	-0.66	-5.09
2002	1.22	15.02
2003	0.55	2.44
2004	-0.11	2.41
2005	-0.51	-0.78
2006	-0.98	-3.24
2007	1.54	2.61
2008	-0.28	3.93
2009	4.20	2.55
2010	-4.75	5.7
2011	-1.13	-1.67
2012	-3.78	-3.86

4.3.4.2　土地价格离散度

通常土地价格离散度分为绝对离散度和相对离散度。计算公式为:

$$S = \sqrt{\frac{\sum_{i=1}^{n}(x_i - \bar{x})^2}{n-1}}; C = \frac{S}{\bar{x}}$$

式中，S 为土地价格的标准差，反映地价的绝对离散度；C 为土地价格的变差系数，反映地价的相对离散度；x_i 为各年土地价格；$\bar{x}$ 为平均价格。

利用 1999~2012 年南京市土地市场的土地出让价格、抵押价格和转让价格，分别计算出各类土地价格波动的离散度，见表 4-9。

表 4-9　南京市各类土地交易价格波动的离散度

项目	出让地价	转让地价	抵押地价
标准差 S	1123.55	283.83	1119.98
变差系数 C	0.99	0.36	0.83

从绝对离散度的评价值来看，出让地价和抵押地价波动比较大，其中出让地价波动最大，反映出让地价各年起伏不定，而转让地价的变动不大，较为平稳；从相对离散度的评价值来看，也是出让地价变动最大，抵押地价其次，而转让地价的波动较为平稳。这表明近年来南京市一级市场地价波动较大，而二三级市场地价波动相对不大，总体地价水平相对较为稳定。

4.4　本章小结

本章主要是介绍了实证区域南京市的基本概况。

4.1 节介绍了南京市的区域位置、经济社会发展情况、近年来南京市建成区的面积和人口密度、不同时段建成区面积扩展速率以及建设用地结构变化情况。

4.2 节对南京市地价改革历程进行简要回顾。南京市土地有偿使用制度改革较晚，进入 20 世纪 90 年代后城市土地才开始实行有价使用。1992~1999 年是南京城市地价改革的探索和尝试阶段，自 2000 年以来是南京城市地价改革的深化和调控阶段。总体而言，南京市地价改革和地价形成具有诱致性变迁和渐进式改革的特征。随着土地有形市场的逐步建立，以市场为导向的地价形成机制日益完善。但是，工业地价改革相对而言比较落后，有待进一步完善。

4.3 节分析了南京市地价存在的一些问题。第一，工业用地价格水平较低，没有显现出其经济价值。从工业用地出让价与工业用地成本价比较而言，工业用地出让价等于或甚至低于成本价；从工业地价与经济发展指标相比较而言，工业地价年际间基本没有变化，没有随着经济发展的增长而提高。第二，商住用地与工业用地比价过大。工业地价与商业、居住地价的相关性非常小。第三，不同层次市场的土地价格脱节，地价体系略显混乱。就征收市场土地价格而言，农地征收补偿费与农地资源的综合价值不相匹配。就一级市场土地价格而言，工业用地出让价格与商业、居住用地出让价格相差较大。就二三级市场土地价格而言，南京市土地转让价格与抵押价格关系复杂，不同时段表现不一。第四，土地市场价格信号灵敏度较差。

地价对城市土地
资源配置的
效应研究
Chapter 5

第5章 地价对南京城市用地规模配置的效应研究

本章将在分析地价对城市用地规模配置效应的作用机理之后,采用"柯布—道格拉斯"生产函数模型,计算土地市场价格吻合度,并测算建设用地投入量的理论值与实际值之间的差额,即建设用地过度扩张量,来实证考察地价对城市用地规模配置效应的作用程度。

5.1 地价对城市用地规模配置效应的作用机理

在进行数据定量分析、实证研究之前,有必要先在理论上分析地价对城市用地规模配置效应的作用机理。定性与定量、理论与实证研究相结合,才能使研究更有意义。

5.1.1 地价与城市土地供求的关系

供给与需求分析是价格分析的起点[①]。土地供求变化影响地价变化,而地价通过供求关系的变化,调节城市用地数量。

5.1.1.1 城市土地供给与需求

(1)城市土地供给。土地供给,指人类已利用的和未利用的、地球上所有的各种土地资源总和,包括土地自然供给和经济供给两种。自然供给是指天生可供人类利用的土地部分,这部分包括人类已经利用的和未来可供利用的土地资源。土地自然供给的数量是固定不变的,不受人为主观因素的影响,是完全无弹性的供给。经济供给是在自然条件允许范围内,随土地经济利益变化而产生的土地供给数量。土地经济供给是在自然供给范围之内,主要是针对特定用途的供给,由于土地具有多用性,人类可以对其用途进行选择,调整用地性

---

① 王蔚. 土地价格的需求和供给分析[J]. 中国土地科学,1995,9(6):11–16.

第5章 地价对南京城市用地规模配置的效应研究

质、开发未利用地等,都能增加土地经济供给数量。因而经济供给是可变的,具有一定的弹性①。

城市土地供给具有以下特征:第一,城市土地供给属于经济供给,具有一定弹性。地球上土地总量不变,但通过调整用地性质,减少农村土地,可以增加城市用地规模。当城市土地边际收益高于农业用地边际收益形成空间竞租的时候,就会促使农用地转为建设用地,使城市用地边界向外扩展。第二,城市土地供给受到存量土地的影响。当城市土地存在粗放利用时,可以通过充分挖掘土地利用潜力、改变土地用途等方式来增加城市土地经济供给数量。第三,通过容积率的变化可以调整城市土地供给。土地利用除了平面利用外,还包括立体利用。平面或立体利用的区别主要体现在容积率这一指标上。通过调整土地利用容积率,对城市土地深度开发和利用,可以影响城市土地的经济供给量。不同的土地利用条件和程度,可能导致相同量的土地供给有不同的实际供给量。第四,城市土地供应量是地价的函数。在我国市场经济条件下,土地供应有一次性批租或年租两种形式。土地供应者在供地时,通过收取地租、土地出让金(或转让金)而取得收益。土地供应者依据地租、土地出让(转让)价格对土地供应量进行决策。因此,城市土地供应量一般是地价的函数。

(2)城市土地需求。土地需求是指人类在生产和生活过程中对土地利用的需求。在土地市场中,土地需求可分为有效需求和潜在需求。前者指有支付能力的需求,后者指有需求意愿而暂无支付能力的需求。根据主要功能划分,土地需求可分为农业用地需求和非农业用地需求。城市土地需求属于非农业用地需求,由于城市的日益发展,城市用地需求也在不断增长。

由于城市内主要是工业、商业、服务业等产业,不同于农村以农业为主的产业类型,城市土地的需求表现出与农村土地需求不同的特

---

① 刘书楷. 土地经济学 [M]. 北京:中国农业出版社,2004.

征：第一，城市土地需求是一种引致需求。人们对土地的需求不是直接为了消费土地，而是由于城市土地具有空间载体功能，人们为了在土地之上建造供生活与生产使用的房屋和建筑物而需要利用城市土地。第二，城市土地需求极易表现为过度需求。当社会经济发展到一定程度后，由于土地的稀缺性越来越明显，城市土地过度需求几乎成为必然现象。城市土地过度需求非常容易造成土地投机行为的产生和土地价格的过快上涨。第三，城市土地需求弹性较一般商品略大。城市土地具有资源和资产的双重属性，而且具有保值增值性，不管市场上土地价格低还是高，很多投资者都乐于投资于土地市场，从而使得土地需求对于土地价格的变化表现较为敏感，弹性比一般商品略大一些。第四，土地需求是地价的函数。土地需求者依据地价水平决定需求量，地价是土地需求者为获得土地付出的代价。市场经济社会中，谁愿意支付且能够支付最高的地租或地价，谁将能在土地竞标中获胜，获得土地使用权。因此，土地需求量是地价的函数。

5.1.1.2 城市土地供求的价格弹性

城市土地是城市各项经济社会活动的必要载体。在城市建设和发展过程中，要以一定规模数量的土地为基础，这就产生了对城市土地的需求。而要满足城市土地需求的增加，则意味着要增加城市土地的供应。

城市土地的供给与需求关系影响地价的变化，而地价通过供求关系的变化进行弹性调节，最终使土地的供需量发生改变。土地供求与价格的相互作用程度的分析常用需求价格弹性和供给价格弹性这两个指标。

土地需求价格弹性是指在其他条件既定下，土地需求量对土地价格变动做出反应的程度。用公式表示为：

$$E_D = \frac{\Delta Q/Q}{\Delta P/P} = \frac{\Delta Q}{\Delta P} \times \frac{P}{Q}$$

第5章 地价对南京城市用地规模配置的效应研究

式中，E_D 为土地需求价格弹性系数，Q 和 P 分别为土地需求量和土地价格，ΔQ 和 ΔP 分别为土地需求量的变动量和土地价格的变动量。

土地供给价格弹性是指土地供给量的变动对土地价格所作出反应的程度。可以用下列公式表示：

$$E_s = \frac{\Delta Q / Q}{\Delta P / P} = \frac{\Delta Q}{\Delta P} \times \frac{P}{Q}$$

式中，E_s 为土地供给价格弹性系数，Q 为土地供给量，P 为土地价格，ΔQ 和 ΔP 是土地供给量和价格的变动量。

根据弹性系数的大小，土地需求或供给价格弹性可以分为：缺乏弹性、富有弹性、单一弹性、完全有弹性和完全无弹性五类。

在土地市场中，时间因素对于土地供求有着不可忽视的影响。由于土地不能迅速变现，对土地价格变化的反映存在时滞因素。土地市场供求特征正好符合"蛛网模型"的假设条件[①]。该模型经常被应用于分析市场经济中某些产品的市场交易价格与产量之间的关系。

蛛网模型的假设条件是：土地需求取决于当期的土地价格，而土地供给取决于上一期的土地价格。

土地的供求曲线可分别表示为：

$$S_t = g(P_{t-1}) = a + bP_{t-1}$$
$$D_t = f(P_t) = c - dP_t$$

已知：S_t 为 t 时期的土地供给量，土地供给是上一期地价的函数；D_t 为 t 时期的土地需求量，土地需求是当期地价的函数；P_t 为当期地价，P_{t-1} 为上一期的地价；a、b、c、d 为结构参数，且 $b > 0$，$c > 0$，$d > 0$，$c > a$。

---

① 白暴力. 价值价格通论 [M]. 北京：经济科学出版社，2006：359.

当土地供求平衡时，则：$S_t = D_t$

即：$\qquad\qquad\qquad a + bP_{t-1} = c - dp_t$

整理后得到：

$$P_t = -\frac{b}{d}P_{t-1} + \frac{c-a}{d}$$

假定 $t = 1$，则第 1 年价格 P_1 为：

$$P_1 = -\frac{b}{d}P_0 + \frac{c-a}{d}$$

假定 $t = 2$，则第 2 年价格 P_2 为：

$$P_2 = -\frac{b}{d}P_1 + \frac{c-a}{d} = -\frac{b}{d}\left[-\frac{b}{d}P_0 + \frac{c-a}{d}\right] + \frac{c-a}{d}$$

$$= \left(-\frac{b}{d}\right)^2 P_0 + \left(-\frac{b}{d}\right)\left(\frac{c-a}{d}\right) + \frac{c-a}{d}$$

以此类推，可以得到用 P_0 表示的 P_3 年、P_4 年、$\cdots$、P_t 年的价格：

$$P_t = \left(-\frac{b}{d}\right)^t P_0 + \frac{c-a}{b+d}\left[1 - \left(-\frac{b}{d}\right)^t\right]$$

令 $P_e = \frac{c-a}{b+d}$，则：$P_t = (P_0 - P_e)\left(-\frac{b}{d}\right)^t + P_e$

根据土地供给价格与需求价格弹性之间的关系，供求均衡点的移动形式表现为收敛式摆动、扩展式摆动与循环式摆动几种[1]。

（1）如果 $b < d$，土地供给弹性小于需求弹性，地价 P_t 收敛，地价与供给量朝着均衡点方向波动，其波动幅度逐渐变小，表现为收敛型蛛网（见图 5 - 1）。

（2）如果 $b > d$，土地供给弹性大于需求弹性，地价 P_t 呈发散趋

---

[1] 张元兴，张绍良，郑群飞，等. 运用蛛网模型判断城市地价的稳定性 [J]. 统计与决策，2008（4）：53 - 54.

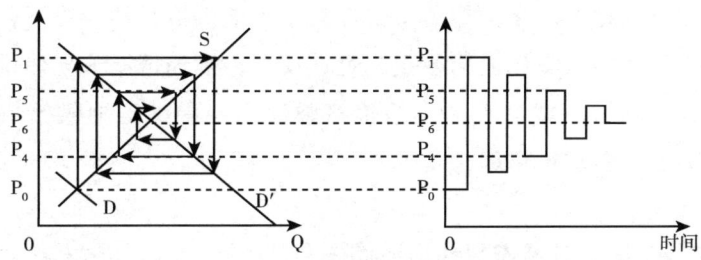

图 5-1 收敛型蛛网（收敛式摆动）

势，地价与土地供给量朝着远离均衡点方向波动，其波动幅度不断加大，表现为发散型蛛网（见图 5-2）。

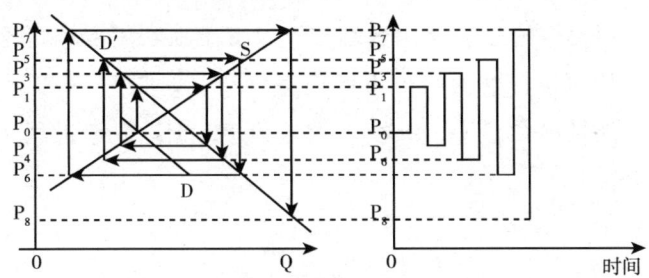

图 5-2 发散型蛛网（扩展式摆动）

（3）如果 b = d，土地供给弹性等于需求弹性，地价和供给量的波动幅度相同，均衡状态永远不可能出现，被称为封闭型蛛网（见图 5-3）。

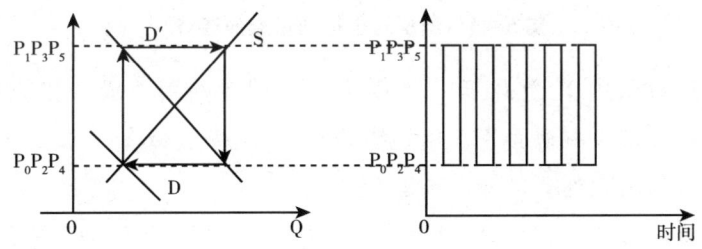

图 5-3 封闭型蛛网（循环式摆动）

根据"蛛网理论"，土地供给与需求的相对弹性决定了土地供求能否向均衡点趋近。在土地需求弹性大于土地供给弹性情况下,地价波动促使土地供求慢慢向均衡点趋近;反之,则地价调节促使供求离均衡点越来越远。城市土地供给价格弹性主要受到土地供给成本影响,城市土地需求价格弹性主要受到替代因素和收入因素等的影响。

5.1.2 地价对城市用地规模的调节

土地的供求关系影响地价,地价则通过供求关系的变化进行弹性调节,影响土地利用量。当城市边界已被限定,即城市土地总供给量为 Q_1,地价变化会使土地使用者调整单位占地面积。此时,存量土地供给有限但可以通过调整用地结构,改变土地利用方式,挖掘土地利用潜力,从而相对增加城市土地经济供给。如图 5-4 所示,坐标横轴表示土地供给数量 Q,纵横表示地价 P,土地供给曲线为 S,需求曲线为 D。

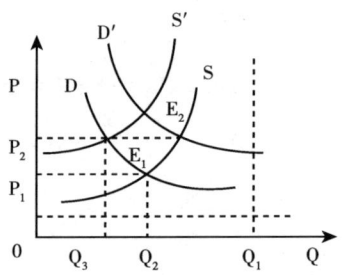

图 5-4 地价对土地利用量的调节

土地价格由 P_1 上升至 P_2,则土地利用者的用地成本相应增加,迫使其减少单位占地面积,用地数量由 Q_2 减少至 Q_3。相反,地价下降,土地利用者则会增加占地面积。

当城市边界没有被完全限定而可以向外扩张,可以通过农地非农化方式增加城市土地供给时,则地价对城市土地利用量的调节又不同。

第5章 地价对南京城市用地规模配置的效应研究

在城市用地中,区位是一个非常重要的因素。一般来说,随着到城市中心距离的增加,土地价格呈下降的趋势。当城市中心地价上升,城市土地利用者会感觉到用地成本提高的压力。对于一般居民或企业而言,为避开竞争压力以及过高的地价,他们会重新选址,搬至远离城市中心、土地价格相对较低且能获利的郊区。这样,将直接导致城市用地数量的不断增加和城市用地规模的不断向外扩张。因此,地价对城市增量土地的调节关系主要取决于城市地价与城市边缘农用地价格之间的权衡[1][2]。

根据丁成日(Ding,1996)和米尔斯(Mills,1983)、布吕克纳(Brueckner,1990)的研究模型[3][4],城市土地在区位 x 的土地价值为:

$$J = \int_0^T r_a e^{-it} dt + \int_T^x r(t,x,k) e^{-it} dt - D e^{-iT} \quad (5-1)$$

式中,x 为区位,指地块距离 CBD 的距离;t 为时间,k 为交通成本,r_a 为农业土地地租,$r(t,x,k)$ 为城市土地地租,i 为折旧率,D 为土地开发总成本,T 为决策变量,即某块未开发土地的未来开发时间。

因此,式(5-1)中,$\int_0^T r_a e^{-it} dt$ 表示开发前的农地价值,$\int_T^x r(t,x,k) e^{-it} dt$ 表示开发后的城市土地价值,De^{-iT} 表示土地开发成本。所有的土地价值和开发成本都折算成当前的价值进行比较。则,式(5-1)取极大值的必要条件为:

---

[1] 丁成日. 土地价值与城市增长[J]. 城市发展研究,2002(6):48-53.
[2] 丁成日. 城市经济与城市政策[M]. 北京:商务印书馆,2008:36-37.
[3] Chengri Ding, G. Knaap, L. D. Hopkins. Urban Growth Boundary Model: A Formal Analysis [J]. Journal of Urban Economics, 1999, July Vol. 46, 53 - 68.
[4] Brueckner, J.. The Structure of Urban Equilibria: A Unified Treatment of The Muth - Mills Model [J]. Handbook of Regional and Urban Economics, Volume II, Edited by E. S., Mills, Elsevier Science Publisher, B. V, 1987.

$$\frac{\partial J}{\partial T} = r_a e^{-iT} - re^{-iT} + iDe^{-iT} = 0$$

即： $r(T,x) = r_a + iD$ （5-2）

式（5-2）说明当城市土地地租等于农业地租加上土地开发成本时，城市用地边界得到确定，如图5-5所示[①]。当城市土地地租高出农业地租与土地开发成本之和时，农业用地会向城市用地转变，城市边界也随之向外推移，城市用地规模向外扩张。

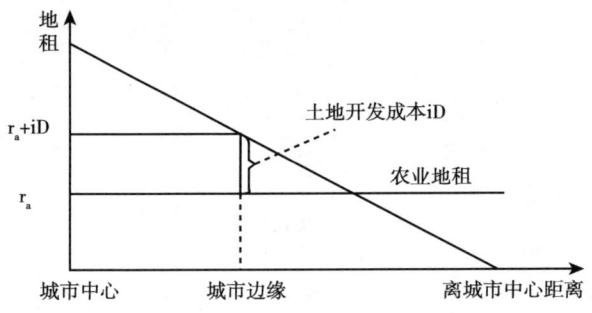

图5-5 城市边界的确定

按照一般的经济理论分析，在比较利益的驱动之下，把农业用地转变为建设用地是一种经济合理的选择。农业用地经济产出与建设用地经济产出之间的差距过于巨大，这驱使农业用地不断向城市用地转化。合理地价水平使城市边缘区的农业用地随着社会经济发展、城市化进程的推进和人口增加而适度、有序地转为城市建设用地。但是，相关利益主体的行为会影响地价水平，被扭曲的地价直接影响农地非农化的规模和进度。在农用地非农化过程中，如果人为加大被征收土地价格（农地价格）与城市土地一级市场价格之间的差额，供给曲线价格弹性增大，形成发散型"蛛网"。随着时间的推移，价格以越来越大的幅度波动，城市用地规模不断扩大，城市边界也无序外延。

[①] Hiroshi Mori. Land conversion at the Urban Fringe: A Comparative Study of Japan, Britain and the Netherlands [J]. Urban Studies, 1998, 35 (9): 1541–1558.

5.2 研究方法与模型构建

根据上述地价对城市用地量的影响机理,可以得知当城市用地边界上的土地价格正好等于农业土地价格与土地开发成本之和时,城市用地的边界就被确定下来。也就是说,在城市用地规模扩张的过程中,城市土地价格与农业用地转用成本共同决定了城市的用地边界。因此,当土地征收市场与土地出让市场的地价为合理地价时,城市用地规模表现为适度增加;而当两个市场上的土地价格遭到扭曲,出现结构性偏离时,则城市用地规模有可能表现为过度扩张。在我国,土地征收市场是买方垄断市场,地方政府是土地的唯一需求者,农业用地转用价格具有明显的政府定价性质;土地出让市场上地方政府对土地交易价格的影响也比较大,地方政府可以选择不同的土地交易方式,而在不同交易方式下的价格水平高低不等。因此,地方政府对土地市场配置价格的干预造成了土地市场实际成交价格与完全竞争市场条件下的理论价格之间出现偏离,进而导致城市用地规模过度扩张。土地市场不完善和地方政府不当干预使土地价格扭曲实际上成为我国城市用地规模过度扩张形成的根源。

鉴于此,本书借鉴谭荣关于计算农地非农化过度性损失的研究思路[①],选择生产函数模型,以南京市为例来实证考察地价在政府干预以及市场发育不完善的环境下对城市用地规模配置的效应。具体研究思路为:首先衡量实际情况下建设用地投入量、土地价格市场吻合程度对经济增长的弹性;接着计算在完全竞争市场条件下即土地价格市场吻合程度最高情况下经济增长的理论值;然后用经济增长的理论值与实际情况下各投入要素重新进行模型拟合,得出建设用地投入对经

---

① 谭荣,曲福田. 自然资源合理利用与经济可持续发展 [J]. 自然资源学报,2005,20 (6): 797 - 805.

济增长的弹性；最后根据经济增长的理论值与实际值之间的差异，求出建设用地投入量的理论值与实际值之间的差额，即建设用地过度扩张量。

5.2.1 模型构建

"柯布—道格拉斯"（Cobb – Dauglas）生产函数模型是测度规模效率的代表性工具，在定量研究要素投入对经济增长的影响中得到普遍应用。本研究应用该生产函数模型，确定因变量为经济产出量，自变量为包括资本、劳动力、土地、衡量政府干预和市场条件下的土地价格市场吻合程度的变量，其他为常数项和随机扰动项。因为研究目的，不把技术进步等因素分解出来，将其包含在常数项中。其具体数学表达式为：

$$Q = C \times K^{\alpha} \times L^{\beta} \times S^{\gamma} \times e^{\lambda M} \qquad (5-3)$$

对式（5-3）两边取对数，得到下列函数形式：

$$LnQ = \alpha LnK + \beta LnL + \gamma LnS + \lambda M + c \qquad (5-4)$$

式（5-4）中，Q 为经济产出量，K、L、S 分别为资本、劳动力和城市土地投入量，C 为不为零的常数，M 为土地价格市场吻合程度。

土地价格市场吻合程度 M 指土地市场的实际价格与完全竞争条件下土地市场价格的吻合程度，是衡量政府干预地价及土地资源市场化配置的重要指标。地方政府对地价的直接影响主要在于出让方式的选择[①]。在土地一级市场，不同的土地交易方式下其地价水平不同。政府选择不同的土地交易方式，特别是采用非公开化的协议出让方式，引致了土地实际价格与完全竞争条件下的土地价格产生

---

① 柯善咨, 何鸣. 市场和政府共同作用下的城市地价：中国城市的实证研究 [J]. 当代经济科学, 2008, 30 (2): 25-32.

了偏差[①]。由于我国土地市场存在的"双轨制",一级市场上土地交易方式有划拨方式和出让方式等,划拨用地不需或只需支付少量的用地成本,而出让用地则需要支付更高的土地出让金,它相对于划拨用地更接近理论值。土地出让方式又包括协议、招标、拍卖和挂牌等方式,这些出让方式下的土地价格市场吻合程度各不相同,一般而言,协议、招标、拍卖、挂牌出让方式的土地价格市场化水平依次提高,可对其赋予适当的权重。土地价格市场吻合程度 M 的评价公式为:

$$M = \frac{A}{A+B} \cdot \frac{\sum_{i=1}^{n} w_i A_i}{\sum_{i=1}^{n} A_i} \quad (5-5)$$

式(5-5)中,M 为土地价格市场吻合程度,A 为国有土地出让面积,B 为划拨土地面积,A_i 为国有土地使用权协议、招标、拍卖和挂牌等出让方式数量,w_i 为各出让方式的权重。

5.2.2 研究步骤

根据上述的研究思路与构建的研究模型,将按照下列步骤进行操作,测度土地价格对城市用地过度扩张量的影响:

第一,将收集并经过预处理的相关数据,如 GDP、固定资本存量 K、劳动力数量 L、城市土地投入量 S 以及 M 值代入公式(5-4),计算得出 α_1、β_1、γ_1 和 λ_1 的值。

第二,假设土地市场处于完全竞争状态,即令 M=1,并且把上一步得出的 α_1、β_1、γ_1 值和实际的固定资本存量 K、劳动力数量 L、城市土地投入量 S 再次代入公式(5-4)。此时,公式(5-4)的形式变为:

[①] 薛白. 财政分权、政府竞争与土地价格结构性偏离 [J]. 财经科学, 2011, 276 (3): 49-57.

$$LnQ' = \alpha_1 LnK + \beta_1 LnL + \gamma_1 LnS + \lambda + c \qquad (5-6)$$

通过计算，可以得出完全竞争状态下，土地价格市场吻合程度最高时的经济增长理论值 Q'。

第三，将理论值 Q'和实际情况下的固定资本存量 K、劳动力数量 L、建设用地投入量 S 值重新代入公式（5-4），即对下列方程进行拟合，得到 α_2、β_2、γ_2 和 λ_2 的值：

$$LnQ' = \alpha_2 LnK + \beta_2 LnL + \gamma_2 LnS + \lambda_2 M + c \qquad (5-7)$$

第四，计算城市用地过度扩张量。根据建设用地对经济增长的弹性公式：

$$\gamma_2 = \frac{\Delta LnQ}{\Delta LnS} = \frac{(LnQ' - LnQ)/LnQ'}{\Delta LnS} \qquad (5-8)$$

令 $\Delta LnS = LS/T$，T 为新增城市用地面积，LS 为城市用地过度扩张量：

$$LS = \frac{(LnQ' - LnQ)/LnQ'}{\gamma_2} \cdot T \qquad (5-9)$$

5.3 数据来源与预处理

5.3.1 数据来源

本研究所涉及的指标数据主要分为三部分：一是经济社会数据，包括经济产出量、资本投入量、劳动力投入量，数据来源于《南京统计年鉴》；二是城市土地投入量，数据来源于《中国城市统计年鉴》；三是土地市场相关数据，包括出让用地面积、划拨用地面积和协议、招标、拍卖、挂牌出让用地宗数及价格，数据来源于国土资源部《中国国土资源年鉴》。

5.3.2 指标含义及数据处理

本书主要指标含义及数据预处理如下:

(1) 经济产出量(Q):衡量经济产出量的指标很多,最直接最常用的指标是 GDP。本书采用地区生产总值来量化国民经济的产出量,并按 1998 年的可比价格进行折算。

(2) 资本投入量(K):资本数据通常用资本存量的方式来量化,包括当年固定资产投资形成总额以及上一年度积累的固定资产净值。由于现行的统计资料中没有资本存量的总量统计数据,只有历年固定资产投资形成总额的数据,本书首先采用商品交易价格指数与居民消费价格指数的几何平均数将历年固定资产投资形成额折算为 1998 年不变价格,然后将折算后的固定资产投资额流量数据按学者们常用的永续盘存法构造固定资本存量。该方法由戈登史密斯(Goldsmith)于 1951 年开创,其基本公式为:

$$K_t = (1 - \delta_t)K_{t-1} + I_t \qquad (5-10)$$

式(5-10)中,K_t 为 t 期的固定资本存量,K_{t-1} 为 t-1 期的固定资本存量,δ_t 为经济折旧率,I_t 为 t 期的固定资产投资形成总额。

不同的学者确定折旧率的数值和基期年资本存量的方法不一样[1][2][3][4][5],本研究根据南京市的实际情况,取年折旧率为 9%。基期

---

[1] 张军,吴桂英,张吉鹏. 中国省际物质资本存量 K 的再估算:1952~2000 [J]. 经济研究,2004 (10):35-43.

[2] 杨志荣,靳相木. 基本面板数据的土地投入对经济增长的影响 [J]. 长江流域资源与环境,2009,18 (5):409-415.

[3] 喻燕,卢新海. 建设用地对二三产业增长贡献定量研究 [J]. 地域研究与开发,2010,29 (3):124-128.

[4] 姜海,夏燕榕,曲福田. 建设用地扩张对经济增长的贡献及其区域差异研究 [J]. 中国土地科学,2009,23 (8):4-8.

[5] 王小鲁. 中国经济增长的可持续性与制度变革 [J]. 经济研究,2000 (7):3-15.

年（1998年）的固定资本存量按照国际常用方法计算，其计算公式为：

$$K_0 = I_0/(g+\delta) \qquad (5-11)$$

式中，g为平减后样本期间固定资产投资的真实年平均增长率。

（3）劳动力投入量（L）：指从事社会劳动并取得一定工资收入或经营收入的人员数量，由于本书的研究范围为城市，故以第二三产业从业人数来量化劳动力投入量。

（4）城市土地投入量（S）：城市土地是经济建设的承载物和生产资料。本书主要研究城市范围内的土地投入对经济增长的影响，故采用市区建成区面积来量化城市土地投入量。

表5-1给出了经济产出量GDP、资本投入量K、劳动力投入量L和城市土地投入量S等关键变量的描述性统计表。

表5-1　变量的描述性统计

变量	最小值	最大值	平均值	标准差
GDP	912.59	4204.57	2213.05	1091.30
K	3607.75	3797.50	3675.43	51.79
L	193.95	423.85	283.20	78.68
S	194.00	637.00	468.31	163.92

5.4　研究结果与分析

5.4.1　土地价格市场吻合程度测算

研究地价对城市用地规模扩张数量的影响关系，首先需要对土地价格市场吻合程度进行测算。根据上面土地价格市场吻合程度的测算公式，需要确定协议、招标、拍卖和挂牌等出让方式的权重。各出让

第5章 地价对南京城市用地规模配置的效应研究

方式权重通常是依据土地出让价格与正常市场交易价格的相对值来确定。本书根据1999~2011年南京市土地市场交易情况，以各交易方式的平均地价相对值确定其权重。通过加权平均计算得到1999~2011年南京市协议、招标、拍卖、挂牌的平均单位地价，并利用德尔菲法，最终确定协议、招标、拍卖、挂牌方式的权重分别为0.2、0.5、1、1。

根据协议、招标、拍卖、挂牌不同出让方式的权重，并利用收集到的1999~2011年南京市土地划拨面积、出让面积和各不同出让方式的用地宗数，代入公式（5-5），计算得出土地价格市场吻合程度M值[①]，如表5-2所示。

表5-2　　　　　土地价格市场吻合程度计算结果

年份	$A/(A+B)$	$\sum_{i=1}^{n} w_i A_i$	$\sum_{i=1}^{n} A_i$	$\sum_{i=1}^{n} w_i A_i / \sum_{i=1}^{n} A_i$	M
1999	0.91	67.40	329	0.2049	0.1857
2000	0.92	92.50	399	0.2318	0.2132
2001	0.75	149.50	525	0.2848	0.2145
2002	0.85	172.90	637	0.2714	0.2306
2003	0.95	285.60	959	0.2978	0.2825
2004	0.35	184.20	545	0.3380	0.1174
2005	0.69	182.90	541	0.3381	0.2330
2006	0.74	336.60	1315	0.2560	0.1892
2007	0.81	317.20	1070	0.2964	0.2400
2008	0.63	198.60	289	0.6872	0.4325
2009	0.49	266.30	410	0.6495	0.3183
2010	0.47	288.43	489	0.5898	0.2775
2011	0.41	375.17	530	0.7079	0.2929

---

① 由于在2009年、2010年和2011年统计数据中没有细分招标、拍卖和挂牌宗地数。因此本书在计算这三年的 $\sum_{i=1}^{n} w_i A_i$ 值时，用招标、拍卖和挂牌三者的出让宗地数与三者权重的平均值相乘得出结果。

可以看出，1999~2011年南京市土地价格市场吻合程度基本呈上升趋势，这说明土地市场实际交易价格逐渐趋于理论价格。1999年的土地价格市场吻合程度仅为0.1857，2008年达到最高点，其值为0.4325。在各有偿出让方式中，协议出让的土地宗数和面积在逐年下降，而招标、拍卖和挂牌出让土地宗数和面积则不断提高，土地出让市场公开竞争程度的提高使土地市场交易价格逐渐向完全竞争市场条件下的理论价格靠近。但是，由于土地市场上还存在大量划拨用地，使土地有偿出让面积占总交易面积的比重较低，导致南京市土地价格市场吻合程度总体表现不高。

5.4.2 测度地价影响下的城市用地过度扩张数量

（1）计算 α_1、β_1、γ_1 和 λ_1 的值。将历年的 GDP、固定资本存量 K、二三产业就业人数 L、城市土地投入量 S 以及上述得出的土地市场价格吻合程度 M 值，代入方程：

$$LnQ = dLnK + \beta LnL + \gamma LnS + \lambda M + c$$

利用 Eviews 计量分析软件，对该方程进行回归分析，以此拟合出南京市1999~2011年经济增长模型为：

$$LnQ = 0.317 + 0.532LnK + 0.374LnL + 0.208LnS + 0.059M$$

方程 F 检验值为 268.612，并且回归模型的可决系数 R^2 值为 0.928，修正的可决系数为 0.924。在给定显著性水平 0.05 下，方程均通过 F 检验与 t 检验，表明模型整体拟合效果较好[①]。

因此，估算出的 α_1、β_1、γ_1 和 λ_1 的值分别为 0.532、0.374、0.208 和 0.059。

（2）计算完全竞争市场条件下的 GDP 理论值 Q′和土地投入要素

---

① 为了消除自相关，在模型估计过程中同时进行了一阶自相关的校正。

第5章 地价对南京城市用地规模配置的效应研究

弹性 γ_2。令 $M=1$，并将上述得出的 α_1、β_1、γ_1 值和历年的 K、L 和 S 实际值代入方程：

$$LnQ' = \alpha_1 LnK + \beta_1 LnL + \gamma_1 LnS + \lambda + c$$

可以计算出 GDP 的理论值 Q'，再将理论值 Q' 与历年的 K、L 和 S 实际值进行回归，可以得到新的回归模型：

$$LnQ' = 0.890 + 0.516LnK + 0.307LnL + 0.219LnS + 0.096M$$

方程 F 检验值为 15390.221，并且回归模型的可决系数 R^2 值为 0.977，修正的可决系数为 0.972。在给定显著性水平 0.05 下，方程均通过 F 检验与 t 检验。因此，估算出 γ_2 值为 0.219。

（3）计算城市用地过度扩张数量 LS。根据公式（5-9），利用历年的 GDP 理论值 Q'、实际值 Q、每年新增城市用地面积 T 和土地投入要素弹性 γ_2 的值，可以计算出南京市 1999～2011 年每年的城市用地过度扩张数量 LS，见表 5-3。

表 5-3　　　　　　　城市用地过度扩张数量

年份	lnQ'	(lnQ'-lnQ)/lnQ'	T（km²）	LS（km²）	比例（%）
1999	3.95	0.0759	15	5.20	34.68
2000	3.96	0.0732	7	2.34	33.44
2001	3.96	0.0707	11	3.55	32.29
2002	4.04	0.0644	227	66.71	29.39
2003	4.06	0.0640	8	2.34	29.24
2004	4.07	0.0614	37	10.38	28.05
2005	4.09	0.0538	29	7.12	24.56
2006	4.11	0.0560	62	15.84	25.55
2007	4.12	0.0364	2	0.33	16.62
2008	4.15	0.0337	15	2.31	15.40
2009	4.16	0.0337	6	0.92	15.37
2010	4.17	0.0360	21	3.45	16.43
2011	4.19	0.0286	18	2.35	13.08
合计	—	—	458	122.85	26.82

5.4.3 结果分析

从表 5-3 中可以看出，1999~2011 年，南京市新增城市用地面积共为 458.00 平方公里，同期城市用地规模过度扩张数量为 122.85 平方公里，过度扩张的城市用地面积所占比例达 26.82%。也就是说，在满足南京城市化和经济发展合理用地需求的同时，还存在一定程度上的土地资源过度性损失，城市用地规模超出合理范围，被过度扩张了。

从变化趋势来看，城市用地过度扩张面积比例总体呈现逐年下降的态势。2007 年之前，城市用地过度扩张面积比例一般超过 20%；2007 年以来城市用地过度扩张面积比例维持在 15% 左右。图 5-6 反映了城市用地过度扩张面积比例与土地价格市场吻合程度之间的关系。从图中可以看出，它们之间呈现明显的负相关关系，随着土地价格市场吻合程度的逐步提高，城市用地过度扩张面积比例逐渐下降。由此可见，提高土地价格市场吻合度有利于抑制城市用地的过度扩张。

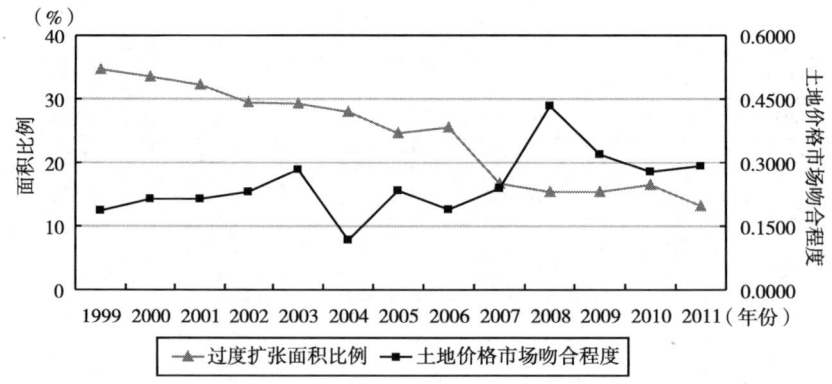

图 5-6 土地价格市场吻合程度与城市用地过度扩张比例

上述研究结果显示，2007 年是南京市城市用地过度扩张面积比例减少、土地价格市场吻合程度提高的转折时点，其主要原因在于南京市工业用地定价机制在 2007 年开始市场化改革。20 世纪 90 年代以来，工业用地以较低廉的成本支撑着南京市工业化、城镇化的发展，工业用地扩展成为南京城市扩张的先导和动力。南京城市空间外延扩张的主要载体是各大开发区，开发区的低价协议出让是导致南京市蔓延扩张的主要原因[①]。2007 年开始，南京市政府改变过去以协议方式甚至划拨为主流的工业用地供应方式，推行工业用地"招拍挂"的市场化定价制度。同时，采取工业用地出让最低限价标准。这样，在一定程度上提高了工业用地的价格水平，也抑制了工业用地过度快速扩张的趋势。2007 年之后工业用地价格的理性回归，提高了南京市土地市场价格的整体吻合度，对于降低城市用地过度扩张面积比例具有明显作用。

5.5 本章小结

本章首先分析了地价对城市用地规模配置效应的作用机理。地价通过弹性调节，影响城市土地的利用量。在城市边界已被限定、土地自然供给不变的情况下，地价变化使土地利用者增加或减少占地面积。如果城市边界没有被完全限定，可以通过农地非农化来增加城市土地供给时，地价变化会使土地利用者重新选址，搬至远离城市中心、土地价格相对较低且能获利的郊区。此时，地价对城市增量土地的调节关系主要取决于城市地价与城市边缘农用地价格之间的权衡。如果地价遭到扭曲，则有可能导致土地供给曲线价格弹性增大，形成发散型蛛网模式。随着时间的推移，城市用地规模不断扩大。

在分析地价对城市用地规模配置效应作用机理的基础上，本书借鉴了谭荣关于计算农地非农化过度性损失的研究思路，选择生产函数

---

① 张倩. 开发区蔓延带来的空间城市化问题初探——以南京为例 [C]. 中国城市规划年会论文集, 中国城市规划学会, 昆明, 2012: 17.

模型，测度了地价影响下的南京市城市用地过度扩张数量。研究结果显示，由于地方政府干预市场配置价格，使地价遭到了一定程度的扭曲，导致南京市城市用地规模超出了合理的用地范围，城市建设用地被过度扩张了。1999~2011年南京城市用地规模过度扩张了122.85平方公里，过度扩张的城市用地面积所占比例达26.82%。这说明虽然经济增长过程中必须付出一定的代价，要消耗一定数量的土地资源。但是，现实经济增长过程中由于地价不合理引致土地资源被过度损耗了。同时，研究结果也显示，提高土地价格市场吻合度，可以抑制城市用地规模的过度扩张。城市用地过度扩张面积比例与土地价格市场吻合程度之间呈现明显的负相关关系。

地价对城市土地
资源配置的
效应研究
Chapter 6

第6章 地价对南京城市用地结构配置的效应研究

本章将在理论分析地价对城市用地结构配置效应作用机理的基础之上，首先对收集到的地价样点数据进行同质可比性修正，然后借助地理信息系统 ArcGIS 软件建立地价样点数据库，并建立数字地价模型和地价剖面图，分析各类型用地的地价空间分布特征，再根据地价与距离的函数关系，得出表达各类用途地价与距离关系的地价空间变化曲线（竞租曲线），进而分析地价对南京城市各类用途土地结构配置效应。

6.1 地价对城市用地结构配置效应的作用机理

在城市中，由于聚集效应的存在，区位拥有特殊的重要性，城市各区位间的土地生产力存在明显差异。同一行业在不同区位的相同面积土地上投入等量的成本，会得到数量不等的收益。也就是说，城市土地区位的优劣差异会产生不同的使用价值。一般而言，城市中心的聚集效益最高，所以城市中心的土地边际生产力也最高；而城市边缘地区的聚集效益最低，其土地边际生产力最低。区位上存在聚集经济利益，使企业和居民能够获得超额的利益。但是，城市土地有限，特别是位置好的土地更是有限，必须竞争使用不同区位的土地。市场竞争迫使这些聚集经济带来的超额利益转化为地租。市场竞争程度越激烈，聚集经济带来的额外利益转化为地租的就越多。在完全竞争市场条件下，企业只能取得正常利润。

地价对城市用地结构布局的调节机理可以用图 6-1 表示。

在城市土地市场中，企业和居民在选择区位时，都会把自己所能获得的区位收益同所需要支付的区位地租进行比较，看看在最有效利用每个地点的条件下，自己所能支付的最大地租。同时，追求利润最大化的企业和效用最大化的居民总会选择能够取得最佳利益和效率的土地区位。人们对土地进行竞争、投标，对城市各个区位的土地提出

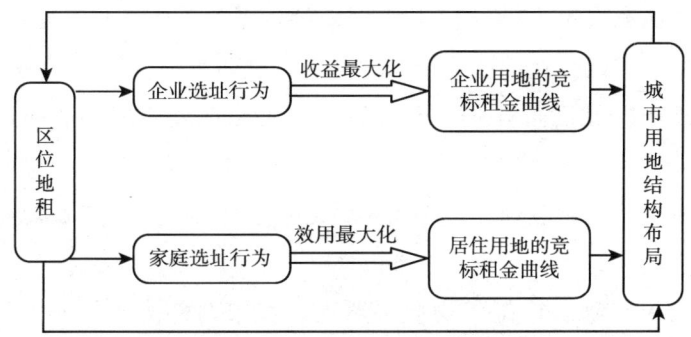

图 6-1 地价对城市用地结构布局的调节机理

最高竞标地租,从而土地流向不同的土地使用者手中,构成现实的城市土地市场均衡地租,形成城市用地结构布局。

下面将深入分析在地租地价引导下,企业和居民是如何决定其区位选择,进而如何形成城市土地结构与布局的。由于城市是一个非常复杂的经济体,为了方便说明问题,本书借助美国土地经济学家阿朗索在20世纪60年代提出的单中心城市模型来进行分析。之所以选择单中心城市模型,主要是因为:①大部分城市的发展历史在很大程度上是一部单中心城市历史;②单中心城市一直是我国占主导地位的城市形态,现在许多中小规模城市仍为单中心城市;③多中心城市是单中心城市演进的结果,从单中心模型得到的很多研究结论和原理能被扩展并应用于多中心城市。

在单一城市中心模型中,我们可以更好地理解地价对城市用地结构及布局的调节机理。下文的分析是这样进行的:首先从不同行业的竞标地租函数开始,了解企业和居民的用地需求以及选址决策过程,其次把握城市土地均衡地租曲线是如何形成的,最后分析地价调节城市用地结构及布局的结果。

6.1.1 不同行业的竞标地租函数

竞租函数(bid-rent function)是居民或企业基于土地区位差异

的考虑，愿意支付不同区位土地租金的函数①。通过土地竞租函数，可以求取居民或企业的区位结构均衡点，进而可以了解城市地租的区位变化规律以及不同行业、不同的用途用地在城市内部的空间分布规律。

在建立不同行业的竞标地租函数之前，单一中心城市模型中有几个关键假设：

（1）城市处在广阔的均质平原上，城市内部为单核心，所有的生产者和消费者都在城市内出售和购买商品（服务）。

（2）城市土地可以在市场上自由交易，且交易双方均为经济人，均希望自己的目标都达到最大限度的满足（企业是为了利润最大，居民是为了效用最大）。

（3）市区交通便捷，可通达各个方向，运输成本或通勤成本是其所处区位与城市中心之间距离的增函数。

6.1.1.1 制造业的竞标地租函数

下面为了将复杂问题分析得更简单明了，做进一步合理假设：企业在唯一的城市中心销售产品，运输成本与距离市中心远近成正比；企业采用相同的生产过程进行产品生产，产品质量和总产量相同。根据以上假设，分析利润如何随着位置而发生变化。

企业利润 = 总收入 − 非土地投入成本 − 土地投入成本 − 产品运输成本

已知：企业利润为 π，产品价格为 P，生产量为 Q，非土地成本为 C，企业占用土地面积为 S，单位面积土地租金为 R（d），距城市中心距离为 d，单位运输成本为 t。则：

$$\pi = P \times Q - C - t \times Q \times d - R(d) \times S \quad (6-1)$$

在市场完全竞争情况下，企业的经济利润为零，即 $\pi = 0$。即企

---

① 石忆邵．竞租函数与城市土地利用［J］．现代城市研究，1998（2）：26–29．

第6章 地价对南京城市用地结构配置的效应研究

业获得的超额利润转化为地租让渡给了土地所有者。因此,企业可支付的单位面积租金即竞标租金为:

$$R(d) = \frac{P \times Q - C - t \times Q \times d}{S} \quad (6-2)$$

可以看出,在产品价格、生产数量、非土地投入成本不随着位置而变化的情况下,地租正好补偿了由于与城市中心的距离增加而使企业运输成本的增加额,地租 R 的高低与距离成反比。距离城市中心越近,运输成本越少,当 d=0 时,地租 $R(0) = (P \times Q - C)/S$。如果允许土地和非土地投入进行要素替代,当地租由远而近不断增加时,企业会用价格较低的非土地要素替代高成本的土地要素,减少土地投入,从而客观上提高了其支付地租的能力。因此,土地竞标地租曲线表现为凸向原点的曲线,如图 6-2 中 S_1 曲线,即工业竞标函数是凸向原点的凸函数。

如果不考虑要素技术替代,对式(6-2)距离 d 求导,得出:

$$R'(d) = -t \times Q/S < 0 \quad (6-3)$$

此时,竞标地租函数为线性函数①,竞标地租边际曲线表现为直线,如图 6-2 中的 S_2 所示。

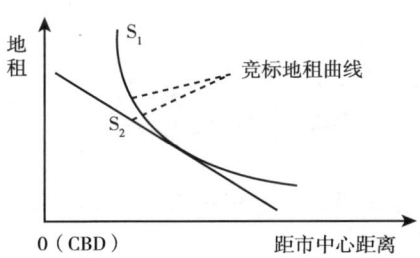

图 6-2 企业竞标地租曲线与地段决策

图 6-2 的竞标地租曲线表明了典型制造业企业对城市内不同区

---

① [英]杰克·哈维,厄尼·桥赛著,夏业良译. 城市土地经济学(第6版)[M]. 福州:福建人民出版社,2012:250.

位所愿意支付的地租额。竞标地租曲线形状表示：地租随着离市中心距离的增加而逐渐降低。

6.1.1.2 商务办事机构竞标地租函数

通常，商务办事机构主要从事市场信息的采集、处理和发布，专门提供一些服务产品。办事机构要求信息的时效性强，为了获得通畅的信息渠道，需要工作人员与客户之间进行面对面的接触。因此，工作人员的交通成本是影响其利润的一个重要因素。在分析机构选址和用地需求前，先做以下基本假设：机构在固定地点设立办事处；客户一般集中在市中心区；工作人员每协调一次都要去市中心见客户一次，交通费用与距离成正比。

基于以上假设，可以得知，办公业的选址要考虑其办公地点与市中心的远近。因此：

$$总利润 = 总收入 - 非土地投入成本 - 土地投入成本 - 交通成本$$

已知：总利润为 π，协调一次价格为 P，协调次数为 Q，非土地成本为 C，企业占用土地面积为 S，单位面积土地租金为 R(d)，距城市中心距离为 d，单位交通成本为 t。则：

$$\pi = P \times Q - C - t \times Q \times d - R(d) \times S \qquad (6-4)$$

在市场完全竞争情况下，机构的经济利润为零，即 $\pi = 0$。因此，机构可支付的单位面积租金即竞标租金为：

$$R(d) = \frac{P \times Q - C - t \times Q \times d}{S} \qquad (6-5)$$

式（6-5）表示办事机构将为不同的机构地点而愿意支付多少租金。当机构地点接近市中心时，地租将增加，他们会用更多的非土地投入（如资金和劳动力）来替代成本相对较高的土地。即机构地点离市中心越近，办公楼占地面积越小，楼层越高。因此，土地竞标地租曲线则在图上表现为凸向原点曲线，土地竞标地租函数表现为凸

第6章 地价对南京城市用地结构配置的效应研究

向原点的函数。

如果不考虑要素技术替代,对式(6-5)距离 d 求导,得出:

$$R'(d) = -t \times Q/S < 0 \qquad (6-6)$$

此时,竞租函数表现为一条向右下方倾斜的直线。商务办事机构的竞标地租曲线的基本形式仍如图 6-2 所示。

6.1.1.3 住宅用地竞标地租函数

居民对土地的需求是一种引致需求,主要是对住房的需求,由需求住房而间接需求土地。居民对居住用地区位的选择是为了获取最大效用。居住区位选择与家庭收入有极大关系,居民对居住用地区位的选择行为是在家庭收入约束下进行的。假设:城市内每个位置的环境及基础设施情况都一致;就业地点在市中心;家庭收入只用于房屋(含土地)、交通和其他商品消费;城市内所有家庭是无差异的,收入、消费偏好都是相同的,以及均衡下具有相同效用;家庭结构相同。

因此,基于上述假设,与市中心距离决定了住宅用地区位的选择。居民收入公式如下:

居民收入 = 非土地消费支出 + 房租(主要为地租) + 交通支出

已知:居民收入为 I,非土地消费品价格为 P,非土地消费量为 Q,居住地距市中心距离为 d,单位土地租金为 R(d),土地面积为 S,交通支出为 T(d)。

则居民预算约束函数为:

$$I = P \times Q + R(d) \times S + T(d) \qquad (6-7)$$

居民效用函数为:

$$u = U(Q, S) \qquad (6-8)$$

竞标租金为:

$$R(d) = \frac{I - P \times Q - T(d)}{S} \quad (6-9)$$

如果不考虑消费替代因素，对式（6-9）距离 d 求导，则得出：

$$R'(d) = -T'(d)/S \quad (6-10)$$

$T(d)$ 为增函数，因为随着离市中心越远，交通支出越多，故 $T'(d) > 0$。则：

$$R'(d) = -T'(d)/S < 0 \quad (6-11)$$

因此，居住用地离市中心越远，地租越少，竞标地租曲线表现为一条向右下方倾斜的直线。

如果考虑消费替代要素，通过非土地的消费支出，扩大其支付地租的能力。居住用地的竞标租金曲线变为凸向原点的曲线。如果考虑聚集效应，则距离城市中心越近，土地收益越大，竞争越激烈，土地利用越拥挤，竞标地租曲线的凸性加剧。

如果将上述住宅用地模型中的假设条件作些改变：

（1）每个家庭有多人上班。

（2）考虑上下班的时间成本。

（3）如果家庭成员数量不同，则两个家庭收入相同情况下，大小家庭需求的住房面积不一样。

（4）如果住处公共设施和环境不一样。

则：住宅用地离城市中心近的家庭将节约更多的交通成本，住处离市中心近的家庭则可以支付较少的上下班成本，小家庭可在离市中心近的区位选择小面积、高租金住房，公共设施和环境好的住处，人们愿意付出更高的租金。那些多人上班、考虑上下班的时间成本、小家庭、住处公共设施和环境好的住宅用地竞标曲线更陡。

因此，住宅用地竞标曲线也会发生改变，如图 6-3 所示[①]。

---

① ［美］阿瑟·奥沙利文著，苏晓燕等译．城市经济学［M］．北京：中信出版社，2003：208．

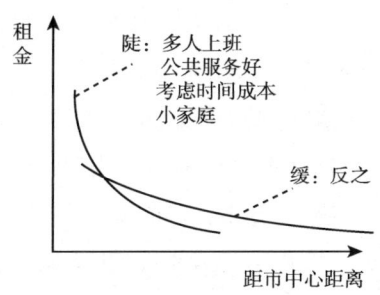

图 6-3　住宅用地租金函数曲线变化比较

6.1.2　城市均衡地租曲线的形成

城市土地具有用途多样性和面积有限性。城市内某一具体区位的地块应该用于何种用途，主要由各行业对地块相互竞争后决定。各行业之间的竞争使土地被分配给竞标租金最高的使用用途。因而，各区位上最高的竞标租金构成了城市均衡地租曲线。

假设城市内有商业、工业和居住这几种用途用地，城市边缘为农业用地。根据上述分析得知，商业、工业和居住这三类用途用地的竞租函数都是凸函数，竞租曲线都是凸向原点的曲线。由于城市边缘的农业用地租金由农产品市场决定，数额视为不变，因而农业竞标租金曲线是一条与坐标横轴平行的直线。这样，商业、工业、居住和农业这几种竞标租金曲线放在同一坐标内能两两相交。各类用地的竞标地租函数表明，地租支付能力的高低决定城市内各用途对某个区位的竞争。地租支付能力越高者，其竞标地租曲线的斜率越陡，就越能在竞争中取胜。商业部门的地租支付能力最高，竞租函数也最陡，因而由商业部门占据离市中心最近的土地，其次为住宅部门。工业部门的地租支付能力相对最低，其竞租曲线也相对较平缓，故占据离市中心更远的位置。

如图 6-4 所示[①]，商业与居民用地的竞标地租曲线相交于 A 点，

---

① 曲福田. 土地经济学（第3版）[M]. 北京：中国农业出版社，2011：136.

在边界 M_A 处,商业与居民用地的竞标地租相等,商业的竞标地租在市中心到点 M_A 公里的范围内就成为市场均衡地租;居民与工业用地竞标地租曲线相交于 B 点,在边界 M_B 处,居民用地与工业用地的竞标地租相等,从 M_A 到 M_B 公里的范围内,居民用地的竞标地租就成为市场均衡地租。同样,从 M_B 到 M_C 的范围内,工业用地竞标地租成为市场均衡地租,M_C 以外的范围,农业地租成为均衡地租。因此,把城市内各种用地最高竞标地租曲线连接在一起,即图中粗线部分就成为市场均衡地租曲线。该曲线的每一点上,土地的供给量等于需求量,土地利用的利润或效用达到最大,企业或者居民都没有迁移的动力。此时,城市土地资源处于最佳配置状态。

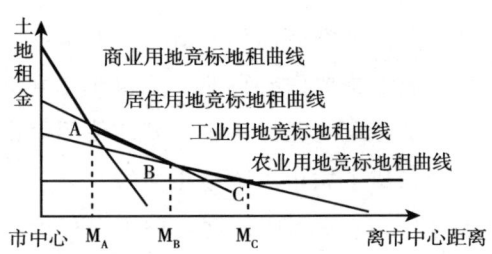

图 6-4 市场均衡地租与各用途竞标地租的关系

6.1.3 地价调节下的城市用地空间结构

各行业竞争下形成了城市土地市场均衡地租,此时,城市用地空间结构布局也确定了下来。如图 6-5 所示①,从市中心到边界 M_A 的地方,商业用地为城市的主要土地用途,故商业用地处于一个半径为 M_A 的圆圈内;从边界 M_A 到 M_B 范围内,居住用地为城市的主要土地用途,故居住用地处于一个宽度为 ($M_B - M_A$) 的环状区内;从边界 M_B 到 M_C 范围内,工业用地为城市的主要土地用途,

---

① 曲福田. 土地经济学(第 3 版)[M]. 北京:中国农业出版社,2011:136.

故工业用地处于一个宽度为（$M_C - M_B$）的环状区内；M_C 边界以外为农业土地用途。

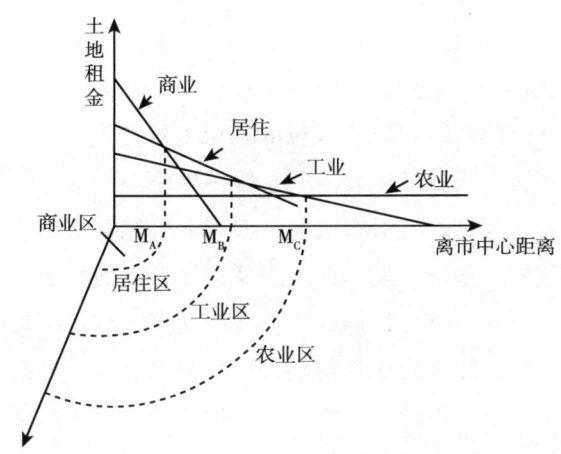

图 6-5 城市土地空间配置的形成

图 6-5 为单一城市中心内几种典型用途用地的空间结构布局。商业、居住、工业和农业用地随离市中心距离增加，依次排列布局，土地利用空间形态因此产生。在该城市土地利用的均衡空间结构下，各个用地者都实现了最高的效用或利润。只有当影响土地市场供求关系的因素发生变化时，城市土地利用空间结构才会随着地租的变化而变化。

6.2 研究方法与数据来源

6.2.1 研究方法

由上述地价对城市用地结构配置效应的作用机理得知，在市场经济条件下，土地价格是城市土地资源实现空间最优配置的基本经济杠杆。阿朗索等学者把级差地租理论应用于城市土地利用问题研究，并且提出竞标地租观点。阿朗索认为，城市内各用途土地区位取决于它们所能支付地租的能力。在竞租机制作用下,城市土地区位利用动态转换,实现城市土地区位的最佳选择和最优利用。其著名的城市土地"竞租曲线"表明,地租地价的空间分布特点能够反映出城市用地状况,地租地价决定了城市各类用途用地的空间分布和各类用途用地的强度。在城市范围内,某产业或部门之所以配置在某一特定区域,主要取决于该产业或部门对特定城市区位的地租支付能力。商业用地支付地租能力最强、竞价曲线斜率最大,因而取得市中心的区位;居住用地支付地租能力次强、竞价曲线斜率次大,因而取得靠近市中心的区位;工业用地支付地租能力最弱、竞价曲线斜率最小,因而只能位于离城市中心更远的位置。不同产业的竞标地租曲线的交点与城市土地不同功能分区的分界线相对应,即城市土地市场均衡地租形成后,城市用地结构布局同时也确定了下来。因此,地价杠杆通过地价的变化形成不同地价区位,最终影响并确定城市各产业用地的空间结构布局。

地价的空间分布基本反映了城市用地状况,因此许多学者一般都从地价空间分布入手来研究地价调节下的城市土地利用最优配置模式及各类用地空间结构布局[1]。鉴于此,本研究先从南京市地价空间分布入手,借助地理信息系统 ArcGIS 软件,建立数字地价模型和地价剖面图,分析各类型用地的地价空间分布特征,然后再根据地价与距离的回归方程,得出表达各类用途地价与距离关系的地价空间变化曲线(竞租曲线),进而揭示南京市地价对城市各类用途土地结构布局配置效应,考察南京市用地的空间结构布局是否与阿朗索理论中的空间结构布局相符。

6.2.2　数据来源与预处理

6.2.2.1　地价样点数据来源

本研究区域主要集中在南京市主城区范围内,包括鼓楼、玄武、

---

[1] 张洪,金杰. 城市地价空间的计量经济分析——以昆明市为例 [J]. 资源科学,2007 (4):25-32.

秦淮、白下、建邺、下关、栖霞、雨花台和江宁的大部分区域，为长江和绕城高速公路围合的区域，面积约为 622.12 平方公里。该区域是南京市建设用地出让、开发和建设的主要地区。研究对象包括 2000～2012 年的实际有偿出让的商业用地、住宅用地、工业用地，这些用地的基础数据均来源于南京市国土局公示和内部资料，具体信息包括各类用地地块位置、总面积、总价格、容积率、交易时间等。通过剔除地价内涵不清楚、容积率不明确等属性信息不全或缺少的地块，最后筛选得到有效样点共 633 个，其中商业 154 个、住宅 211 个和工业 268 个。

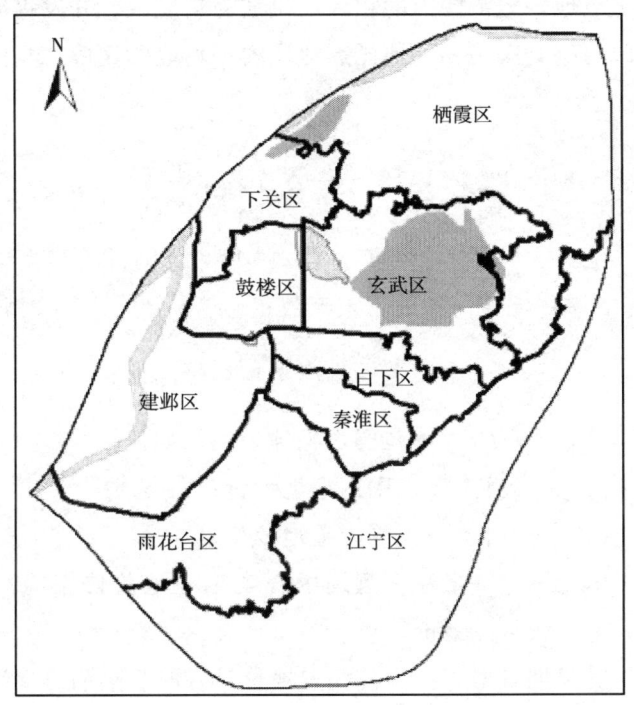

图 6-6　研究区域示意图

6.2.2.2　地价样点数据预处理

由于样点数据时间跨度较长，地价内涵不一，所以需要对样点地价进行同质可比性修正，使不同地块地价之间具有可比性。

首先,开发程度修正。2000～2012年,南京市出让地块中包括毛地和净地,其中净地出让地块占据绝大部分,2008年之后南京市规定地块全部以净地出让。净地和毛地的差别主要是净地成交价中包含了土地前期开发成本,在其出让前就已完成了土地的前期开发;而毛地成交价中则不包含土地前期开发成本这一部分,在其出让后开发商还必须对其进行前期开发工作。因此,净地与毛地的成交价相差比较大,不能直接进行比较,需要将毛地地价修正为净地地价。由于不同地块有不同的土地前期开发成本,依次测算工作巨大而且不切实际。本书将毛地一定范围内的相邻地块划为均质区,开发程度修正系数取均质区内所有净地和毛地样点地块的平均值的比值。具体修正公式如下:

$$K = \bar{P}_{净地} / \bar{P}_{毛地} = \frac{1}{n}\sum_{0}^{r} p_{净地} / \frac{1}{n}\sum_{0}^{r} p_{毛地}$$

$$P_{毛地修正} = K \times P_{毛地}$$

式中:K——毛地向净地修正系数;

$\bar{P}_{净地}$——半径 r 范围内净地地块平均值;

$\bar{P}_{毛地}$——半径 r 范围内毛地地块平均值;

$P_{净地}$——半径 r 范围内净地地价;

$P_{毛地}$——半径 r 范围内毛地地价;

$P_{毛地修正}$——半径 r 范围中心处毛地地价修正为净地后的地价。

其次,交易期日修正。为使样点地价具有时间上的可比性,需要将不同年份交易地块的地价进行交易期日修正[1]。本书采用中国城市地价动态监测网上发布的南京市地价指数,计算交易期日修正系数,再利用交易期日修正系数将不同年份地价修正到统一评估年份。交易

---

[1] 艾建国,吴群. 面向21世纪课程教材不动产估价 [M]. 北京:中国农业出版社, 2002:122.

第6章 地价对南京城市用地结构配置的效应研究

期日修正系数计算公式如下：

$$K_j = \frac{V_{评估年}}{V_j}$$

式中：K_j——交易期日修正系数；

$V_{评估年}$——地块评估年地价指数；

V_j——地块第 j 年地价指数。

不同年份地价交易期日修正计算公式如下：

$$P_{评估年} = P_j \times K_j$$

式中：$P_{评估年}$——修正到评估年的地块价格；

P_j——第 j 年地块的实际成交地价；

K_j——交易期日修正系数。

表6-1　　　　　　　近年来南京市地价指数

年度	商业	住宅	工业
2000	100	100	100
2001	121	126	104
2002	130	137	109
2003	140	141	111
2004	149	156	112
2005	155	162	112
2006	162	170	113
2007	172	191	118
2008	164	170	117
2009	175	191	117
2010	191	203	118
2011	204	207	121
2012	205	205	122

资料来源：中国地价网（http://www.landvalue.com.cn/L_LandPriceMonitor.aspx?Menu_ID=5&PID=1&ColumnID=0）。

本研究将所有2000~2012年出让的样点地价用交易期日修正系数统一修正到2012年，修正系数如表6-2所示。

表6-2　　　　　　　地价样点交易期日修正系数

年度	商业	住宅	工业
2000	2.05	2.05	1.22
2001	1.69	1.63	1.17
2002	1.58	1.50	1.12
2003	1.46	1.45	1.10
2004	1.38	1.31	1.09
2005	1.32	1.27	1.09
2006	1.27	1.21	1.08
2007	1.19	1.07	1.03
2008	1.25	1.21	1.04
2009	1.17	1.07	1.04
2010	1.07	1.01	1.03
2011	1.00	0.99	1.01
2012	1.00	1.00	1.00

最后，统一为楼面地价。楼面地价指单位建筑面积地价，为该地块总成交金额与地块上的总建筑面积的比值。总建筑面积为地块占地面积与容积率的乘积。容积率对地块的价格影响很大，不同地块其容积率不同，因此需要将各样点的地价统一为楼面地价。

对经过修正后的南京市各类型地价样点进行描述性统计，得到结果如表6-3所示。

表6-3　　　　　　南京市各类型土地价格描述性统计

用地类型	样点个数	最小值	最大值	平均值	标准差
商业	154	1308	24502	8836	5545
住宅	211	1006	13221	4851	2976
工业	268	330	2361	650	537

6.2.2.3 地价样点数据库的建立

在地理信息系统 ArcGIS 9.3 软件技术的支持下,将扫描后的 2005 年南京市交通地图进行纠正配准、统一投影方式之后作为底图。设立商业、住宅、工业用地样点位置图层,根据各类型用地交易样点的土地坐落和四至,标出所有样点的图上位置,并标注编号,利用 GIS 地理编码功能,将经过预处理的全部土地样点的属性数据和空间数据相关联,从而建立起基于 GIS 的各类型用地样点地价数据库。

6.3 地价空间变化特征分析

了解地价空间分布特征是研究地价对城市用地结构布局配置效应影响的前提。GIS 探索性空间数据分析(ESDA)技术对研究城市地价的空间分布特征具有其明显和独特的优势。地统计学(Geostatistics)突破经典统计学忽略空间方位的缺陷,可以研究空间数据的结构性和随机性,与空间相关性和依赖性、空间格局有关的问题[1],为研究地价的空间分布规律提供了有效手段[2]。通过应用插值法对地价样点进行空间插值的手段,使原来按照点状分布的地价样点空间信息扩展到面,最终可获得地价空间分布信息及其规律。

本研究在 ArcGIS 9.3 支持下,用 ArcGIS 地统计分析扩展模块对上述地价样点进行数据分析,评价其统计属性,寻找其内在的规律性,从而找出最合适的空间插值模型,生成数字地价模型。

---

[1] 汤国安,杨昕. ArcGIS 地理信息系统空间分析实验教程 [M]. 北京:科学出版社,2006:363.

[2] 李德仁,关泽群. 空间信息系统的集成与实现 [M]. 武汉:武汉测绘科技大学出版社,2000.

6.3.1 探索性空间数据分析

探索性空间数据分析（ESDA）包括检验数据分布、识别数据中的全局趋势、寻找数据离群值及检测空间自相关及方向变异等步骤[①]。本研究利用 ESDA 对数据进行一系列分析处理，最终提取地价空间分布信息。以下为 ESDA 方法提取地价空间分布信息的具体过程：

6.3.1.1 检验数据分布

进行统计分析之前，需要检验样本数据的分布特征，查看其是否服从正态分布。利用直方图和正态 QQ - Plot 分布图可以进行数据分布特征检验。

通常，可以用中值及其分布和对称性等来描述数据分布的重要特征。在直方图中，如果数据平均值和中值大致相等，直方图形状呈钟形，则可以很快判断其服从正态分布。在 QQ - Plot 图中，如果数据分布近似成为一条直线，也说明其服从正态分布。如果经直方图或 QQ - Plot 图检验之后，样本数据都没有显示出正态分布的特征，那么在应用克里格等方法进行插值之前必须利用对数变换（Log）、幂变换（Cox - Box）等对数据进行变换处理，以使其符合正态分布。

对修正后的各类用地样点地价进行数据分布检验后，发现不经转换的商业用地、住宅用地和工业用地样点地价数据不服从正态分布。因此，需要对其进行转换，对数转换后的各类用地样点地价的直方图和 QQ - Plot 图都显示出概率分布基本呈正态，直方图形状呈钟形，QQ - Plot 图趋于一条直线。图 6-7 和图 6-8 为住宅用地样点地价对数变换前后的 QQ - Plot 图。

---

① 汤国安, 杨昕. ArcGIS 地理信息系统空间分析实验教程 [M]. 北京：科学出版社, 2006: 363.

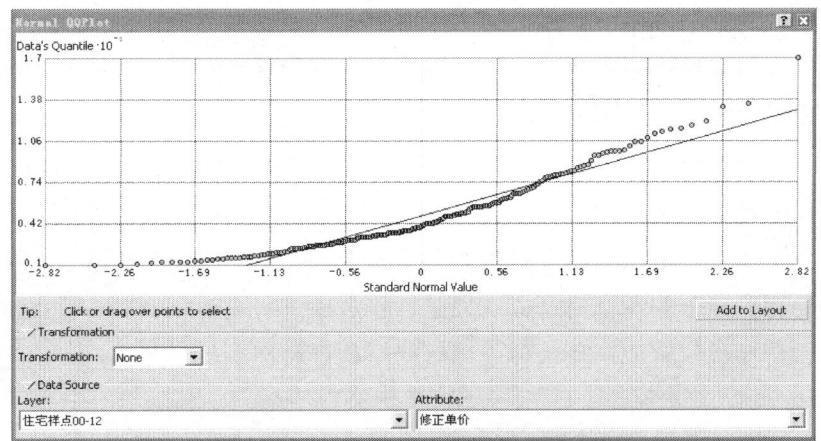

图 6-7　未经转换的 QQ-Plot 图

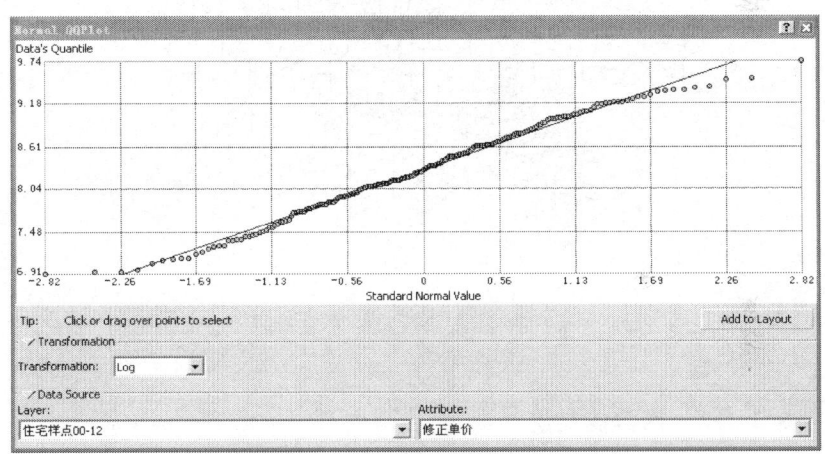

图 6-8　对数转换后的 QQ-Plot 图

6.3.1.2　识别数据中的全局趋势

一般一个表面主要由确定的全局趋势和随机的短程变异组成。全局趋势的存在会对样本数据局部变异分析产生负面影响。如果能够准确识别全局趋势，并将全局趋势剔除，则能够使局部变异分析过程尽量少被全局趋势影响。在 ArcGIS 中使用趋势分析工具识别地价样本数据中的全局趋势，主要是利用地价样本数据拟合出一个数学曲面来反映地价空间分布的变化情况。

在样本地价趋势分析图中可以看到，地价样本点都被投影到了与地图平面正交的平面上。通过投影点可以作出一条最佳拟合线，并用该拟合线来模拟特定方向上存在的趋势。如果这条线是平直的，则表明没有趋势存在。

下面为住宅用地样点地价趋势面分析图。从图6-9中可以看出住宅样点地价存在全局趋势。因此，在后面进行表面预测时，可以利用二阶曲线拟合来消除这种全局性的结构性特征。

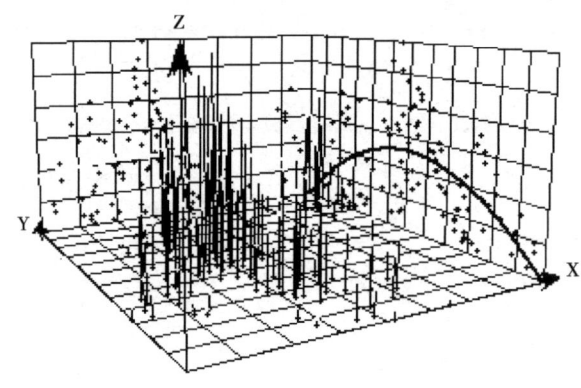

图6-9　样点地价趋势面分析图

6.3.1.3　离群值查找

离群值是统计异常值在ArcMap视图中的图形表达，是指相对于数据集中其他点的数值而言，其数值偏高或偏低的样点。离群值分为全局离群值和局部离群值。离群点的出现可能是客观存在的真实异常值，也可能是由于瞒价交易、数据输入错误等原因引起的异常。在生成表面之前需要进行离群值查找，确认离群值产生的原因，对于不属于客观存在的真实异常值，则需要改正或剔除它们，因为离群值的存在会影响半变异建模和邻域分析的取值。

离群值的查找可以通过三种方式实现：利用直方图查找离群值、

第6章 地价对南京城市用地结构配置的效应研究

半变异/协方差函数云识别离群值和用 Voronoi 图查找局部离群值。本研究所用的地价样点均来自南京市国土局在土地市场实际交易地价，而且对所有地价样点数据逐一进行人工核对、检验和修正，确定无离群值，因此不进行离群值的查找。

6.3.1.4 检验空间自相关及方向变异

空间自相关是空间插值的基本前提，只有数据空间相关，才有必要进行空间插值。半变异函数/协方差函数云图可以检测样本数据间的空间相关程度。在半变异函数/协方差函数云图中，横轴表示每对样本间的距离，纵轴表示半变异函数值（每一样点对间测量值之差的平方）。根据空间相关理论，两事物距离越近则越相似，即横轴值越小，纵轴值应该越小。

在计算地价样点的半变异/协方差函数时，如果样点很大，随着样点对之间距离的增加，样点对的数量也将迅速增加，因而须对样点进行参数设置，将样点按一定间距（步长）进行分组并确定组别和计算所有距离组内的理论平均半变异值。步长太大或太小都不行，步长太大可能使短程的自相关关系被掩盖；步长太小可能会产生空的步长组，导致样点数太少而不能代表步长组的平均值。合理步长分组的规则一般如下：当是规则取样时，步长大小可以用格网的间距来确定；当是不规则采样时，步长值和步长组数之乘积应小于采样点区域的坐标范围的一半[1]。

下面以住宅用地为例，说明操作的具体过程。

根据前面的分析得知，住宅样点地价原始数据不符合正态分析且存在全局趋势，需要进行对数转换，并剔除全局趋势。因此，在 Transformation 中要选择 Log，在 Order of trend removat 中选择 Second，利用二阶曲线拟合来消除这种全局性的结构性特征（见图 6-10 和图 6-11）。

---

[1] 陈思源，曲福田，曹大贵，等. ESDA 支持下的城市地价分布信息提取 [J]. 国土资源遥感，2006：47-50.

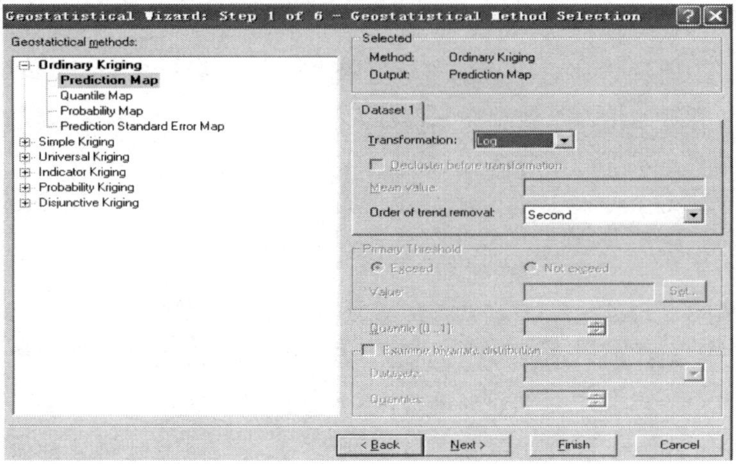

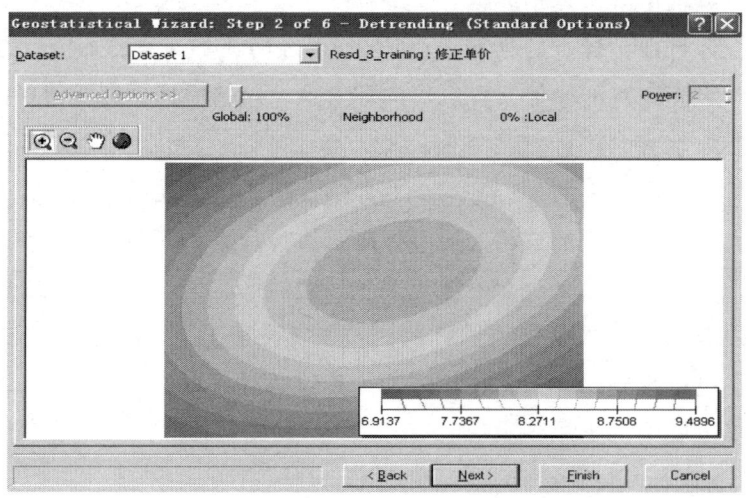

图 6-10　样点地价空间结构估计参数设置 1

图 6-11　样点地价空间结构估计参数设置 2

结合城市地价空间结构特点，在选择半方差函数理论模型时，选择球状模型较为合适，步长的大小取 3100 米左右较为理想。在对未知点进行估计时，本研究选择了长半轴（Major range）为 35287.2 米，短半轴（Minor range）为 16396.5 米，角度（Direction）为 344.8 度的椭圆包括的样本点对未知点进行估计。具体的参数设置如

第6章 地价对南京城市用地结构配置的效应研究

图6-12、图6-13所示。

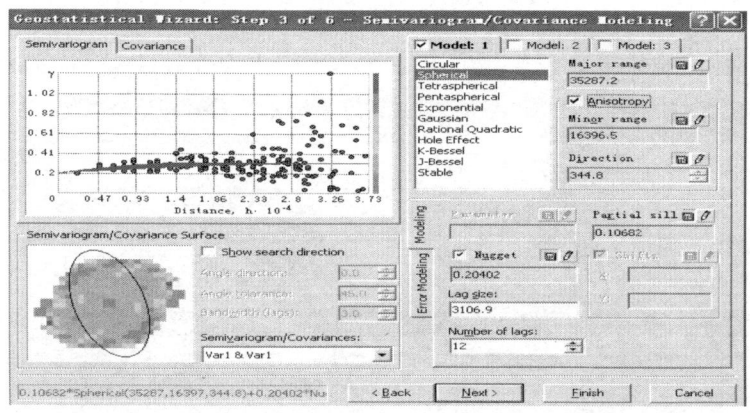

图6-12 样点地价空间结构估计参数设置3

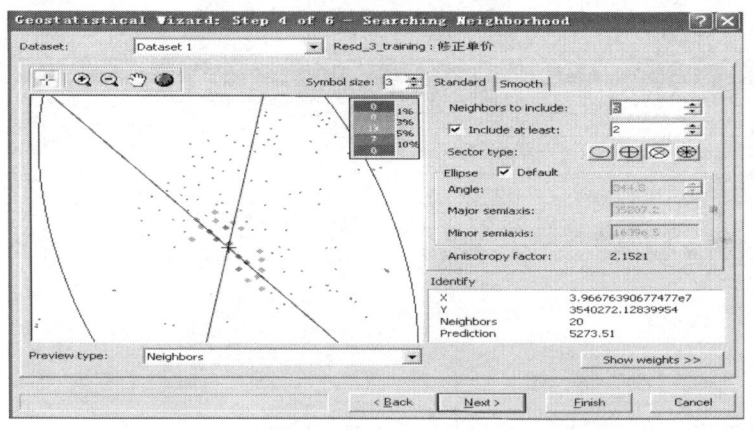

图6-13 样点地价空间结构估计参数设置4

通过交叉验证（Cross Validation）可以得到模型的预测误差。从其结果来看，平均值为17.67，均方根为2173，平均标准误差为2673，均方根和平均标准误差非常接近，标准化均值接近于0，仅为-0.04216，该模型估计被认为是一种无偏估计，应用地价样本数据，通过普通克里格方法建立的估计模型来表达地价空间变异性具有可行性，基本准确。由于与平均标准误差相比，均方根的值较小，而且均方根预测误差的值接近于1但小于1,为0.9994,表明对变异性的估计有点高估,但是高估非常小,估计值靠近它们的真实值。具体见图6-14、图6-15所示。

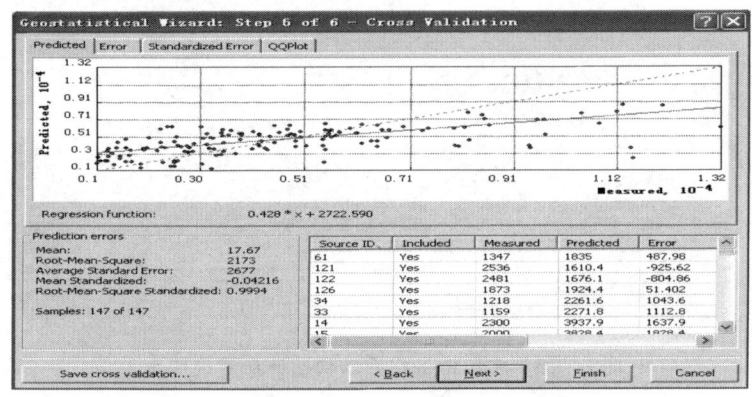

图6-14 样点地价空间结构估计参数设置5

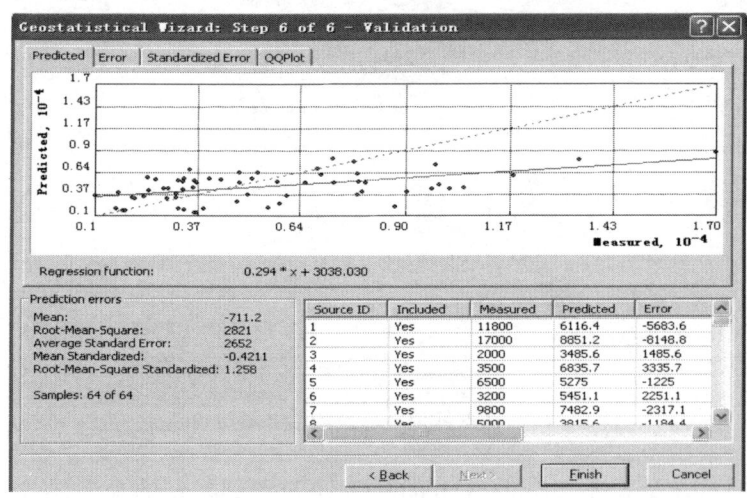

图6-15 样点地价空间结构估计参数设置6

6.3.2 地价空间结构分析

在上述的基础之上,通过建立数字地价模型和构建地价空间剖

第6章 地价对南京城市用地结构配置的效应研究

面,可以了解地价的空间结构特征,这为下一步分析做好铺垫。

数字地价模型(digital land price model, DLPM)由数字高程模型派生,是用一组有序数值阵列形式表示地价水平值的一种表面模型,能够反映地价特征信息。与此密切相关的另一个概念地价表面是指将大量的地价样点数据作为研究对象,经过空间插值后形成的连续地价分布曲面[1]。与用平白文或者表格来分析地价的空间分布相比,数字地价模型更直观地展示整个样本区域内地价的高低情况。在建立数字地价模型的过程中,要选择合适的空间内插方法创建地价表面。克里格内插方法是地统计学中普遍应用、效果颇佳的一种空间插值方法,其内插值、最佳局部均值与数据点上的值相一致[2]。样点地价服从正态分布和空间自相关性是利用克里格内插方法的重要前提。经过以上步骤可以发现,南京市地价样点数据经过对数转换后,呈现正态分布;地价样点存在二阶函数趋势,具有空间相关性,满足应用克里格内插方法的条件,因此本研究选择克里格方法进行内插,生成数字地价模型。

基于数字地价模型,利用 GIS 的空间分析功能,可以建立剖面图,并以此了解研究区域的地价空间结构和空间分布规律。地价剖面是反映地价空间局部特征的有效方式,建立地价剖面时需选择一个基点[3]。本书为了反映不同类型土地价格从城市中心到城市边缘区的空间演化趋势,设立了一个中心基点,并建立了各用地类型的地价剖面。中心基点设在南京市中心新街口区域(两条地铁线交叉处),这是南京市主城区商业最繁华、地价最高的中心区域。根据南京地价表面特征,以该中心基点为起点,穿越不同区域向6个方向作了6条剖面线,建立了6个具有代表性的地价剖面(见图6-16)。

---

[1] 胡石元,李德仁,刘耀林. 基于数字地价模型的地价监测点配置研究 [J]. 武汉大学学报(信息科学版),2007(9):838-841.

[2] 王宁,付梅臣,郑新奇. 数字地价模型的研究现状及展望 [J]. 安徽农业科学,2008(32):14333-14335.

[3] 郑新奇. 城市土地优化配置与集约利用评价:理论、方法、技术、实证 [M]. 北京:科学出版社,2004:237.

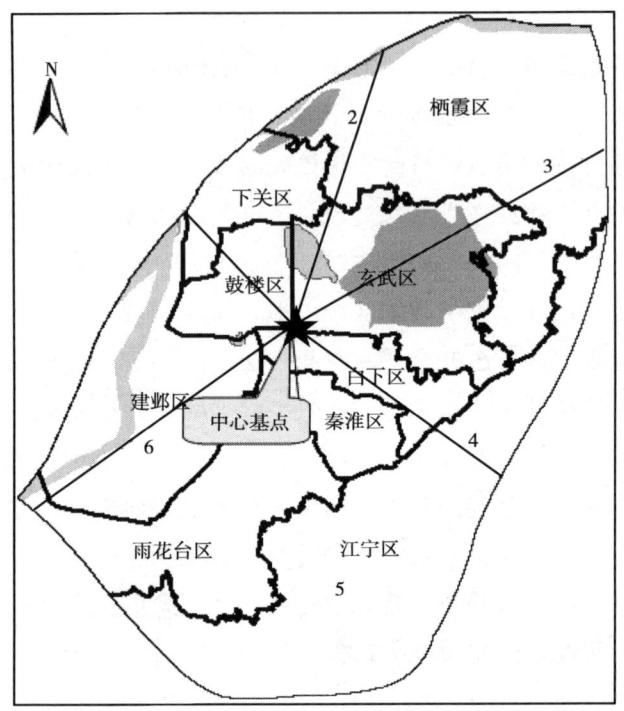

图 6-16 中心基点与地价剖面线位置

6.3.2.1 住宅地价空间结构特征

利用 Kriging 空间插值方法，建立的住宅数字地价模型见图 6-17。

在住宅数字地价模型的基础上，以城市中心为基点，建立住宅地价剖面图，如图 6-18 所示。

根据建立的住宅数字地价模型和 6 个方向的地价剖面图，可以发现：住宅地价的空间分布在研究区域内总体呈现不规则的圈层式结构形态，住宅地价水平由内向外逐渐降低，即城市中心地价水平高，而城市边缘区地价水平较低，这反映出住宅地价在空间变化上具有一定的连续性。在地价水平由城市内向外依次递减的同时，地价也在波动变化，离中心区较近的区域，地价波动较大；离中心区较远、在城市

第6章 地价对南京城市用地结构配置的效应研究

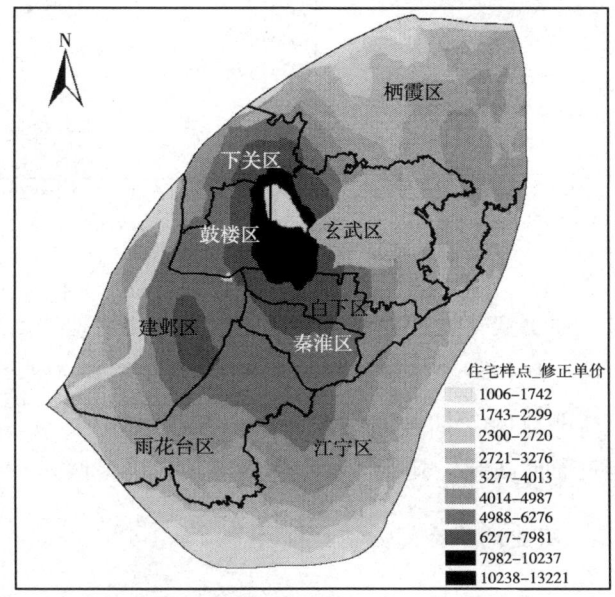

图6-17 南京市住宅数字地价模型图

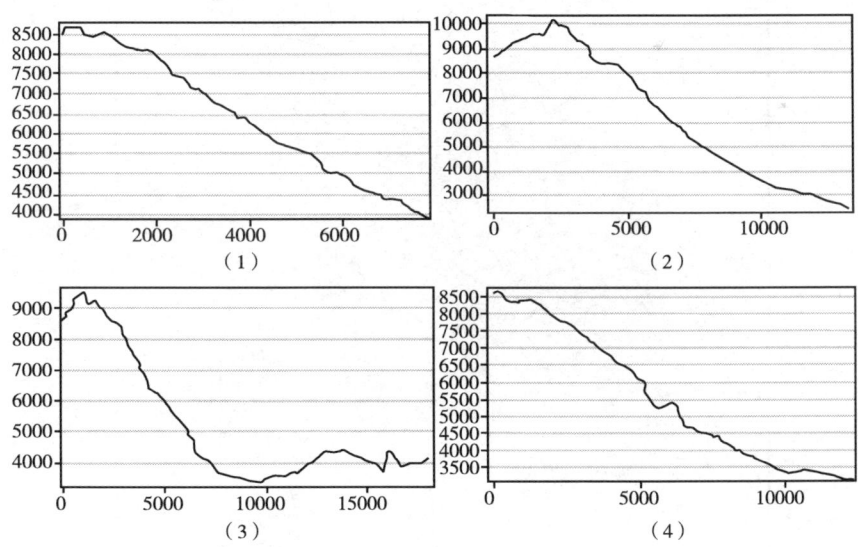

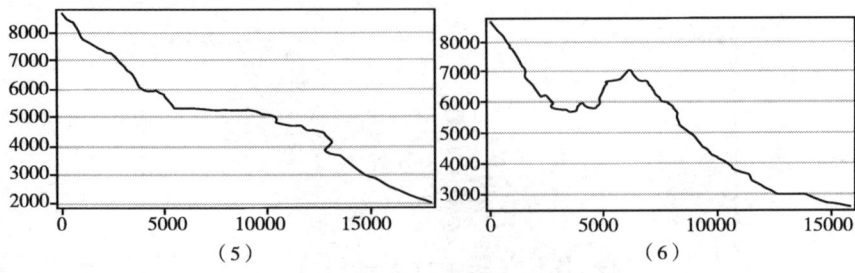

图 6-18 住宅地价剖面图

边缘的区域,地价变化比较平缓,这说明南京市住宅地价的分布具有一定的向心性。从住宅地价剖面图 6-18(3) 和图 6-18(6) 还可以看出,在局部地区(仙林大学城区域、河西奥体中心区域)出现了地价阶地表面的凸起,其地价水平明显高于周围地区。

6.3.2.2 商业地价空间结构特征

利用 Kriging 空间插值方法,建立的商业数字地价模型见图 6-19。

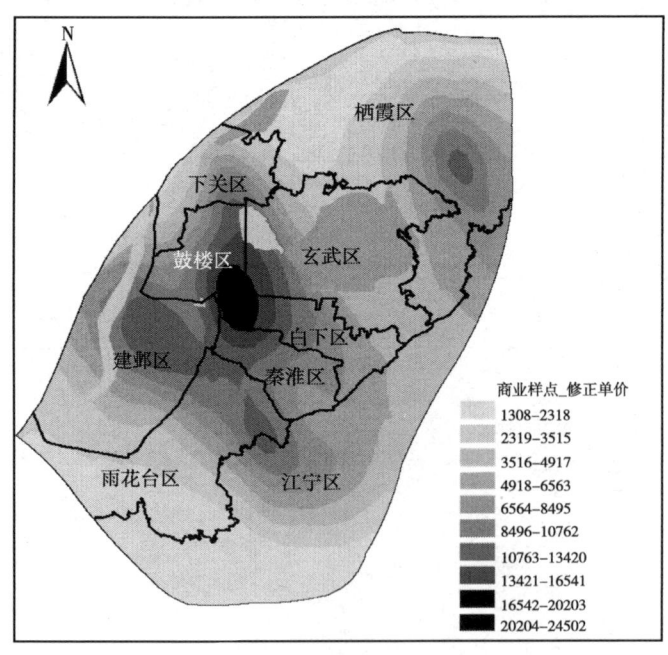

图 6-19 南京市商业数字地价模型图

第 6 章　地价对南京城市用地结构配置的效应研究

在商业数字地价模型的基础上，构建了 6 个方向的商业地价剖面图（见图 6-20）。

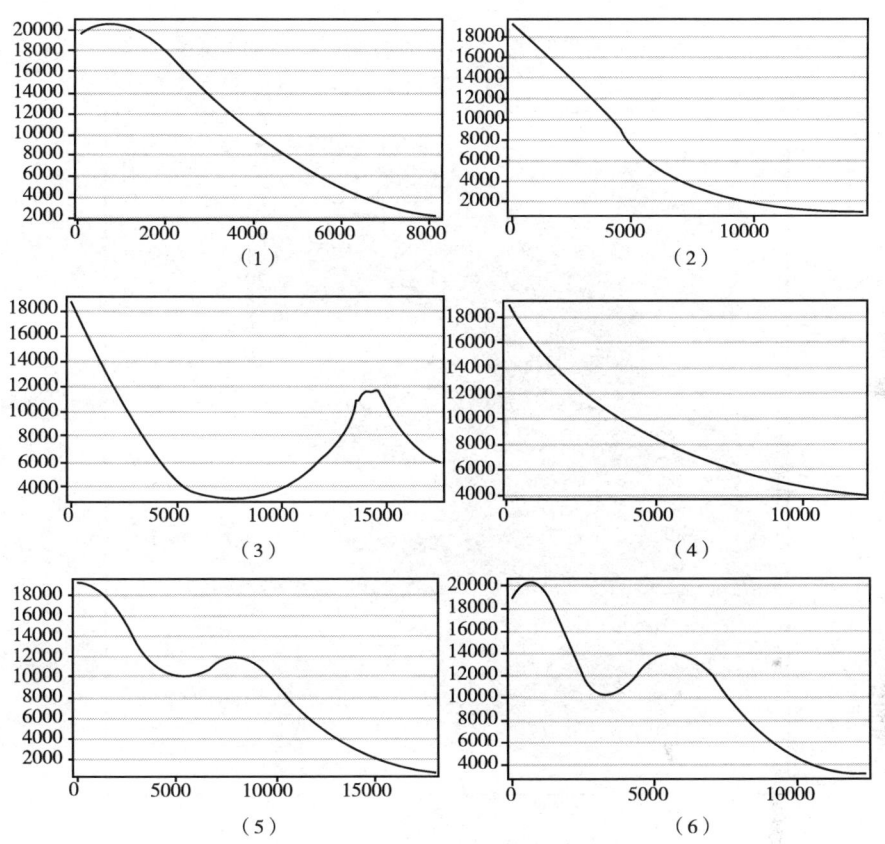

图 6-20　商业地价剖面图

根据建立的商业数字地价模型和 6 个方向的地价剖面图，可以发现：商业地价与住宅地价具有类似的空间分布特征，都表现为城市中心区域的地价水平高，城市边缘区域的地价水平较低。位于城市中心的新街口与夫子庙一带，其商业地价水平明显较高，然后由内向外，表现出逐渐降低的总趋势。轨道交通对商业地价水平影响明显，沿地铁一号线分布的区域其商业地价水平较高。另外，从商业地价剖面图 6-18（3）、图 6-18（5）和图 6-18（6）可以看出，河西奥体中心区域、仙林大学城区域、南京南站附近的商业地价水平比周边区域的地价水平较高。

6.3.2.3 工业地价空间结构特征

利用 Kriging 空间插值方法，建立的工业数字地价模型见图 6-21。

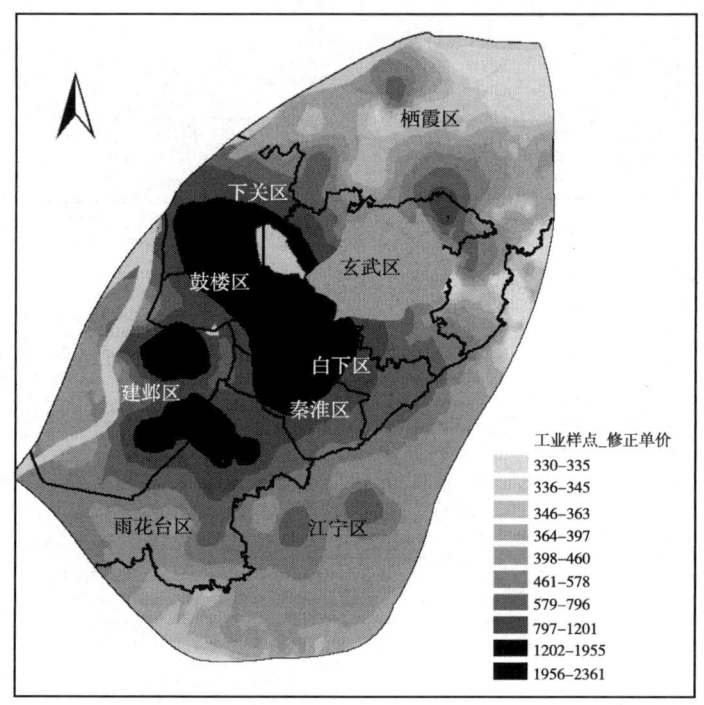

图 6-21 南京市工业数字地价模型图

在工业数字地价模型的基础上，构建了 6 个方向的工业地价剖面图（见图 6-22）。

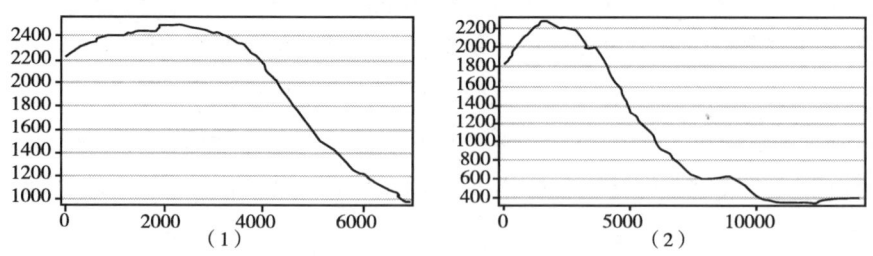

第 6 章 地价对南京城市用地结构配置的效应研究

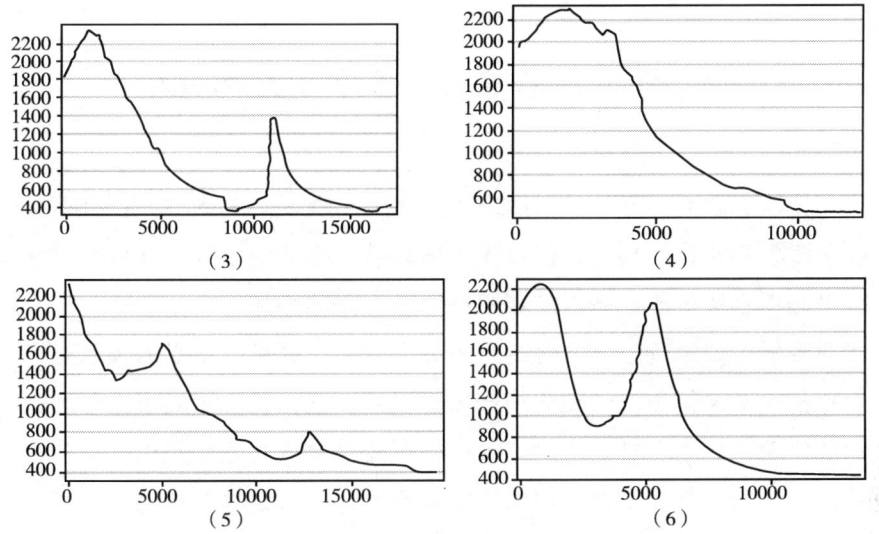

图 6-22 工业地价剖面图

根据建立的工业数字地价模型和 6 个方向的地价剖面图,可以发现:南京市工业用地价格空间结构表现为分等级、多中心布局模式,其中最大的一个中心区为鼓楼区、白下区、玄武区交界的区域,该中心区域的工业用地价格最高,主要原因是在中心区域出让的工业用地现在基本上都为科研用地,科研用地出让价格比普通工业用地高。建邺新城科技园区、栖霞区东北部的南京经济技术开发区、雨花台区的雨花软件园、江宁区的江宁科学园等为另外的几个工业次中心,其工业地价水平要低于城市中心的工业地价水平。

总体而言,各类地价在空间分布上都具有一定的连续性,地价水平空间变化的总趋势表现为从城市中心向边缘区域逐渐降低;地价波动幅度的变化趋势表现为从城市中心向边缘区域逐渐平缓,即市中心区域地价波动大,城市边缘区域地价波动小。从商业、住宅、工业的地价剖面图可以看到,商业地价空间变化曲线与 Y 轴的截距最大,工业地价曲线与 Y 轴的截距最小。这与西方经典的单中心城市地价空间变化曲线模型非常相符。

6.4　地价调节下的用地空间结构分析

从以上研究得知,虽然南京市近年来出现了一些次中心,有单中心向多中心转化的趋向,但总体上仍然是一个单中心城市,新街口区域仍是南京地价的高峰。随着距市中心距离的增加,南京市地价水平逐渐降低,即地价空间变化具有距离衰减性。距离市中心的远近是影响地价水平高低和空间变化的最主要因素,这也符合了城市地租理论和区位理论。为了进一步研究市中心距离对地价的衰减作用以及各类地价衰减变化情况下城市用地的空间配置,本书剔除距离以外的其他影响因素,通过线性回归,计算出商业、住宅和工业三种类型用地的价格与距离之间的量化关系,最后得到各用途土地的地价—距离函数关系(地价用 P 表示,距离用 d 表示)。

$P_{商业} = 9662.506 - 0.944d$ 　　($N = 154$, $R^2 = 0.612$, $F = 61.696$)
　　(58.161)　(-7.851)

$P_{住宅} = 6358.953 - 0.531d$ 　　($N = 211$, $R^2 = 0.289$, $F = 61.701$)
　　(18.184)　(-7.855)

$P_{工业} = 1408.112 - 0.081d$ 　　($N = 268$, $R^2 = 0.177$, $F = 44.839$)
　　(18.649)　(-6.696)

根据以上各类用途用地价格与距离的线性函数关系,可以画出如图 6-23 所示的曲线图。

图 6-23 中粗线部分为城市各类用地在竞争之后形成的均衡地租曲线。阿朗索的投标竞租理论认为,如果根据均衡地租曲线来选择用地区位,则城市土地资源配置效率能够达到最高。从南京市各类用途地价—距离曲线图可以看到,南京市各类型用途现实地价空间变化基本符合阿朗索空间结构均衡理论模式中的地价空间变化预期,即各类用途地价总体表现为随着距市中心距离的增加而逐渐衰减。而且,在

第6章 地价对南京城市用地结构配置的效应研究

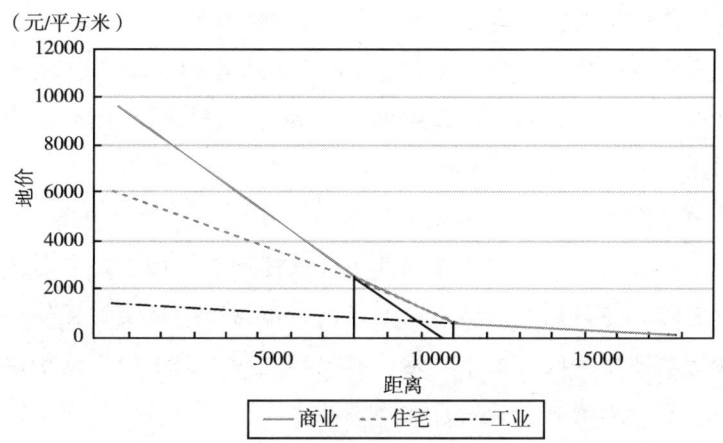

图6-23 不同类型地价—距离曲线

各类用途地价—距离函数曲线中,商业用地的截距最高、斜率最大,分别为9662.506元/平方米和0.944;其次为居住用地,其截距为6358.953元/平方米,斜率为0.531;最后为工业用地,其截距为1408.112元/平方米,斜率为0.081。

这表明,经过多年的城市土地有偿使用制度改革,南京地价对城市土地资源的空间结构布局已发挥出了重要作用。在地价的调节作用下,南京市现状的用地结构空间布局与阿朗索投标租金模式下的用地空间布局基本相一致,土地空间结构布局总体上呈现圈层结构形态:从城市中心至边缘区依次分布商业用地、居住用地和工业用地。商业活动获取收益能力最强,能够承受较高的地租地价,占据着城市区位最佳的中心位置;工业活动获取收益能力相对较弱,承受的地租地价水平较低,只能在城市边缘地带选址;而居住活动获取收益能力以及支付地租地价能力位于商业与工业这两种活动之间,因而占据着中间圈层。但是,从各类用途地价—距离曲线图也可以得知,商业用地投标租金函数曲线与住宅用地的投标租金函数曲线的相交于距市中心约8千米处,住宅用地投标租金函数曲线与工业用地的投标租金函数曲线相交于距市中心约11千米处,即商业用地区在半径为8千米的一

地价对城市土地资源配置的效应研究

个圈内，住宅用地区是内半径为 8 千米，外半径为 11 千米，宽度仅为 3 千米的一个环，工业用地位于 11 千米之外的区域。这反映出地价对城市用地空间布局的调节效果不太理想，导致城市用地功能分区不很明显，使各用途地价——距离曲线的交汇点非常靠近。

从南京市用地结构的历史变化来看，相对于传统计划经济时期，总体上南京市城市用地结构布局在地价杠杆调节作用下是向着优化的方向发展的。在计划经济体制时期，南京市城市用地实行无偿、无期限、无流动使用制度，城市土地没有价格。城市建设缺乏地价规律指导下的科学合理规划，政府片面强调城市作为工业基地的作用，导致工业、仓储等生产性用地比重居高不下，而生活居住、绿化等非生产性用地比重则一直较低，城市用地结构严重失衡；城市中心区集聚着大量的工业用地、军事用地以及大专院校用地，居住、工业、商业和行政用地高度混合，工厂"包围"住宅，住宅"包围"工厂，厂群杂处现象普遍。由于商业服务于生产，商业用地一般都是结合工业用地、职工宿舍区就近布置，导致商业用地空间布局比较分散、相对均值化[1][2]。结果，"土地被分配给利润最大化的使用方向"的资源高效配置机制被扭曲，造成城市用地功能分区不明确，空间结构混乱。

随着城市土地有偿使用制度的改革，地价开始发挥着经济杠杆作用。城市土地价格的形成，一方面有效地解决了土地管理者进行有效调控的价格信号问题，另一方面有效地解决了生产经营者用地成本与收益的激励问题[3]。政府在城市规划中开始考虑并注重地价的作用。如南京市政府在编制《南京市土地利用规划（1997—2000 年）》中明确提出：通过土地有偿使用来促使用地单位节约用地，运用价格等

---

[1] 刘贤腾，顾朝林. 解析城市用地空间结构：基于南京市的实证 [J]. 城市规划学刊，2008（5）：78 - 84.

[2] 王乾，徐旳，宋伟轩. 南京城市商业空间结构变迁研究 [J]. 现代城市研究，2012（6）：83 - 88.

[3] 钱文荣. 中国城市土地资源配置中的市场失灵、政府缺陷与用地规模过度扩张 [J]. 经济地理，2001，21（4）：456 - 460.

第6章 地价对南京城市用地结构配置的效应研究

经济杠杆来调节土地利用关系，约束土地利用行为，促进土地资产的流转，使土地在重新配置中得到最佳利用，要依靠经济手段保证规划实施。在《南京市土地利用总体规划（2006—2020年）》也强调：要显化土地价值，提升用地功能，带动城市郊区发展，切实发挥土地市场资源配置作用，建立统一的土地价格体系；充分运用价格等经济手段调节土地资源供需关系，促进土地利用结构与布局优化，以确保规划得到顺利实施。南京市政府依据地价规律进行城市规划科学决策，指导南京城市中心"退二进三"、旧城改造，工业、行政机关、教育科研等承受地租地价能力较弱的产业，逐渐通过土地置换向城市边缘区转移，能够承受较高地租地价的商业则向区位条件好的城市中心区集聚。南京市城市土地利用方式在"区位级差地租"法则下不断进行转变，城市用地结构也日趋优化。目前，南京市各类型用地在城市中的分布状况为：在由上海路、新模范马路、升州路和太平路围合的南京核心圈内，商业及服务网点密集布局，商业用地处于主导地位，居住用地次之，工业用地处于微不足道地位；在由明城墙围合的老城圈内，商业用地和居住用地都占据重要地位，工业用地有零星小块；在由长江和绕城公路围合的主城圈内，商业用地的地位下降最快，居住用地上升为主导地位，工业用地的地位渐增；在主城圈外，工业用地上升为主导地位，居住用地和商业用地则较少。

具体而言，各类型用地结构变化表现为：

（1）工业用地结构的变化情况。在地价杠杆作用下，城市土地经过多年的置换、"退二进三"，工业用地"离心式"发展，逐渐从老城区向外迁移，进入地价相对较低的主城圈外的开发区内发展。现在老城区的工业用地比例已经非常小，只有部分污染相对较轻的科技园（如鼓楼科技园、白下科技园、建邺新城科技园、秦淮科技园、玄武软件园）和一些大企业用地（如金城、南汽、熊猫等）还占据在城市中心。而占地多、污染重的工业企业，在级差地租的作用下已逐步向主城圈外转移。分布在栖霞、雨花台、江宁以及六合、浦口的工业用地现在已经占全市工业用地的77%左右,南部两县占全市的10%左右[①]。目前,南京基本形成了以长江为横轴,以宁高、宁连公路为纵轴的工业布局[②]。工业用地沿长江交通走廊分布形成沿江产业带,沿宁高、机场高速公路分布形成沿路产业带。但是,工业地价过于偏低也导致了工业用地的过度扩张,部分工业企业圈地行为泛滥,工业园区盲目扩大,数量偏多、布局分散,造成了土地资源的浪费。据测算,2008年南京市开发区土地集约利用强度潜力为4880.55公顷,其中提高综合容积率挖潜土地面积为869.83公顷,提高建筑密度挖潜土地面积为3281.71公顷,提高工业用地固定资产投入强度挖潜土地面积729.01公顷[③]。

(2)居住用地结构的变化情况。城市土地有价使用引致城市不同区位产生地租落差,进而导致了南京市居住分异现象的产生,表现为老城区及城东风景区的居住用地向高档次居住区发展,普通住宅开发的中心转移到新区。在老城区内,由于日益高涨的地价,居住用地在经过拆迁改造后利用强度加大,空间品质向高层化发展,居住用地大多以高档酒店式公寓的形式存在。具有完善的公共服务设施和配套设施的鼓楼区,集聚了大量高档酒店式公寓;莫愁湖、南湖附近、白鹭洲公园周边地区的高档居住用地集聚程度较高;玄武湖西南侧、鸡鸣寺附近、北京东路道路两侧、环紫金山周边地带以及月牙湖周边地区密集了大量高档别墅区。另外,城市中心高昂地价也迫使人们居住空间向城郊转移,城市居住重心由老城向河西新区、江宁区、仙林新市区等城市外围偏移和扩散,居住出现郊区化趋势。这些新区已经开始成片开发,形成了一个以安居工程为主,主要面向中低收入阶层居

---

① 何世茂. 南京工业产业发展与空间布局对策 [J]. 现代城市研究, 2009 (1): 58-66.

② 刘贤腾, 顾朝林. 解析城市用地空间结构: 基于南京市的实证 [J]. 城市规划学刊, 2008 (5): 78-84.

③ 陆效平, 宋玉波, 吴群. 江苏开发区土地集约利用研究 [M]. 南京: 江苏人民出版社, 2012: 171.

住地带,接纳诸如因旧城改造、市政工程建设而从市中心迁出的住户等。江宁的百家湖周边日益成为南京居住人口集聚次中心,是主城人口和功能扩散的重点地区;城南、城北以及栖霞区西部则密布了低收入阶层居住区。

(3) 商业用地结构的变化情况。土地有偿使用制度改革使地价重新成为影响南京城市商业空间结构的重要因素[①],商业因为能够承受较高的地租,在不同类型用地竞争中足以占据区位最优的地段。目前,南京市城市商业功能也由过去单纯的"服务生产"转向"服务生产"与消费功能并重,城市中心商务区得到了强化。新街口区域密集布局能承受较高地价的大型百货商店,是南京的市级商业中心,具有辐射南京都市圈以及更大区域范围的服务功能。新街口沿中山北路至鼓楼广场、山西路一带是南京的中央商务区,集聚着金融、保险、信息等高知识技术含量的现代服务产业。在新街口周围地区的夫子庙、湖南路区域也分布大量商业用地,为市级副商业中心。热河路、中央门、瑞金路、迈皋桥、安德门、孝陵卫等区域,则为地区级商业中心。另外,河西奥体中心地区也密布着大量商业用地,集聚了大型商业网点,逐渐成为南京市重要的商业中心。目前,南京市形成了"大集聚,小分散"的商业空间形态,即大型商业网点集聚成各级商业中心,小型商业网点沿道路、靠社区散布全城。

根据以上分析认为:总体上,南京市城市土地由无价到有价,城市规划与地价规律紧密结合,促进了城市用地结构布局优化。在"位置级差地租"法则约束下,城市土地经过不断调整置换,城市用地结构不断向高度集约、优化配置的方向迈进。城市用地结构基本体现出"高价高用""优地优用"的经济原则,产业用地区位与地租支付能力基本耦合,呈正相关的分布与排列组合状。南京市土

---

① 王乾,徐昀,宋伟轩. 市场化时期南京城市商业空间发展与展望 [J]. 特区经济,2011 (6): 44–45.

地现状空间布局基本体现了阿朗索竞租理论的要求，即商业活动获益能力强，从而占据着城市中心，工业活动获益能力较弱只能选址在城市的边缘区，居住活动获益能力居于这两种经济活动之间，其空间位置则占据着中间圈层。同时，在审慎的分析和考察南京市城市用地结构变化之后，发现还存在一些问题：工业用地"多地一价"、地价水平偏低，导致了工业用地在郊区盲目扩张；城市中心居住地价过高，迫使居住用地向郊区化发展；各用地类型比价不合理，地价体系略显混乱，结果由于地价信号失真，导致城市用地结构功能分区不太明显。

6.5 本章小结

本章首先分析了地价对城市用地结构布局配置效应的作用机理。区位对城市土地而言具有特殊的重要性。不同区位具有不同的聚集经济效应，追求利润最大化的企业和效用最大化的居民总会选择预期聚集经济显著的区位。在对区位进行竞争时，只有那些最能充分利用该区位聚集经济的企业和居民才能获得土地使用权，因为他们最能提高土地生产率，并能支付高额土地价格和地租。所以在地价、地租的引导下，土地流向不同的土地使用者手中，形成不同的城市土地利用类型。因此，在聚集经济和地租地价共同作用下，不仅形成了城市土地利用结构布局，也实现了城市土地资源的最佳配置。

在分析地价对城市用地结构配置效应作用机理的基础之上，利用地理信息系统 ArcGIS 软件建立了地价样点数据库，并分别建立了住宅、商业和工业用地的数字地价模型和地价剖面图，分析了各类型用地的地价空间分布特征，并根据各类用途地价与距离曲线分布图分析了地价对城市各类用途土地结构配置的效应。研究结果显示：南京市用地结构空间布局越来越接近西方城市用地空间结构均衡模式，土地

第 6 章　地价对南京城市用地结构配置的效应研究

空间结构布局总体上呈现从城市中心至边缘区依次分布商业用地、居住用地和工业用地的圈层结构形态。但是，由于历史的沉淀和改革的不完善，城市地价还存在一些问题，导致地价对城市用地空间布局的调节效果不太理想，城市用地功能分区不很明显，使各用途地价—距离曲线的交汇点非常靠近，即商业用地区在半径为 8 千米的一个圈内，住宅用地区是内半径为 8 千米，外半径为 11 千米，宽度仅为 3 千米的一个环，工业用地位于 11 千米之外的区域。

地价对城市土地
资源配置的
效应研究
Chapter 7

第7章 地价对南京城市用地
效益配置的效应研究

本章将开始第 3 个实证研究，即研究地价对城市用地效益配置的效应。由于地价对城市用地规模、用地结构配置结果最终统一和集中体现在城市用地效益方面，因此，本章其实是对前面两章地价的城市土地资源配置影响结果的一个综合评价。

本章在分析地价对城市用地效益配置效应的作用机理之后，首先构建城市用地效益评价指标体系，计算出城市用地综合效益；再利用灰色关联分析法，测算各用途地价与用地综合效益的关联度，定量考察南京市地价与用地效益的耦合关系，分析地价变化对用地效益的作用方向与作用程度。

7.1 地价对城市用地效益配置效应的作用机理

下面将理论分析地价对城市用地效益配置效应的作用机理。

7.1.1 用地效益是地价对土地配置结果的集中表现

地价通过反映土地供求关系变化，调节城市用地规模、用地结构和布局，并最终影响到用地效益。城市用地效益是城市用地数量、分布、使用的安排对整个城市范围内的经济、社会、环境的影响而产生的作用和结果[①]。城市用地效益其实质是地价对城市用地规模、用地结构及布局配置结果的统一和集中表现，是城市土地资源配置结果的综合评价。因此，从这种意义上分析，城市用地效益反映了土地资源优化配置的程度，可以作为地价对土地资源配置结果的度量指标。地价对城市用地规模、结构及布局配置越合理，用地效益水平则越高；否则，用地效益水平则越低。

---

① 刘坚，黄贤金，等. 城市土地利用效益空间分异研究 [J]. 江南大学学报（人文社会科学版），2005, 4 (6): 67-71.

第 7 章 地价对南京城市用地效益配置的效应研究

7.1.1.1 地价调节下的城市用地规模与用地效益关系

城市用地效益与用地规模密切相关，用地规模合理与否直接影响到用地效益水平的高低。就政府而言，政府利用地价经济杠杆可以调节或抑制土地的需求，通过内部挖潜减少城市用地向外扩张的数量，保证城市建设用地规模维持在一个合理范围内，从而使城市用地发挥最佳规模效益。就用地者而言，土地价格的水平往往是决定其土地利用量的关键因素。作为理性的"经济人"，用地者会把其用地面积大小与经济利益直接挂钩，精打细算，集约节约利用土地，尽量发挥每一寸土地的效益。面对其他竞争者的压力，用地者必须要遵守市场经济中"优胜劣汰"的生存法则，努力提高土地利用效率，以获得收益的最大化和成本的最小化。相反，不合理的地价调节下，城市用地"摊大饼"式无序扩张，存量用地闲置浪费或粗放利用，必然会导致城市用地效益的低下。

7.1.1.2 地价调节下的城市用地结构与用地效益关系

系统理论认为，结构决定功能，局部组织结构合理有利于整体功能的有效发挥。城市用地结构决定城市功能，城市用地结构布局合理，城市功能得以有效发挥；城市功能的有效发挥，能够促使城市用地取得最大效益。城市用地效益与用地结构之间存在一定的对应关系，合理的用地结构布局，能够促使用地效益实现最大化。

在市场经济条件下，合理地价作为城市的"天然规划师"，可以促使城市各产业用地结构和布局趋向合理化。在土地空间布局上，按照最高最佳使用原则，通过区位选择和用途转换，原来位于城市中心、土地利用效益低下的用地单位不断调整至区位较差、地价相对较低的城市边缘区位，而土地利用效益高的商业、金融、服务业等第三产业逐渐占据城市中心区，城市土地的区位效益得到显化。城市不同用地性质的转换体现城市土地利用由低效益向高效益发展，使城市中心区的黄金地段发挥与之相匹配的黄金效益。这样，整个城市宏观的土地利用经济效益可以得到全面提高。在土地数量结构上，城市用地结构合理，市政公用设施用地、绿地等面积比例协调，可以使城市社会、生态环境良好，从而有利于城市用地综合效益达到最高。相反，城市用地空间布局混乱、用地结构比例失衡，城市土地的区位价值无法得到体现，城市功能的发挥受到影响，导致城市用地效益低下。

总之，有什么样的用地数量、分布和使用方式，就会产生什么样的影响及用地效益。即：如果地价调节下的城市土地粗放利用、用地结构不合理和空间布局混乱，则结果会使城市土地的利用效益低下；相反，如果地价调节下的城市土地得到集约节约利用、城市用地结构优化、空间布局合理，则最终表现为城市土地的利用效益有所提高[1]。也就是说，当地价优化配置城市土地资源之后，可以构建合理的土地利用结构、适宜的土地结构空间布局，以等量的土地投入取得较高的产出，获得最佳土地利用经济、社会和生态三方面的综合效益。

7.1.2 地价与用地效益的耦合互动机理

在土地市场发育完善的城市中，由于土地资源的稀缺，地价水平总体上会呈现上升趋势，理性的用地者在土地价格呈刚性上涨而又无更多的土地可选择的情况下，必然会高效集约利用土地，从而促使用地效益不断提高。另外，城市用地效益提高，表明城市土地经济价值有所增加，作为土地经济价值表现和实现形式的地价水平也理所当然地随之上升。因此，理论上，地价与城市用地效益变化之间呈现一一对应和匹配均衡的关系。类似于生命科学中的DNA双螺旋结构，地价水平与用地效益交互攀升、均衡发展（见图7-1）。地价链上的

---

[1] 李国荣. 我国城市土地优化配置与地租调节机制 [J]. 学术月刊, 1992 (10): 34-38.

第7章 地价对南京城市用地效益配置的效应研究

"点位"地价对应相应的城市用地效益链"点位"效益，两者相应地连接构成"梯桥"（即"价益比"）。相互平行的"梯桥"趋向于一个常数，进而形成用地效益—地价适配指数体系，决定着攀缘而上的"双螺旋"最均衡、最稳定状态，即优化状态。反映在地价与用地效益关系上，则是地价水平与城市用地效益变化之间存在明显正相关性，地价水平越高，城市用地效益也越高。反映在城市土地资源配置上，则是"优地优用、地尽其用"，城市土地资源整体上实现优化配置。

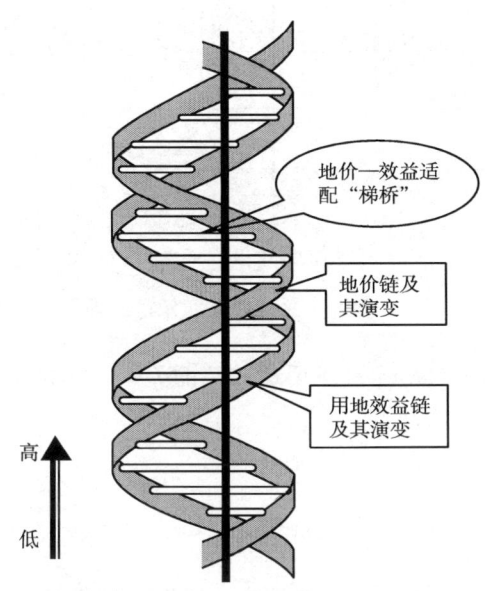

图7-1 地价与用地效益耦合关联关系

从上述地价与城市用地效益的"双螺旋"互动关系的理论分析得知，地价在对城市土地资源配置过程中调节城市用地效益，同时，城市用地效益也对地价具有影响作用。两者互为影响，存在正相关的耦合关系。

基于以上理论分析，可以将地价（P）、用地效益（R）、企业成本（C）和利润（π）之间的函数关系联立在一起，构成一个地价—

地价对城市土地资源配置的效应研究

用地效益四象限互动模型，用于分析地价对城市用地效益的调节机理，并揭示地价与用地效益之间的耦合互动关系。如图7-2所示，在这个四象限模型中，可以清晰地看到地价、用地效益与企业成本、利润之间的互动关系。

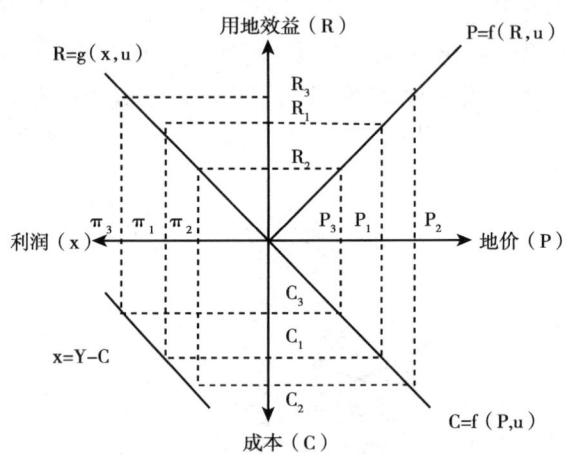

图7-2 地价—用地效益四象限互动模型

第Ⅰ象限表达的是地价与用地效益的关系。由以上论述可知，地价与用地效益之间存在互动关系，并有相似发展趋势。两者之间的这一关系可用简化的函数式表示为：

$$P = f(R, u) \qquad (7-1)$$

式中，P为地价，R为用地效益，U为其他变量。

第Ⅱ象限表达的是用地效益与利润的关系。以工业企业为例，用工业增加值来衡量工业企业的用地效益。工业增加值为固定资产折旧、劳动者工资、生产税净值和营业盈余之总和。当固定资产折旧和劳动者工资不变的情况下，如果企业的利润高，则生产税净值和营业盈余也高，相应地工业增加值也愈高，即用地效益也愈高。因此，用地效益与利润存在正相关关系，两者之间的关系可简化表述为下列函数式：

第7章 地价对南京城市用地效益配置的效应研究

$$R = g(\pi, u) \tag{7-2}$$

式中，R 为用地效益，π 为企业利润，U 为其他变量。

第Ⅲ象限表达的是企业利润与成本的关系。根据微观经济学，企业的经济利润是企业总收入减去经济成本后的余额[①]。因此，企业利润与成本之间存在负相关关系，用数学表达式可以表示为：

$$\pi = Y - C \tag{7-3}$$

式中，π 为企业利润，Y 为企业总收入，C 为企业总成本。

第Ⅳ象限中表达的是企业成本与地价的关系。除劳动力和资本之外，土地也是企业的重要生产要素之一，企业使用土地要支付地价，地价就构成了企业生产成本的重要组成部分。在劳动力和资本等其他要素投入成本不变的情况之下，土地价格越高，企业生产成本也越高，两者之间呈现正相关关系。将两者的相关关系用数学表达式可简化表示如下：

$$C = f(P, u) \tag{7-4}$$

式中，C 为企业总成本，P 为地价，U 为劳动力和资本等其他变量。

假设利润最大化是企业的生产目标，在地价的影响之下，企业的用地效益、区位选择和企业利润之间存在某种动态均衡。首先，在地价 P_1、用地效益 R_1 和企业成本 C_1，利润 π_1 处实现首次均衡。当地价由 P_1 上涨至 P_2 时，在其他要素投入成本不变的情况下，企业成本 C 由 C_1 上涨至 C_2。同时，在企业总收入保持不变的情况下，企业利润由 π_1 下降至 π_2。由于企业追求利润最大化，为了使企业利润不下降甚至提高，企业必须减少土地利用量，或者改变区位选择，迁至地价较低的区位，以降低用地成本，提高土地的利用效益，这样才有足够的能力支付土地成本即地价。因此，当企业利润 π 由 π_2 往 π_1 甚至 π_3

[①] 张连城. 经济学教程 [M]. 北京：经济日报出版社，2009：116.

方向移动时，企业用地效益也由 R_2 往 R_3 方向移动。企业提高用地效益之后，可以支付较高的土地成本。从而，企业的用地效益与地价实现新的均衡。如此循环往复，地价与用地效益形成互动关系。地价的波动变化影响企业生产成本，从而使企业行为发生改变，影响用地数量和用地结构布局，进而影响城市用地效益；同时，用地效益也反作用于土地价格。

7.2 研究方法与数据来源

7.2.1 研究方法

由上述分析内容得知，地价调节城市土地利用规模、用地结构布局，并最终影响到城市土地的利用效益。城市用地效益是地价对城市土地利用规模、用地结构布局配置结果的统一和最终表现，也是综合评判地价对城市土地配置目标实现程度的基本依据。地价水平及变化状况影响城市用地规模、用地结构布局，并进一步影响城市用地效益。地价的合理化是用地效益最大化的基础。合理地价能够促使城市土地集约节约利用、用地结构优化和空间布局合理化，从而提升城市土地利用效益；相反，扭曲地价导致城市土地粗放利用、用地结构不合理和空间布局混乱，结果导致城市土地资源低效利用，用地效益处于低水平状态。地价实质上是用地效益的量化，在一定程度上反映了用地效益水平[①]。另外，城市用地效益变化也影响到地价，使其作相应变化。城市用地效益提高，意味着城市土地的使用价值提高，因此反映土地使用价值的地价水平也会相应提高；城市用地效益降低，意味着城市土地的使用价值降低，地价水平也会降低。因此，正常情况

---

① 冯雪渔. 辩证地价观与地价评估研究 [D]. 南京：南京农业大学，2005.

第7章 地价对南京城市用地效益配置的效应研究

下,城市地价与用地效益之间应该是呈正相关关系,两者相互促进、相互制约,一定时期内的地价水平与土地利用效益水平之间存在一一对应和交互耦合关系。

"耦合"这一概念源于物理学,是指两个及两个以上系统通过相互作用、彼此影响而产生的共生互动现象[①]。耦合关系的研究方法逐渐延伸拓展至经济社科领域的研究中。城市用地效益和地价互为影响,两者之间存在耦合共生的密切关系,可将两者视为一个复合系统,城市用地效益与地价是复合系统的两个子系统。两个子系统的正向、协调发展,可以促进城市土地资源利用效益不断提升,让城市土地资源得到优化配置。通过研究城市用地效益与地价两个系统交互耦合的关系,也可以反映出地价对城市土地资源配置的优化程度以及地价水平的合理性。

基于此,本章首先从土地利用的经济效益、社会效益和生态效益三个方面出发,构建城市用地综合效益评价指标体系,测算城市用地综合效益;然后利用灰色关联分析法,测算南京市地价变化与用地效益的关联度,定量考察南京市地价与用地效益之间是否存在耦合对应关系,分析地价变化对用地效益的作用方向与作用程度,并借此评价城市地价的合理性。

7.2.1.1 用地效益评价方法

(1) 评价指标体系构建。为科学、准确地评价出土地利用效益,选取的评价指标应尽可能全面、客观,但又要避免指标体系过于庞杂,指标数量要少而精。同时,也要考虑指标数据是否可以获取和可以量化、各指标内涵是否相同进而可以相互比较。即城市土地利用效益指标选取应遵循全面性、精确性、可获得性和可比性等原则。

城市用地效益是城市土地资源优化配置的综合评价,它是利用城

---

① 黄金川,方创琳. 城市化与生态环境交互耦合机制与规律性分析 [J]. 地理研究,2003,22 (2):211-220.

市土地的经济效益、社会效益和生态效益的三者统一,因此评定土地利用效益应有全局观念①。根据土地利用效益的内涵以及指标选取原则,并借鉴相关研究建立的指标体系②③④,本研究从土地利用经济效益、社会效益和生态效益三个方面出发,构建既反映质量水平,又反映数量水平的城市用地综合效益评价指标体系(见表7-1),以此来进行城市用地效益大小的评价。

表7-1　　　　　　　城市用地综合效益评价指标体系

评价因素	评价因子	指标测算公式	单位
经济效益	地均二三产业增加值	二三产业增加值/建成区面积	万元/km²
	地均财政收入	财政收入总额/建成区面积	万元/km²
	地均社会消费品零售额	社会消费品零售额/建成区面积	万元/km²
社会效益	地均二三产业就业人员	二三产业就业人员/建成区面积	人/km²
	地均人口负荷	城市人口/建成区面积	人/km²
	人均可支配收入	可支配收入总额/城市人口	元/人
生态效益	建成区绿化覆盖率	绿化面积/建成区面积	%
	人均绿地面积	绿地面积/城市人口	m²/人
	固体废物综合利用率	处置固体废物量/建成区面积	%

本研究所选取的土地利用经济效益评价因子,主要包括地均二三产业增加值、地均财政收入和地均社会消费品零售额。这三个评价因子都属于正向指标,其指标值越大,说明单位土地面积的产出越多,贡献越大,土地利用经济效益也就越高。对于土地利用社会效益,选择地均二三产业就业人员、地均人口负荷和人均可支配收入三个评价

---

① 刘彦随,蒋建军,李九全.论城市土地优化配置的原则及标准[J].南京师大学报(自然科学版),1996(3):75-79.

② 罗罡辉,吴次芳.城市用地效益的比较研究[J].经济地理,2003,23(3):367-371.

③ 刘坚,黄贤金,翟文侠,等.城市土地利用效益空间分异研究[J].江南大学学报(人文社会科学版),2005,4(6):67-71.

④ 吴斌,郭杰,欧名豪.江苏省建设用地利用效益区域差异及分区管制[J].中国土地科学,2013,27(12):25-31.

第7章 地价对南京城市用地效益配置的效应研究

因子。这些因子也都属于正向指标,其指标值越大,说明土地利用社会效益越高。对于土地利用生态效益,选择建成区绿化覆盖率、人均绿地面积和固体废物综合利用率三个评价因子。建成区绿地覆盖率体现城市绿化水平,人均绿地面积体现城市生态环境质量,固体废物综合利用率体现城市土地利用环境保护程度,它们的指标值越高,则表明土地利用生态效益越高。

(2)评价指标权重确立。熵值法是一种客观赋权方法,在确定权重时能够减少主观赋权带来的主观性,更具客观性和科学性。近年来,熵值法被广泛应用于城市系统多指标的综合测评[1]。熵值法通过计算指标可以得到信息熵,信息熵是系统有序程度的度量,可以反映各指标的差异程度,进而衡量指标对系统的影响。某项指标的熵值越小,有序度越高,对系统评价的重要性越大。本书选择熵值法计算出熵值来给土地利用效益评价指标体系中各项指标的权重赋值。

由于在评价土地利用效益时,经常存在一些极端值。指标值差异较大将导致比重测度结果离散程度大。为了避免因指标值出现极端或负值而导致测度结果产生偏差的情况发生,可以应用改进的熵值法,对指标数据用标准法进行变换[2]。该方法比传统方法更加有效、可靠[3]。

假如有 n 项评价指标,每个指标下有 m 个待评方案,则原始指标数据矩阵可表示为 $X = (x_{ij})_{m \times n}$。对于某项指标的指标值 x_{ij} 权重,其具体测算步骤如下:

第一,标准化变换。利用公式(7-5):

---

[1] 张卫民,安景文,韩朝. 熵值法在城市可持续发展评价问题中的应用 [J]. 数量经济技术经济研究, 2003 (6): 115-118.

[2] 郭显光. 改进的熵值法及其在经济效益评价中的应用 [J]. 系统工程理论与实践, 1998 (12): 98-102.

[3] 荀文会,刘友兆,王雨晴. 基于熵权物元可拓模型的耕地可持续利用研究 [J]. 农业现代化研究, 2006, 27 (5): 372-376.

$$X'_{ij} = (X_{ij} - \overline{x}_j)/S_j \quad i = 1,2,\cdots,m; j = 1,2,\cdots,n \quad (7-5)$$

式中：X'_{ij}——X_{ij}标准化后的值；

X_{ij}——第 i 项评价指标第 j 个方案的指标值；

$\overline{x}_j$——第 j 项指标的平均值；

S_j——第 j 项指标的标准差。

X'_{ij} 一般位于 $-5 \sim 5$ 之间。为了消除负值，令 $z_{ij} = 5 + X'_{ij}$

第二，计算各项指标值比重 P_{ij}。

$$P_{ij} = z_{ij} / \sum_{i=1}^{m} z_{ij} \quad i = 1,2,\cdots,m; \quad j = 1,2,\cdots,n \quad (7-6)$$

第三，计算各项评价指标的熵值 e_j。

$$e_j = -k \sum_{i=1}^{m} p_{ij} \ln p_{ij} \quad i = 1,2,\cdots,m; \quad j = 1,2,\cdots,n \quad (7-7)$$

其中，$k > 0$，$e_j \geq 0$，ln 为自然对数。

如果 z_{ij} 对于给定的 j 都相等：$P_{ij} = 1/m$，e_j 取极大值：$e_j = k \ln m$。

通常令 $K = 1/\ln m$，则各指标熵值转化为：$e_j = -1/\ln m \sum_{i=1}^{m} p_{ij} \ln p_{ij}$，且 $0 \leq e_j \leq 1$。

第四，计算第 j 项指标的差异系数 g_j。

$$g_j = 1 - e_j \quad j = 1,2,\cdots,n \quad (7-8)$$

z_j 的差异性越小则 e_j 越大，z_j 全部相等则 $e_j = e_{max} = 1$，指标 z_j 对于方案比较无作用；各方案的指标值差异较大，则 e_j 越小、g_j 越小、g_j 越大，指标越重要。

第五，计算各项评价指标权重 w_j。

$$w_j = g_j / \sum_{j=1}^{n} g_j \quad j = 1,2,\cdots,n \quad (7-9)$$

（3）土地利用综合效益评价。在上述各项评价指标权重确定的基础之上，计算出土地利用综合效益。计算公式如下：

第7章 地价对南京城市用地效益配置的效应研究

$$Y = \sum_{j=1}^{n} w_j p_j \quad j = 1,2,\cdots,n \qquad (7-10)$$

7.2.1.2 灰色关联分析模型

(1) 灰色关联分析的原理。灰色关联分析是一种多因素统计方法,通过利用系统中各个因素历年的有关统计数据,比较分析各因素的发展态势和因素之间的各种关系,为人们进行系统预测、决策、控制提供有用信息和比较可靠的依据[1]。灰色关联分析方法计算出来的灰色关联度可以反映出各因素之间关系的强弱和次序。该方法定量考虑多个因子的作用,避免了人为评判的主观性[2]。

由于土地利用效益与土地价格的关联性和复杂性,采用灰色关联分析方法是对城市土地利用效益与土地价格之间关系进行刻画的一种较好的方法。

(2) 灰色关联的分析过程。第一,无量纲化处理。选取的各个指标代表不同含义,具有量纲上的差异,因此需要对选取的指标数据进行无量纲化处理,使所有指标数据的测度量级相同。本书对原始数据采用初值化处理方法,先求出每一列的平均数,再用该列中的每个数据与平均数相除,从而得到无量纲的新数列。

第二,确定分析序列。在应用灰色关联分析进行分析之前,首先要确定参考序列组 (x_0) 和比较序列组 (y_j)。

第三,求绝对差序列 $\Delta(k)$。

计算序列组 (y_j) 与序列组 (x_0) 数列差的绝对值,然后利用绝对差序列分别求出两级最小绝对差和两级最大绝对差。

$|x_0(k) - y_j(k)| = \Delta(k)$ 为在 k 点序列组 (y_j) 和序列组 (x_0) 的绝对差:

---

[1] 邓聚龙. 灰色系统基本方法 [M]. 武汉:华中理工大学出版社,1987:17-42.
[2] 陈荣蓉,宋光煜,信桂新. 土地利用结构熵特征与社会经济发展关联分析 [J]. 西南大学学报(自然科学版),2008 (7):138-144.

$(j = 1, 2, \cdots, n; k = 1, 2, \cdots, m)$

$\min\limits_{j}\min\limits_{k} |x_0(k) - y_j(k)| = \Delta(k)_{\min}$ 为最小绝对差

$\max\limits_{j}\max\limits_{k} |x_0(k) - y_j(k)| = \Delta(k)_{\max}$ 为最大绝对差

第四，求关联系数 $\xi_{0j}(k)$。

计算序列组（y_j）对参考序列组（x_0）在不同时刻的关联系数 $\xi_{0j}(k)$。

计算公式为：

$$\xi_{0j}(k) = \frac{\min\limits_{j}\min\limits_{k}\Delta(k) + \rho \max\limits_{j}\max\limits_{k}\Delta(k)}{\Delta(k) + \rho \max\limits_{j}\max\limits_{k}\Delta(k)} \qquad (7-11)$$

式中，ρ 为分辨系数，其值越小，分辨力越大，取值区间为 $\rho \in [0, 1]$。

一般情况下，ρ 的取值为 0.5。

第五，计算关联度 r_{0j}。

参考序列和比较序列的关联度为序列在各时刻关联系数的均值，计算公式为：

$$r_{0j} = \frac{1}{N}\sum_{k=1}^{N}\xi_{0j}(k) \qquad (7-12)$$

7.2.2 数据来源与统计描述

本书在评价南京市 2000~2011 年土地利用效益过程中，建成区面积、二三产业增加值、地方财政收入、社会消费品零售额、二三产业就业人员、城市人口、绿地面积、绿化覆盖率等数据主要来源于《中国城市统计年鉴》，人均可支配收入和固体废物综合利用率数据来源于《南京统计年鉴》，土地价格数据来源于中国城市地价动态监测网。数据具备真实性和权威性。表7-2是本研究计算城市用地效益所需要原始数据的描述统计。

第7章 地价对南京城市用地效益配置的效应研究

表7-2　　　　　　　原始数据描述统计

指　　标	最小值	最大值	均值	标准差
地均二三产业增加值（万元/km^2）	26276.10	85205.61	49151.25	17259.69
地均地方财政收入（万元/km^2）	2916.88	9293.52	5160.338	2017.04
地均社会消费品零售额（万元/km^2）	11106.84	39427.09	21812.09	9000.17
人均可支配收入（元/人）	8233.00	32200.00	17502.23	8319.46
地均二三产业就业人员（人/km^2）	0.16	0.45	0.221667	0.10
地均人口负荷（人/km^2）	0.87	1.75	1.07	0.27
人均绿地面积（m^2/人）	36.57	148.43	128.83	31.83
建成区绿化覆盖率（%）	41.00	46.13	44.17	1.48
固体废物综合利用率（%）	78.95	92.40	85.79	4.95

7.3　研究结果

7.3.1　用地效益评价结果

利用公式（7-5）~公式（7-10）计算出南京市土地利用经济效益、社会效益、生态效益和综合效益的数值（见表7-3）。

表7-3　　　近年来南京市城市用地效益计算结果

年份	经济效益	社会效益	生态效益	综合效益
2000	0.2566	0.2240	0.2351	0.7157
2001	0.3071	0.4449	0.3910	1.1430
2002	0.1864	0.3494	0.3267	0.8625
2003	0.2009	0.2720	0.3317	0.8047
2004	0.2257	0.2648	0.3475	0.8379
2005	0.2795	0.2820	0.3428	0.9043
2006	0.2887	0.2838	0.3481	0.9206
2007	0.3539	0.3033	0.3526	1.0099

续表

年份	经济效益	社会效益	生态效益	综合效益
2008	0.4021	0.3239	0.3543	1.0803
2009	0.4478	0.3439	0.3483	1.1401
2010	0.5137	0.3645	0.3453	1.2234
2011	0.6029	0.3919	0.3426	1.3374

结果表明，2000~2011年南京市土地利用综合效益在经济、社会、生态效益变化的基础上呈现出一定的波动性，但总体保持增长态势。2001年土地利用综合效益值最低为0.7157，2011年综合效益值最高为1.3374。其中，经济效益表现为波动上升趋势，在2011年达最高值0.6029；社会效益波动幅度较大，2000年为最低值0.2240，2001年达最高值为0.4449，随后又波动上升，至2011年其值为0.3919；生态效益波动幅度较小，基本稳定上升。

7.3.2 地价与用地综合效益关联度

由于收集到的地价水平值为原始值，在这里需要对原始数据进行标准化处理。先求出各用途用地2000~2011年的地价平均数，再用各用途每年地价与平均数相除，从而得到无量纲的新数列（见表7-4）。

表7-4　　　　　　地价的标准化处理结果

年度	综合地价	商服地价	住宅地价	工业地价
2000	0.70	0.64	0.61	0.89
2001	0.81	0.78	0.77	0.92
2002	0.87	0.84	0.84	0.97
2003	0.91	0.90	0.86	0.99
2004	0.96	0.96	0.96	0.99
2005	0.99	1.00	0.99	0.99
2006	1.03	1.05	1.05	1.00
2007	1.11	1.10	1.17	1.05

第 7 章 地价对南京城市用地效益配置的效应研究

续表

年度	综合地价	商服地价	住宅地价	工业地价
2008	1.03	1.06	1.05	1.04
2009	1.14	1.13	1.17	1.04
2010	1.21	1.23	1.25	1.05
2011	1.24	1.31	1.27	1.07

在进行土地利用效益评价过程中，已经对土地利用效益各评价指标原始值进行了标准化处理，所以这里无须再进行重复处理。

运用灰色关联分析法，将 2000~2011 年南京城市土地利用综合效益值作为参考序列，以影响土地利用综合效益的各用途土地价格（商服地价、住宅地价和工业地价）以及综合地价作为比较序列。利用公式（7-11）进行计算，得出南京市 2000~2011 年土地利用综合效益与综合地价、商服地价、住宅地价和工业地价的关联系数值[①]（见表 7-5）。

表 7-5　土地利用综合效益与各用途地价的关联系数

年份	综合地价	商服地价	住宅地价	工业地价
2000	0.9272	0.7385	0.6623	0.5308
2001	0.3685	0.3445	0.3418	0.4674
2002	0.9666	0.9085	0.9236	0.6504
2003	0.6555	0.6714	0.7779	0.5190
2004	0.6100	0.6179	0.6205	0.5589
2005	0.7036	0.6756	0.6933	0.6945
2006	0.6347	0.6127	0.6124	0.7106
2007	0.6760	0.6778	0.5467	0.8535
2008	0.8016	0.9093	0.8664	0.8242
2009	1.0003	0.9652	0.8699	0.6732
2010	0.9566	0.9942	0.8994	0.5316
2011	0.6736	0.9075	0.7497	0.4202

① 本书在进行关联系数测算过程中，分辨系数 ρ 取值为 0.5。

在上述测算的基础之上，再利用公式（7-12）得出南京市 2000~2011 年土地利用效益与各用途地价的关联度，并对各关联度进行排序（见表 7-6）。

表 7-6 土地利用综合效益与各用途地价的关联度

项目	综合地价	商服地价	住宅地价	工业地价
关联度	0.7478	0.7519	0.7137	0.6195
关联序	R（2）	R（1）	R（3）	R（4）

从上述关联度测算结果可以得知：

（1）总体来看，南京市地价与用地效益具有正相关性。南京市综合地价变化与土地利用综合效益变化之间存在明显的正相关性，灰色关联度 r 为 0.7478。图 7-3 显示，除 2001 年、2008 年这少数几年出现增减方向不一致外，其余年份均表现出波动变化同向性。即地价的波动变化会直接影响城市土地利用效益，使城市土地利用效益的变化方向与地价的变化方向相同。

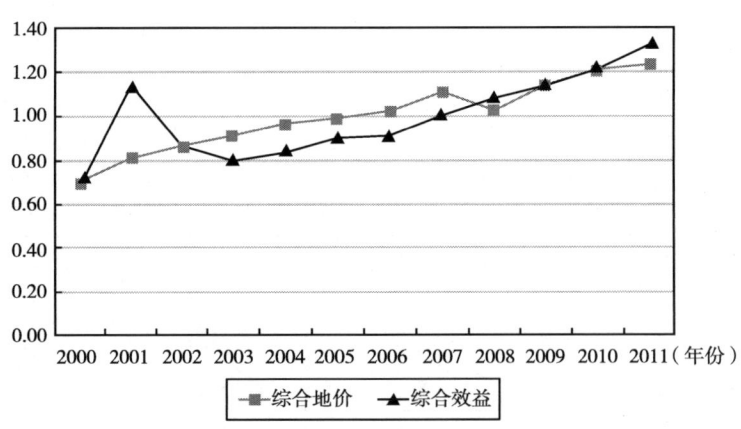

图 7-3 综合地价与土地利用综合效益变化

（2）从不同用途地价与土地利用综合效益的关联度来看，$r_{商服地价} > r_{住宅地价} > r_{工业地价}$。最强关联的是商服地价，其关联度为 0.7519。商服地价与土地利用综合效益的变化之间基本保持了较好的一致性。较强

第7章 地价对南京城市用地效益配置的效应研究

关联的是住宅地价，关联度为 0.7137。住宅地价与土地利用综合效益的关联系数呈现出明显的波动性。工业地价与土地利用综合效益的关联度最小，其值只有 0.6195。

7.4 对研究结果的简要分析

上述研究结果显示，南京市城市用地效益总体保持增长态势，在逐渐地提高，这表明地价对南京市城市土地资源配置效应是向改进方向演化的。也就是说，地价发挥了优化配置土地资源、提升土地资源配置效益的作用。同时，研究结果也显示，不同用途地价与用地效益的关联度不同。其主要原因在于城市地价存在一定程度的扭曲。比如，住宅地价出现了一定泡沫，波动较大，结果使住宅地价与用地效益的关联系数波动较大；而工业地价则在市场竞争不充分的情况下被低估了，特别在经济快速增长、用地效益显著提高时期，出现以优惠地价吸引投资的行为，致使工业用地的价格并没有相应地上升，结果使工业地价与土地利用效益的关联度最低。

由此，本研究认为利用地价调节并反映城市用地效益是可行的，但是南京市地价与用地效益的耦合运行还没有走上良性循环的轨道。要提高城市用地效益，必须使地价变化准确反映市场供求和体现土地资源的稀缺程度，使地价水平及其波动趋向合理。

7.5 本章小结

本章首先分析了地价对城市用地效益配置效应的作用机理。城市用地效益是地价对城市用地规模、用地结构及布局配置结果的统一和集中表现，是城市土地资源配置结果的综合评价。地价对城市用地规模、结构及布局配置越合理，用地效益水平则越高；否则，用地效益水平则越低。理论上，地价与城市用地效益变化之间应该呈现一一对应和匹配均衡的关系。地价在对城市土地资源配置过程中调节城市用地效益，同时，城市用地效益也对地价具有影响作用。两者互为影响，存在正相关的耦合关系。

在分析地价对城市用地效益配置效应的作用机理之后，从土地利用经济效益、社会效益和生态效益三个方面构建了城市用地综合效益评价指标体系，计算出了城市用地综合效益；并利用灰色关联分析法，测算了各用途地价与用地综合效益的关联度。研究结果显示：地价在优化城市土地资源配置、提高城市用地效益方面发挥了其经济杠杆作用，南京市地价与用地效益具有正相关性。但是，南京市地价与用地综合效益的耦合运行还没有走上良性循环的轨道，不同用途地价与用地效益的关联度不同。商服地价与土地利用综合效益的关联度最高，关联度为 0.7519，商服地价与土地利用综合效益的变化之间基本保持了较好的一致性；住宅地价与土地利用综合效益的关联度为 0.7137，住宅地价与土地利用综合效益的关联系数呈现出明显的波动性；工业地价与土地利用效益的关联度最低，其值只有 0.6195。

地价对城市土地
资源配置的
效应研究
Chapter 8

第8章 对地价及其土地资源
配置效应的理性反思

前面几个章节从城市用地规模、用地结构和用地效益三个方面理论分析和实证研究了地价对城市土地资源配置的效应，表明了地价如何对城市土地资源配置产生影响以及产生了什么样的影响。但是，为什么地价对城市土地资源配置会产生正的或负的等多种不同方向、不同状态的影响呢？为什么地价对城市土地资源配置的现实结果与传统理论中的理想结果不一致呢？事实上，南京市的实证结果只是地价对城市土地资源配置效应的一个缩影。以此为引子，由点到面，正确理解和把握导致地价对城市土地资源配置效应呈现多种可能性的因素，有助于南京市及其他地区的相关部门有的放矢，采取相应措施，改变不利因素并引导地价促使城市土地资源配置朝积极的方向发展，从而实现地价优化配置土地资源、提高城市土地资源配置效率的最终目标。

鉴于此，本章首先总结前面的研究结果，然后反思地价配置城市土地资源结果及其存在的问题，即探究影响地价及其土地资源配置效应的内外因素。分析要达到预期的资源配置效应，地价本身应该作如何变化。把握地价自身变化特征，可能为地价影响下的资源配置变化提供一下早期的预警。同时，深入剖析导致地价呈不同状态及其对城市土地资源配置产生不同效应的市场条件和政府干预等外在因素。这样，不仅可以发现地价没有实现优化配置土地资源配置目标和效果的原因，而且可以为后文进一步建立相应的制度体系提供行文上的逻辑支撑。

8.1 地价的城市土地资源配置效应总结

前面的实证研究结果表明，随着地价制度改革的不断深化和土地市场的不断发育完善，地价已成为城市土地资源配置的重要经济杠杆，在优化配置城市土地资源方面发挥了重要作用，如缓解城市用地规模无序和过度扩张趋势，促使城市用地"高价高用"和"优地优用",优化城市用地结构布局,提高城市用地效益。但是,地价对南京城市土地资源配置的影响效果还不是很理想,土地资源配置的现实结果与传统理论中应该达到的理想结果不太一致,与土地资源配置目标之间还存在较大差距,主要表现有:城市用地规模存在过度扩张现象,城市用地结构布局不太理想,以及城市用地效益与地价的耦合运行有待提高。

8.1.1 城市用地规模存在过度扩张现象

城市用地规模存在过度扩张现象主要是指城市用地规模超出了其合理的用地规模的度,即在满足城市化和经济发展合理用地需求的同时,还存在一定程度上的土地资源过度性损失,城市用地规模超出合理范围、被过度扩张了。1999~2011年,南京市新增城市用地面积共为458.00平方公里,同期城市用地规模过度扩张数量高达122.85平方公里,过度扩张的城市用地面积所占比例为26.82%。

长期以来,工业用地以较低廉的成本支撑着南京市工业化、城镇化的发展,工业用地扩展成为南京市城市用地扩张的先导和动力。据统计,从南京市于1988年建立第一个开发区以来,至2011年南京市共有5个国家级开发区、8个省级开发区。另外,还有若干市区级开发区和其他类型的开发区。开发区是南京城市空间外延扩张的主要载体,开发区的工业用地价格过低是导致南京市蔓延扩张的主要原因。

8.1.2 城市用地结构布局不太理想

根据阿朗索的"竞标地租"理论,在竞租机制作用下,城市土地区位利用动态转换,实现城市土地区位的最佳选择和最优利用。也就是说,在"位置级差地租"法则约束下,城市用地结构不断调整,并向结构优化、合理布局的方向迈进。但是,南京城市用地在地租地价作用下，现状的用地结构布局与阿朗索"竞标地租"理论中的均衡用地结构布局还存在一定差距。从南京市各类用途地价—距离曲线图可以得知，商业用地投标租金函数曲线与住宅用地的投标租金函数曲线的相交于距市中心约 8km 处，住宅用地投标租金函数曲线与工业用地的投标租金函数曲线相交于距市中心约 11km 处，即商业用地区在半径为 8km 的一个圈内，住宅用地区是内半径为 8km，外半径为 11km，宽度仅为 3km 的一个环，工业用地位于 11km 之外的区域。地价对城市用地空间布局的调节效果不太理想，导致城市用地功能分区不很明显，使各用途地价—距离曲线的交汇点非常靠近。

南京市用地结构布局不太理想还表现在：城市中心依然还有一些科技园和大企业用地，如鼓楼科技园、白下科技园、建邺新城科技园、秦淮科技园、玄武软件园和金城、南汽、熊猫等企业用地；城市郊区工业园区盲目扩大、数量偏多、布局分散；居住用地也出现大量向郊区发展的趋势。总体而言，城市用地结构功能分区不太理想。

8.1.3　城市用地效益与地价的耦合运行有待提高

由于地价实质上是用地效益的量化，在一定程度上反映了用地效益总水平。因此，在市场经济条件下，城市地价与城市用地效益之间应该呈正相关关系，一定时期内的地价水平与用地效益水平之间存在一一对应和交互耦合的关系。但是，研究发现，南京城市地价与城市用地效益之间并没有呈现高度关联、一一对应的关系。主要表现在：不同用途地价与用地综合效益的关联度不同，商服地价与城市用地综合效益的关联度为 0.7519；住宅地价与用地综合效益的关联系数波动较大，住宅地价与城市用地综合效益的关联度为 0.7137；工业地价与用地综合效益的关联系数在不同年份也相差较大，呈上下波动变化，无明显的规律性，而且工业地价与城市用地综合效益的关联度较小，仅为 0.6195。总体而言，地价与用地效益的耦合运行还没有走上良性循环的轨道。

8.2 影响地价优化配置土地资源的因素

一般而言，在市场经济条件下，土地资源在地租地价规律作用下能够实现最佳配置。可是，为什么南京城市土地资源在地价作用下没有实现最佳配置呢？为什么地价对土地资源配置的现实结果与传统理论中应该达到的理想结果不太一致呢？为什么地价没能实现土地资源配置目标呢？根据前面的实证研究结果，反思这些问题之后，本书认为这其中的主要原因在于现实的市场经济条件下，还存在阻碍地价优化配置土地资源的因素。

图8-1表示了影响地价优化配置土地资源的障碍因素。主要包括两大因素，一是内在因素，指地价本身合理与否，不合理的地价必然无法实现优化配置土地资源的目标；二是外在因素，指市场条件完善与否和政府干预适当与否，市场不完善和政府干预不当会导致地价发生扭曲，进而使地价不能发挥其优化资源配置的功能。

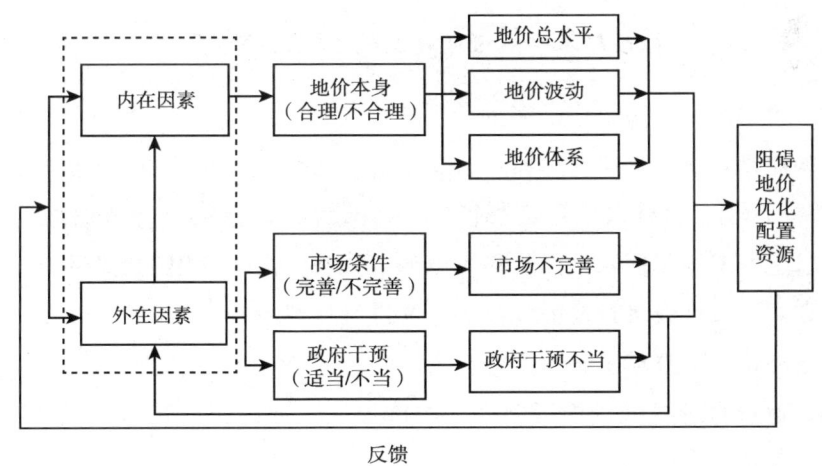

图8-1 影响地价优化配置土地资源的因素

8.2.1 内在因素：地价合理与否

地价具有资源配置功能，地价对土地资源配置效应是客观存在的。但是，其效应具为多种方向性和多种可能性，可能为正向效应，也可能为负向效应。地价对土地资源配置的结果如何，是正向效应还是负向效应，归根到底取决于地价自身的状态，即地价合理与否，为合理地价或扭曲地价。合理地价能够引导土地资源在时间、空间和产业间进行合理分配，对城市土地资源配置产生正向效应；而扭曲的地价则不能优化城市土地资源配置或者将带来城市土地资源配置的负向效应。本研究认为，之所以地价在配置南京城市土地资源过程中表现出一定的负向效应，地价未能有效发挥其优化配置土地资源的功能，其内在原因是地价不合理、地价存在问题（在第4章中分析了南京市地价存在哪些问题）。地价合理与否是影响地价资源配置效应的主要因素之一。而判断地价合理与否，可以通过以下几个标准来衡量，即地价总水平能否准确反映土地经济价值、地价波动变化是否反映市场真正供求、地价结构体系是否健全与合理。

8.2.1.1 地价总水平能否准确反映土地经济价值

价格水平，即价格是多少，是指价格的数量方面。价格水平既是反映商品价格变动的一种指标，又是调节社会经济活动的重要经济杠杆[①]。因而，价格水平是经营管理者进行经济决策的重要依据之一。通过土地资源不同水平的价格可以调节人类分配与利用土地资源的行为方式。过低或者过高的地价都不能准确反映土地的经济价值，进而都不能优化配置城市土地资源。

地价水平过低，则不能反映城市土地资源的稀缺性以及城市土

---

① 杨继瑞.价格理论与实践[M].成都：四川大学出版社，2006：208.

地对社会财富的形成所作出的贡献。对于用地者而言，地价是其使用土地所支付的成本。在没有约束的情况下，作为理性的"经济人"，用地者对土地的需求是多多益善。如果地价水平过低，不足以体现土地的经济价值，用地者会觉得使用土地没有土地成本压力，就会用土地替代资本和劳动，而不是用资本和劳动替代土地，最终导致扩大用地规模和粗放利用城市土地。因此，过低的地价水平则可能对用地者起不到约束作用，不能促使用地者节约集约和高效利用城市土地。另外，地价水平过低也无法消除由于所占土地地段的不同带来的企业收益上的差别，从而地价这个经济杠杆的调节作用就无法很好地发挥。而对于拥有土地所有权的国家而言，地价水平过低则不利于国家在经济上实现土地所有权，导致国家土地出让收益减少、国有资产流失。

由于城市土地资源的有限性和人类需求的无限性，土地价格从长期来看是呈上升趋势的。但是，地价水平过高，夸大城市土地的经济价值，则可能产生地价泡沫。如居住用地的地价水平过高，一方面会使没有住房的家庭因为购买能力有限对住宅商品房的正常需求得不到满足，另一方面则可能使资金充裕的人投机倒把，以土地作为保值和增值的手段，把土地作为资产来保有。投机者为确保土地能够随时转让，通常让土地空置或者以低度利用的状态来保有。结果，大量已经出让的土地不是被充分利用，而是被人为囤积和闲置，这造成大量刚性需求得不到满足，致使原本就稀缺的土地资源显得更加紧缺。这种情况之下，对于整个土地市场来说是一种土地资源浪费和低效率配置。

总之，价格是国民经济最灵敏、最有效的调节杠杆，只有准确反映城市土地经济价值的地价水平才能引导企业和消费者作出正确的生产决策和消费决策，实现城市土地总供求的动态平衡，进而才能实现城市土地资源配置的帕累托改进。

8.2.1.2 地价波动变化是否反映市场真正供求

价格作为经济杠杆，其调节作用主要表现在价格的高低变化所引起的资源在各部门间的流动上。通过价格波动，可以调节资源的流向。而且，价格通过波动变化来传递市场供求信息，价格信息机制的发挥离不开价格的波动变化。如果价格长期固定不变，必然失去其信息功能。价格波动反映市场供求变化，是市场供给与需求两个对立面的矛盾和统一。根据价格波动的程度划分，可分为相对平稳和强烈波动两种。

地价波动是土地市场的常态特征，因为影响土地价格的内在因素和外部条件经常发生变化。在市场经济条件下，只要土地价格不是"市场出清"价格，土地供求总量不均衡，地价波动就有其客观必然性。城市土地有价使用，地价波动的存在是理所当然的。地价通过上下波动变化来反映供求关系的变化，实现其优化配置资源的作用。但是，通过地价波动变化，实现城市土地资源优化配置，必须内含一定前提基础，即地价波动应该反映市场的真正供求变化。地价波动受到干扰因素影响，不能反映土地市场的真正供求变化，则地价传递出来的信息会扰乱土地市场的正常交易行为，妨碍地价机制的有效运作。在土地市场上，炒买炒卖土地的投机行为，不是真正的市场供需，存在一定的泡沫和虚假成分，因此极易引起地价波动过于剧烈，而地价剧烈波动也会影响土地资源的合理配置。换言之，要让地价有效发挥其优化配置土地资源的作用，地价波动就应保持一定的稳定性，即地价波动保持在合理的变动区间。价格稳定可以增加相对价格机制的透明度并加强调节作用，从而避免资源配置的扭曲。而土地价格剧烈波动则为投资决策者提供的信息不可靠，不能正确引导市场预期，使人们对未来的预期产生错误，错误的预期必将引起错误的决策和行为，不利于价格在资源配置中作用的发挥。

总之，在城市土地市场中，只有让地价反映市场真正供求，防止地价非正常波动的发生，保持地价波动平稳，才能有效发挥地价优化配置资源的作用。

8.2.1.3 地价结构体系是否健全与合理

价格具有相关性，即各种商品价格之间具有相互联系、相互制约的特性[1]。价格连接国民经济各部门、各地区和各环节的经济活动，它们之间相互联系，最终构成一个完整的价格体系。价格体系的运动引起资金投向和资源流向的改变和转移，使产业结构发生变化。完整与合理的价格体系能够引导资源在国民经济的各部门、各产业间的合理流动与组合，促进或抑制某些部门或产业的发展，使稀缺资源被合理用于更能发挥其社会效益和经济效益的产业和产品生产，从而保持国民经济协调发展，不断提高社会生产效率和国民经济效率。相反，不合理的价格体系，则会造成产业结构的倾斜和失衡，影响资源的配置效率。

地价体系是指按各种地价之间的相关关系进行分类整理，划分不同层次、不同类型的地价系统。各种形式、各个环节和各级管理的土地价格，以及这些价格的比价、差价关系，构成了土地市场中的地价体系[2]。城市土地有价使用之后，地价体系逐渐形成与完善。健全合理的地价体系能够促进土地资源合理流动与组合，不断改善土地资源配置效率。相反，地价体系不完善、不合理，对土地资源配置具有负效应。

土地价格的差价关系包括质量差价（同城市内各等级土地价格之间的差额）、地区差价（如大中小城市地价之间差额、城乡地价之间差额）、市场差价（同城市内一级土地市场批租与二级土地市场转租价格之间的差额）等。地价的差价体系不合理，差额过大或者过

---

[1] 苑韶峰，徐建春. 利用价格机制，构建土地资源节约型社会 [J]. 价格理论与实践，2005 (12)：28-29.

[2] 宋雅键. 试谈我国地价体系之内涵 [J]. 中国土地科学，1994 (5)：7-10.

小都会扭曲土地市场相关主体的用地行为。城市内部及城市之间的地价差额或梯度并不是任意安排都合理，因为地价主要由土地收益决定。只有符合地价空间分布客观规律的地价梯度才能使土地利用整体效率得到最有效地提升，达到资源配置的帕累托改进。城市内的地价应该反映不同地段土地的级差收益；不同地区或城市的地价梯度也应该反映地区或城市间土地级差效益。通过不同质量、地区或市场之间的土地价格合理差价关系的反映，使用地者能够根据生产生活需要，调整自己的土地利用方式布局，从而优化土地资源的配置。如果土地价格的差价关系混乱，差价过大或过小，甚至差价关系颠倒，都会扭曲土地资源配置，引致城市用地规模无序扩张、用地结构和布局不合理、产业结构趋同、用地收益分配不公以及土地利用效率低下等现象的发生。一般而言，同一土地级别中，大城市地价大于中等城市地价，中等城市地价大于小城镇地价。如果大中小城市之间地价无差异，则不同规模、实力的同类企业用地成本都一样，使他们在不同的城市能得到同样的发展。结果大城市产业难以升级优化，城市（镇）之间产业结构趋同。如果同一等级城市之间土地价格差别过大，则会导致城市之间发展不协调，政府财政收入相差大，人们生活水平及贫富差距拉大；如果城市内同类型用地的各等级地价差额不明显，则不能使地价有效引导用地者进行区位选择，不利于土地利用结构与布局优化；城乡之间征地价格与征地后出让价格相比太低，一方面侵害了集体和农民的利益，使用地收益分配不公，另一方面诱使地方政府过度征地，盲目扩大城市用地规模。

土地价格的比价关系主要指不同类型的土地价格比例关系。按用地类型划分，城市土地大致可以分为商业、住宅、工业三类。土地用途类型不同，其土地收益也不同。地价是土地收益的资本化，因此不同用途的土地价格自然也存在差异。通常情况下，商业用地收益高于住宅用地收益，住宅用地收益高于工业用地收益。不同用途土地价格的比价太小或者太大，都不利于土地资源配置效率的改进。如果城市内各级别的用途比价非常接近,价格之间的差异很小或者高收益用地的价格低于低收益用地的价格,则不能反映各类用地收益能力的差异。如果工业用地价格过低,而商业、住宅用地价格过高,形成工业用地价格与商业、住宅用地价格的结构性偏离,则极易引致土地违法行为的产生[1][2],其最终结果就是导致土地资源配置效率低下。众所周知,产业部门不同,其用地收益不等,不同产业部门的用地成本也应有所差异。只有在各部门的利润平均化的情况下,才会使资源的流向趋于合理,保持相对稳定。当某类用地价格过于低于其他类型用地价格,则会引致该类型土地的需求增加,导致该类用地的过度扩张[3][4]。

总之,要让地价能发挥优化配置城市土地资源的作用,则必须保持地价稳定,完善地价体系,确保地价绝对水平和相对水平都合理。

8.2.2 外在因素之一:市场条件

只有合理地价才能够优化配置城市土地资源。但是,地价的合理程度与市场条件的完善程度密切相关。因此,地价对城市土地资源配置效应的发展方向就受到土地市场发育程度、市场条件完善度的影响。

土地市场不局限于仅指土地交易市场,更多的是指土地在出让、转让、抵押等环节中发生的多种经济关系的总和。供求双方为实现土地流通目的、确定土地交易价格等进行的活动都可称之为土地市场。

---

[1] 刘民权,孙波.商业地价形成机制、房地产泡沫及其治理[J].金融研究,2009(10):22-37.

[2] 梁若冰.财政分权下的晋升激励、部门利益与土地违法[J].经济学(季刊),2010(1):283-306.

[3] 薛白.财政分权、政府竞争与土地价格结构性偏离[J].财经科学,2011(3):49-57.

[4] 薛慧光,石晓平,唐鹏.中国式分权与城市土地出让价格的偏离——以长三角地区城市为例[J].资源科学,2013(6):1134-1142.

城市土地市场体现了供求双方协作竞争、相互博弈并达到动态均衡形成价格的一类经济活动。我国城市土地市场结构如图8-2所示[1]。土地价格产生于市场，土地价格的形成机理受制于土地市场的具体特征。

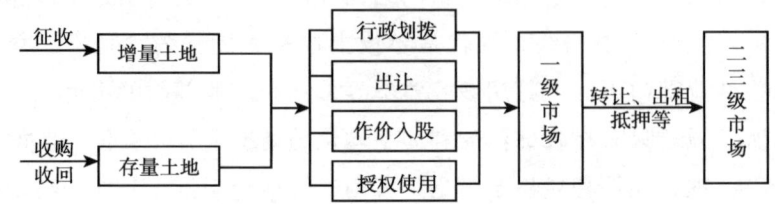

图8-2　我国城市土地来源与市场结构

土地市场是地价形成的环境，是发挥地价资源配置功能的土壤。在不同市场条件下，地价及其地价的城市土地资源配置效应也不同。

8.2.2.1　完善市场条件下的地价资源配置效应

发育完善、体制健全的土地市场是形成合理地价、保障地价充分发挥资源配置功能的重要条件。

（1）完善土地市场的特征[2][3]。

第一，土地产权明晰，权利体系健全。

土地市场是一种产权市场。土地市场上交易、流动的只是土地产权，如所有权、使用权、收益权和处置权等。拥有了某项权利就可以获得该项权利带来的效益。因此，土地价格其实就是为获得某种权利而付出的代价。正如马克思认为的，土地价格是地租的资本化，是地租的购买价格。买者愿意支付地租，那是因为买者从卖者那里取得土地权利后，能够从土地中获得更高的收益，地租是买者为了获得土地

---

[1] 周寅康，濮励杰，黄贤金，等．城市土地市场：发展与预警[M]．北京：科学出版社，2008：1．
[2] 吴郁玲．基于土地市场发育的土地集约利用机制研究[D]．南京：南京农业大学，2007．
[3] 杨庆媛．中国城镇土地市场发展问题研究[D]．重庆：西南农业大学，2001．

权利而向买者支付的代价。卖者之所以能够获取地租,那是因为他事先获得了对土地所有权的垄断权。

土地市场进行正常土地交易的前提条件是土地产权关系明晰。在市场经济中,要让价格机制运转起来,市场交易物品的产权必须明晰,交易人可以自由转让该物品的产权。因此,土地产权的状况直接影响到地价配置土地资源的效率与效益。作为土地制度核心内容的产权制度,也直接影响土地市场效率。一个明晰健全的土地产权制度是一个发育完善的土地市场的必要条件。明晰的土地产权有助于培养合格的市场主体,并有效维护市场交易和竞争秩序;有助于市场主体形成合理、稳定的预期,提高交易的成功率。产权的可分割性和可让渡性能够促进资源从低效率行业向高效率行业流动,避免低效率行业长期占有资源,从而促进地价配置资源效率的提高。

第二,市场主体合法,行为规范。

市场主体是土地市场构成的基本要素之一,是指土地市场交易活动过程中的参与者,即参与土地产权流转过程中的相关经济实体或当事人,包括供给方、需求方和中介方。不是所有的经济组织或个人都可以随意参与土地交易活动,只有依据国家相关法规取得合法资格的主体才能参与,而非法进入土地市场的主体将会给市场带来混乱。在我国城市土地市场中合法的市场主体除政府和个人之外,还包括具有法人资格的开发商及市场中介等其他经济组织。

在发育完善的土地市场中,土地市场主体行为方式具有规范性。主体行为规范化,包括政府的供地行为、参与主体的市场交易行为、中介行为等方面的规范化。市场主体行为不规范,将导致土地市场运行不规范,进而影响价格机制的正常作用。在完善的土地市场上,地方政府是土地供给主体,其行为将受到严格有效的约束。比如,在批地时,必须在法定权限范围之内;在出让土地时,地方政府必须严格遵循土地供应计划,综合考虑土地利用总体规划和城市规划后再决定出让土地的用途。土地市场主体行为规范是防止土地市场供给失控、供给和需求数量（或结构）失衡、隐形市场活跃、土地价格混乱的重要保障，是对市场机制的有效补充，可以引导市场机制更有效的运作，从而有利于资源的优化配置。

第三，市场体系统一，结构完整。

市场体系统一性表现在：一个国家范围内的土地市场是统一的，具有共同的交易规则，遵循市场经济中共同的价值规律。土地产权依据客观经济规律的要求，打破行政上的条块分割，根据市场经济的内在联系进行流通，形成统一的土地交易市场。市场上的不同主体都有平等的机会进入统一的市场，进行公平竞争和买卖。

完善的土地市场还表现为市场结构具有完整性。市场结构完整性表现在：城市土地市场体系包括一级、二级和三级多层次的土地市场，各不同层次的土地市场之间存在相互影响和相互制约的关系。各个层次土地市场都有其存在的必要性和重要性，缺一不可。各个层次土地市场之间衔接良好，融会贯通，有助于形成合力，促进土地市场整体功能的最大限度地发挥。在市场经济条件下，城市土地的合理流动和优化组合要以市场为中介，要求有不同的市场作为承载体。例如，在一级土地市场中，农用地转为非农建设用地，实现土地所有权的转换。一级土地市场的发展为二级土地市场发育准备了前提条件，而二级土地市场的发展又为三级土地市场奠定了基础。否则，各层次土地市场运行不规范，相互不衔接，价格机制就不可能较好地发挥其调节作用。

第四，土地市场开放，竞争有序。

市场经济是以社会化大生产为前提的，这就要求市场必须是开放的。完善的土地市场中，市场体系具有广泛的开放性，突破地域界线，对内对外都开放，遵循透明度原则和取消歧视原则。土地市场的开放力度越大，越有利于市场的繁荣和市场竞争的展开，也越有利于充分发挥价格机制对土地资源的调节作用，从而能最大限度地实现资源配置的最优化。

第8章 对地价及其土地资源配置效应的理性反思

由于市场中土地资源的稀缺性和有限性，为了能在市场经济中长久生存和平稳发展，各经济主体不得不通过相互竞争才能取得土地。市场经济的本质特征就是竞争。在完善的土地市场中，市场内部秩序井然、竞争有序。所有参与土地市场交易的土地经营者和使用者都平等对待，公平竞争。任何市场主体获得了法律许可资格，就能进入土地市场参与公开竞争，任何单位或个人不得故意设置障碍限制竞争对象。

第五，土地市场秩序规范。

所谓秩序，是指经济或社会事物在运行过程中呈现出来的一种有序状态。完善的土地市场具备规范的市场秩序，规范的市场秩序能避免市场混乱，减少对市场调节功能的干扰和破坏，从而保证市场机制充分发挥作用。为了建立和维护市场秩序，土地市场上所有的主体和客体都遵守统一的规范和按照一定的准则进入或退出市场。市场主体的交易行为具有自愿性和公平性，交易方式公开化、货币化和规范化，交易价格形成制度化、价格标准公平化和价格监督社会化。市场机制较好地发挥其作用的必备条件是具有良好的市场秩序。维护市场的有序竞争，健全竞争规则，建立完备的法律体系和监管体系，使土地市场运行建立在法制的基础之上，调动并保护市场主体的能动性和积极性，能有效地防止由于市场混乱造成的资源浪费。

（2）完善市场条件下合理地价形成及其资源配置效应。完善的土地市场条件下能够实现均衡土地价格，而均衡价格被认为是市场上的合理价格。假设市场中拥有大量同质的土地商品，市场的供给与需求主体都是理性的经济人，可以自由进出市场。土地价格由土地供求关系决定，同时也影响土地供求关系。设土地市场中供给函数为 $S = g(p)$，土地需求函数为 $D = f(P)$，当 $D = S$ 时，市场价格为均衡价格 P_E。如图 8-3 所示，S 为土地供给曲线，D 为土地需求曲线，P 为土地市场价格。当 $P = P_1$ 时，市场价格高于均衡价格，会刺激供应者增加土地供应，并抑制需求者增加新的需求，这样土地供大于求，供给过量将促使偏高的价格降回至均衡水平。当 $P = P_2$ 时，市场价格低于均衡价格，会刺激需求者增加土地需求，而抑制供给者增加新的土地供应，这样土地市场出现供不应求，存在超额需求，需求者之间的竞争将推动价格上升至均衡水平，最终的结果是达到短期的市场均衡状态，实现了均衡价格 P_E 与均衡量 Q_E。如果土地供给函数和需求函数不变，土地市场价格将会一直围绕着均衡价格上下波动。而一旦影响土地供给函数或土地需求函数发生了变化，这两条曲线就会发生改变，原有的均衡被打破，旧的均衡价格将被新的均衡价格所替代，市场重新寻找新的均衡点。

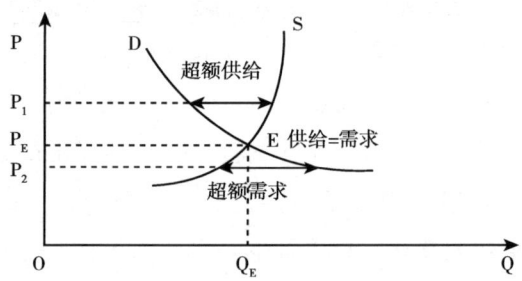

图 8-3　完善市场条件下的土地市场均衡与土地价格的形成

在完善的土地市场条件下，地价能够客观反映供给与需求的变化，其形成遵循了市场价值规律，能够客观反映土地的真实价值。作为"理性经济人"的土地使用者而言，其利用土地过程中会权衡用地成本和用地收益，为使成本最小、收益最大，必然会节约用地，减少用地数量；或者在使用土地过程中，加大对土地的投入，增加土地利用强度，集约利用土地；或者从区位较优、价格较高地段搬至区位次优、价格较低的地段。这将引致土地资源以最优的数量配置在最佳的用途和方向上，实现资源配置的帕累托最优（见图8-4）。

在完善的土地市场环境中，土地价值能够得到显化，形成合理地价，从而促进土地资源得到合理配置。因此，发育完善、体制健全的土地市场是形成合理地价、保障地价充分发挥资源配置功能的重要条件。

第8章 对地价及其土地资源配置效应的理性反思

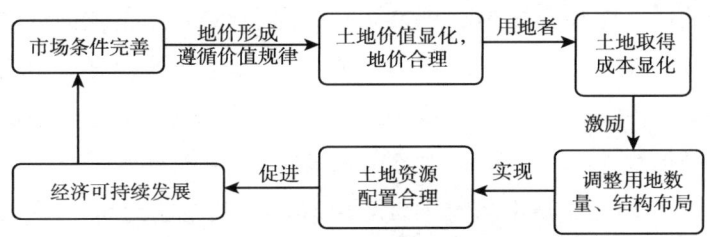

图 8-4 合理地价与土地资源配置良性循环

8.2.2.2 不完善市场条件下的地价资源配置效应

上述分析表明,在完善的土地市场条件下,土地供求关系能够形成合理地价,使地价机制充分发挥作用,从而使土地资源实现合理配置,实现资源配置的帕累托最优。然而,完善的土地市场只是一种良好的理论假设,各种假设条件在现实中并不存在。在不完善的土地市场条件下,价格作用发挥不充分,地价机制被扭曲,从而引发土地粗放利用,城市规模无序扩张、土地利用结构不合理等资源配置现象的出现。

在不完善的土地市场中,市场供给主体或需求主体行为不规范,导致土地供给变异或需求变异,而在供求变异的情况下,地价将被人为抬高或压低,表现为远远大于或小于市场均衡价格[①]。土地价格的变动脱离了土地市场的真实变化,不能客观显现土地的真实价值,价格机制不能正确引导土地市场供求,必然造成土地供求关系混乱,使地价在土地资源优化配置中的作用也十分有限,进而势必最终导致土地资源的低效率配置。

(1) 不完善的市场条件下地价被扭曲。

第一,土地供给正常、土地需求变异情况下的地价变化。

如图 8-5 所示,土地需求曲线 D 与供给曲线 S 处于均衡状态时的价格为 P_0,市场交易数量为 Q_0。当市场上的土地供给减少,即土

---

① 衰绪亚.土地市场运行理论研究[M].上海:复旦大学出版社,1999.

地供给曲线 S 左移至 S_1 时,则市场交易量将减少至 Q_1,价格将会上升至 P_1。由于市场不完善,导致土地需求发生变异,需求曲线从负斜率曲线 D 变成了正斜率曲线 D_1。此时,当土地供给减少,市场交易量不会减少至 Q_1 反而将增加至 Q_2,均衡价格本应该在 P_1,现在却上升至 P_2。因此,当市场需求发生变异时,其市场地价 P_2 将大于需求正常时的均衡地价 P_1。$P_2 - P_1$ 部分即是由于需求变异而被抬高的地价部分。从现实意义上来说,如果土地市场不完善,在土地使用权出让过程中竞买者存在投机行为,将会人为哄抬地价,使地价加速上涨。

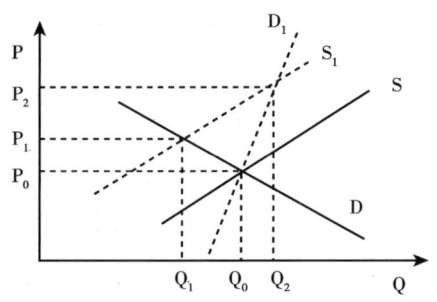

图 8-5 需求变异下的地价

第二,土地需求正常、土地供给变异情况下的地价变化。

如图 8-6 所示,土地供给曲线 S 与需求曲线 D 处于均衡状态时的价格为 P_0,市场交易数量为 Q_0。当市场上的需求减少时,即土地需求曲线 D 左移至 D_1 时,则市场交易量将减少至 Q_1,价格将会下降至 P_1。由于市场不完善,导致土地供给发生变异,供给曲线从正斜率曲线 S 变成为负斜率曲线 S_1。此时,当土地需求减少时,市场交易量不会减少至 Q_1 反而会增加至 Q_2,均衡价格本应该在 P_1,现在却下降至 P_2。因此,当市场供给发生变异时,其市场地价 P_2 将低于供给正常时的均衡地价 P_1。$P_1 - P_2$ 部分即是由于供给变异而被压低的地价部分。在现实土地市场当中,地方政府不按市场经济规律办事,任意扩大土地出让量,使土地供给与需求的变化关系混乱,导致地价

第8章 对地价及其土地资源配置效应的理性反思

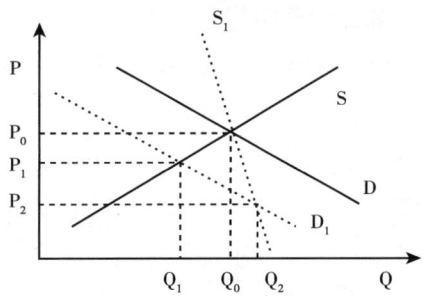

图8-6 供给变异下的地价

脱离土地市场的真实变化。

（2）扭曲地价对土地资源配置的效应。不完善市场下，土地供给或需求发生变异，使地价遭到扭曲，表现为市场地价过高或者过低。被扭曲的地价也就不能发挥优化资源配置的功能。

第一，过高地价对土地资源配置的效应。

由于土地的有限性，人们通常乐于把土地当作保值和增值的手段。当地价过高时，土地的增值特性就更加显现，容易引发人们对土地的投机行为。投机者囤积土地，盲目增加对城市土地的需求量。以日本为例，20世纪80年代日本城市地价出现泡沫，城市中心地价为战前的9394倍，但是地价高涨并没有促使人们高效集约利用土地，反而造成城市土地的低效利用[1]。由于地价不断上涨，人们预期将会一直上涨，因而都把土地作为资产来保有，把土地当成"增值手段"。一方面扩大土地需求，另一方面为确保土地能够随时转让，往往让土地空置或者以低度利用的状态来保有。结果造成了城市外围不断扩大，而市区内土地闲置或低效利用。地价的不断高涨使很多房地产投资商热衷于"炒地皮"而降低城市土地的使用效益[2]。

---

[1] ［日］野口悠纪雄著．汪斌译．土地经济学［M］．北京：商务印书馆，1997：43.
[2] 徐保满．房地产投资谨防"地价泡沫"——日本地价泡沫的启示［J］．城市开发，2007（4）：34-35.

第二，过低地价对土地资源配置的效应。

同样，过低地价也会导致土地资源的低效率配置和粗放利用。在农地非农化过程中，如果土地征收价格过于低下，地方政府获取土地的代价太低，而转让的收益太大，则会刺激地方政府圈地行为的产生。对于房地产开发商而言，低地价高房价使其能够获得较高的房地产开发利润，因而开发商会扩大土地需求量。工业企业以过低地价取得土地后，一方面由于土地取得成本低，不能激励企业珍惜土地资源和节约高效利用土地，导致土地粗放利用；另一方面，当企业用地向银行办理抵押贷款时，如果贷款额超过其土地取得成本则会使企业获得了一个巨大的投机空间，这将促使越来越多的工业企业通过圈地—融资—再圈地行为获得差价。这样，导致工业用地需求增加，城市工业用地规模不断扩大。因此，过低工业地价使工业企业用地需求恶性膨胀，同时，工业用地大量闲置、低效利用。

因此，在不完善市场条件下，土地价格形成机制失灵，扭曲的地价导致土地资源的浪费和土地资源配置效率的低下。

虽然自改革开放以来，南京市土地市场得到了较大的发展，土地有形市场逐步建立，市场发育程度也有了较大提高。但是，与完善的土地市场相比，南京市土地市场仍是不完善的，不完善的土地市场条件导致了地价对南京市土地资源配置产生了一定的负效应，使地价未能实现优化配置土地资源的目标。

8.2.3 外在因素之二：政府干预

城市地价是在市场和政府共同作用下发生变化的，政府行为对城市地价有直接和间接的影响[①]。由于土地具有资源和资产双重属性，导致土地市场不可避免地存在市场失灵。而且，我国正处于经济体制

---

① 柯善咨, 何鸣. 市场和政府共同作用下的城市地价 [J]. 当代经济科学, 2008, 30 (2), 25 – 34.

的转型期,土地市场发育程度还比较低,市场条件不完善,市场建设不全。这就要求政府实施公共管理政策,对土地市场进行必要干预,弥补市场的缺陷,以促进土地市场的良性发育和不断完善。政府在利用各种政策工具对土地市场进行干预时,直接或间接地影响到土地价格的变化。因此,政府干预行为可能会产生两种结果,即:政府干预适当,可以使土地市场形成合理地价,从而发挥地价优化配置资源的作用;相反,政府干预不当,则可能破坏市场有序竞争,进一步扭曲土地价格,致使其资源配置功能得不到良好发挥,对资源配置造成不利影响。

8.2.3.1 政府干预的原因

西方经济学的研究认为,理想化的完全竞争市场能够使资源的配置达到帕累托最有效率的状态,这是一种不需要政府任何公共政策的介入而市场自发形成的行为。但是,理想与现实经济之间产生了背离,满足理想市场的诸多条件不能完全满足,价格机制无法发挥正常作用,此时就会产生"市场失灵"①。要克服市场失灵,使市场获得最理想的资源配置效率,就必须借助独立于市场机制的外力对市场进行干预。市场失灵为政府的介入奠定了理论基础。政府运用公权力,通过制定和实施各种形式的政策对市场进行干预,从而促使市场中价格机制能正常发挥配置资源的作用。

从我国目前很多城市的土地市场运行现状来看,土地市场存在明显的市场失灵,不仅包括城市土地市场本身固有的特性引起的失灵,而且还包括市场建设不全导致的失灵。前者指由于土地的资源属性、土地市场本身难以克服的缺陷引起的失灵,后者指土地市场发育不完善,或者说缺乏公平高效的市场环境所导致的失灵,价格机制难以在市场中发挥作用。

---

① [美]丹尼尔·F.史普博著,何帆等译.管制与市场[M].上海:上海人民出版社,1999.

地价对城市土地资源配置的效应研究

（1）土地的资源属性、市场失灵与政府干预。土地市场与其他商品市场一样，也不可避免地存在着市场失灵。但是，土地市场又不同于其他市场，土地具有的资源属性，具有不可或缺性、不可再生性、不可移动性和异质性等特性，这些特性使土地市场"失灵"现象更为严重，市场缺陷越发明显。这些构成了政府干预土地市场的正当理由。

第一，土地资源的不可或缺性引致的市场失灵。

土地是一种特殊商品。土地资源具有承载功能、生育或生产功能、资产积蓄和增值等多种功能[①]，作为资源的土地是一种最基本的生产要素，是人类及其他物种得以存在的前提，是人类当代和以后世代生存发展不可替代、不可或缺的物质基础和条件，"是一切生产和存在的源泉[②]。"土地资源的配置不但要考虑效率问题，而且要考虑公平问题，包括代际公平和代内公平。然而，效率问题在市场中可以得到解决，但公平问题却不能很好地得到解决。市场对"效率"追逐的结果往往导致对"公平"的忽略。土地资源的配置关系到国计民生，关系到国家稳定及长远发展，因此政府会根据需要加以相应行政干预。政府干预有助于解决土地资源配置的公平问题。

第二，土地资源的不可再生性引致的市场失灵。

土地资源具有不可再生性，其自然供给总量有限。在特定时间和范围内，土地资源用一块则少一块，表现出典型的耗竭性特征。虽然人类可以对土地资源进行改造、改良，但不能对其进行生产、制造。土地供应自然供给弹性为零及土地需求的持续增长之间存在矛盾。由于市场无法通过无限扩大供给来满足市场需求，即使土地资源主要由市场价格机制来配置，其功能也将受到很大限制。在资源极其稀缺的情况下，高的土地价格既可能导致较少的土地消费，也可能导致更多的开发。也就是说，市场主体受短期经济收益的诱惑，可能会不顾潜

---

① 曲福田. 土地经济学 [M]. 北京：中国农业出版社，2011：5-6.
② 马克思恩格斯选集（第2卷）[M]. 北京：人民出版社，1972：109.

第8章 对地价及其土地资源配置效应的理性反思

在的生态风险而加大滥用土地资源的程度。政府干预有助于在宏观上保持重大用地关系的协调。

第三，土地资源的不可移动性引致的市场失灵。

土地资源具有不可移动性、整体性和区域性。在某一区域内，构成土地资源的各要素（比如土壤、岩石、气候、动植物等）之间存在相互依存、相互制约的关系，从而形成了一个不可分割的有机整体。土地的开发利用与周围地块紧密相关，地价水平受周围环境影响很大[①]。由于土地资源的这种不可移动性和整体性，使土地利用的外部性加重。外部性问题在经济活动中随处可见，其根源在于个人边际成本和社会边际成本之间的非一致性。外部性分为正外部性和负外部性。正外部性与市场"经济人"自私利己的本性相悖，使优势土地利用方式不能满足达到社会理想的水平，比如城市绿地能改善周围地区的空气质量和环境状况，但这种公共性土地资源产品的市场供给往往不足，不能满足社会需求，使市场供求失衡。相反，负外部性却有鼓励过多供给的作用，比如化工厂建设造成周边住宅区环境质量下降，逼迫住宅区外迁。政府干预能够有效实现外部性的"内部化"。

第四，土地产品的异质性引致的市场失灵。

土地产品具有异质性。不同地块，其位置、形状、用途、使用期限、使用条件和产权状况不一样，交易价格也不同。由于交易对象比较复杂，用地者进出土地市场需要具备较多土地相关的法律知识，其获取相关知识和信息的成本较高，难度较大。在土地市场中，土地价值量比较大，用地者不可能经常参与土地交易，土地交易具有个别性。另外，土地交易信息也不是完全公开的，市场信息畅通提高了信息成本。为使土地市场信息通畅，政府有必要对市场进行干预，建立相关信息平台。

（2）土地市场建设不全、市场失灵与政府干预。与西方国家不

---

① 单胜道，尤建新. 土地外部经济初步研究[J]. 资源科学，2002（2）：56–59.

同，我国市场经济的建立是体制改革的产物，不是市场自我发展的结果。改革开放之前，我国实行的是高度集中的计划经济。与计划经济相匹配的是以"三无"（无偿、无限期、无流动使用）为特征的城市国有土地管理体制。这种体制彻底否定了土地的商品属性和财产属性，也彻底否定了土地市场。改革开放之后，我国城市土地使用制度逐渐从"三无"向"三有"转变，逐步确立了国有土地有偿使用的体制，城市土地商品属性又得到国家认可，国有土地使用权流转的土地一级和二级市场才得以逐步形成。由此可见，我国城市土地市场形成的时间短，发展历史不长。此外，我国城市土地市场还存在土地产权体系不健全、市场主体行为不规范、市场体系不完善、市场竞争不足等特征，市场功能也大大削弱。总而言之，我国城市土地配置的市场化程度不高，市场建设还不完善，其进一步发展和完善还有赖于国家的扶持和培育。因此，政府干预土地市场具有正当性。

基于以上两方面的原因，政府有必要干预土地市场。从历史的角度看，政府干预起初并不是基于"政府优越"的考虑，相反却是基于"市场缺陷"的考虑。因此，政府干预土地市场要达到的目标：一是要克服土地市场本身所存在的弱点，二是培育和进一步完善土地市场。干预的范围主要限制在市场机制难以实现的领域，防止过多地介入市场反而扰乱了正常的市场秩序，影响市场价格机制配置资源的有效性。

8.2.3.2 政府干预地价的手段

在土地市场中，政府扮演"既是市场的裁判，又是市场的参与者""既是土地的主要供给者，又是市场规则的制定者"的双重角色。政府行为影响到土地市场的各方面，对地价进行直接干预或间接干预。一般而言，政府干预地价所采取的政策工具主要有：地价管制、土地供给政策、城市规划、税费政策、金融政策等。

（1）地价管制。包括最低限价和最高限价两个方面。如按协议

第 8 章　对地价及其土地资源配置效应的理性反思

方式出让土地使用权,其土地出让金最低数额受到国家最低价限制;与市场价格相比,土地使用权转让价格不能太低,否则政府有优先购买权。《全国工业用地出让最低标准》(以下简称《标准》)规定了各地工业用地出让价格不得低于《标准》规定的最低价。另外,在《城镇国有土地使用权出让和转让暂行条例》中则规定了最高限价,即"土地市场价格不合理上涨时,政府可以采取必要措施。"

(2) 土地供给管制。土地供给是影响地价的重要参数[1]。政府是城市土地的主要供给者,控制着土地供给这个"水龙头"。在土地一级市场上,政府可以通过调整土地供应时间、供应数量、土地的用途以及利用强度等,从而达到影响土地价格的目的。

(3) 城市规划。城市规划的主要功能是对城市土地资源开发与利用、城市性质以及城市发展方向进行综合部署和全面管理[2]。城市规划影响不同区位土地的价值,某些土地被赋予更高的开发价值,某些土地则被限制开发。各个具体地块因规划限制条件不同,其市场价格也各有差异。

(4) 税费政策。政府通过调整土地取得、流转和保有等过程中相关的税费,可以影响用地者的成本。通过调节税种、税率、税率形式或计税依据,可以对土地利用主体的经济行为进行限制和诱导,或惩罚,或奖励,间接影响他们对土地的供给与需求,达到影响地价变化的目的。假如对各种用途用地征收不同的税种、税额,其实际上就改变了各用途用地之间的相对价格。

(5) 金融政策。土地市场与金融业息息相关,土地市场的发展与繁荣离不开金融业的支撑。政府通过调整信贷规模、贷款方式、利率水平等可以影响土地使用成本,进而影响土地收益及土地使用者最

---

[1] 杨庆媛,刘智勇. 城市土地价格与政府行为的相关机制研究 [J]. 西南师范大学学报 (自然科学版),2000 (2): 174 – 179.

[2] 黄亚平,丁烈云. 城市规划对地价的作用机制研究 [J]. 城市发展研究,1998 (4): 25 – 28.

终所能支付的土地价格。

此外,政府还可采用土地储备、土地契约(合同)管制、土地收益分配政策、土地执法监察和督察等间接工具干预地价[①]。

下文借用 Di Pasquale 和 Wheaton 建立的经典模型[②③④]来说明政府运用政策工具如何影响地价变化。

根据供求均衡理论,地价受供给和需求两方面因素的影响。市场实际价格 P_t 围绕均衡价格 P_t^* 上下波动,均衡价格 P_t^* 受到土地租金 R_t、土地使用权成本 U_t、影响土地需求的其他变量 X_{1t}、影响新增供给量的其他变量 X_{2t}、上一期土地供给量 L_{t-1}^s 等的影响,δL_{t-1}^s 表示第 t 年损耗的存量。其中,构成土地使用权成本 U_t 的要素有边际所得利率($t_{y,t}$)、抵押贷款利率($i_{m,t}$)、物业税($t_{p,t}$)、通货膨胀率(π_t)、折旧率(ζ_t)、价格预期(P_t^e)和信贷约束(λ_t);影响土地需求的其他变量 X_{1t} 主要有经济总产出(GDP_t)、人口总量(POP_t)、家庭结构(PS_t)、家庭持久收入(INC_t)等;影响新增供给量的其他变量 X_{2t} 主要有各类短期和长期利率($i_{s,t}$ 或 $i_{m,t}$)、建造成本(MC_t)、人力成本(LC_t)、空置率(VAC_t)等。因此,市场实际价格 P_t 可用公式(8-1)表达。

$$\begin{aligned} P_t &= P_t^* + \varepsilon_t \\ &= P^*(R_t, U_t, X_{1t}, X_{2t}, L_{t-1}^s) + \varepsilon_t \\ &= P^*(R_t, (t_{y,t}, t_{p,t}, i_{m,t}, \pi_t, \zeta_t, P_t^e, \lambda_t), (GDP_t, INC_t, POP_t, PS_t), \cdots \\ &\quad (MC_t, LC_t, i_{s,t}, VAC_t), \delta_t, L_{t-1}^s, \cdots) + \varepsilon_t \end{aligned}$$

---

① 卢为民. 土地政策与宏观调控 [M]. 北京:经济科学出版社,2008:72-75.

② Di Pasquale D and Wheaton W C. Housing Market Dynamics and the Future of Housing Prices. Journal of Urban Economics,1994,35(1):1-27.

③ Leung C K Y and Wang W. An Examination of the Chinese Housing Market through the Lens of the Di Pasquale - Wheaton Model: a Graphical Attempt. International Real Estate Review,2007,10(2):131-165.

④ Di Pasquale D and Wheaton W C. Urban Economics and Real Estate Markets,NJ:Prentice - Hall,1996.

第8章 对地价及其土地资源配置效应的理性反思

$$= P^{non-gov*}(\pi_t, \zeta_t, GDP_t, INC_t, POP_t, PS_t, MC_t, LC_t, VAC_t,$$
$$\delta_t, P_t^e \cdots) + P^{gov*}(R_t, t_{y,t}, t_{p,t}, i_{m,t}, i_{s,t}, \lambda_t, L_{t-1}^s, P_t^{e^t}, \cdots) + \varepsilon_t$$
$$(8-1)$$

式（8-1）中，ε_t 表示实际价格 P_t 与均衡价格 P_t^* 之间存在的随机偏差。影响价格波动的因素众多，但一般可以分为两类：一类为不受政府政策工具干预影响的因素，如人口和经济总产出、家庭结构等；另一类为受政府政策工具干预影响的因素，如租金、利率和税率等。式中用 $P^{non-gov*}$ 表示不受政府政策工具干预影响的均衡价格因素，用 P^{gov*} 表示受政府干预影响的均衡价格因素。另外，L_{t-1}^s 代表土地计划和规划管制工具，$t_{y,t}$ 和 $t_{p,t}$ 代表土地税收工具、R_t 代表租金管制工具，P_t 代表价格管制工具，$i_{m,t}$、$i_{s,t}$ 和 λ_t 代表金融政策工具，$P_t^{e^t}$ 代表政府改变市场参与者预期的政策工具。政策工具的不同，政府对均衡价格的干预效果和干预程度也存在差异。

如果实际价格 P_t 严重偏离了合理的运行轨迹，政府为了稳定价格，将运用政策工具进行干预，以促使价格恢复到合理水平。政府的干预过程可以由式（8-2）表达。

$$\Delta P_t = \Delta P_t^* + \omega_t$$
$$= \Delta P^{non-gov*}(\pi_t, \zeta_t, GDP_t, INC_t, POP_t, PS_t, MC_t, LC_t, VAC_t, \delta_t,$$
$$P_t^e, \cdots) + \Delta P^{gov*}(R_t, t_{y,t}, t_{p,t}, i_{m,t}, i_{s,t}, \lambda_t, L_{t-1}^s, P_t^{e^t}, \cdots) + \omega_t$$
$$(8-2)$$

下面利用四象限模型模拟在 $\Delta P^{non-gov*}$ 相关变量不变的条件下，政府运用金融政策工具对均衡价格 P_t^* 的作用机理。若不考虑随机误差 ω_t，观察到的 ΔP_t 变动将与 ΔP^{gov*} 变动相同。假设在 t 时刻市场处于均衡状态，如图 8-7 中实线框所示。

政府下调长期利率 $i_{m,t}$，这会降低投资者对于土地投资的收益要求。这种情况下，在第Ⅱ象限中反映资本化率的射线 OB 就会按逆时针方向旋转至 OB′，此时土地均衡价格由 P_t^* 上升至 P_{t+1}^*。在第Ⅲ象

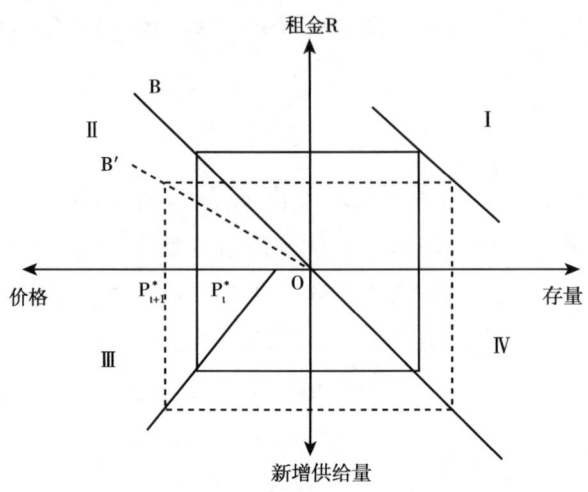

图 8-7 政府干预影响地价变化的作用机理

限中，土地新增供给量也会增加，最终使第Ⅳ象限中的土地存量也相应增加。土地市场新的均衡状态和均衡价格由此形成，如图 8-7 中虚线框所示。类似的，政府可以运用其他各种政策工具影响地价变化。

政府通过灵活选择和应用政策工具可以影响地价变化，如果政策工具选择适当，则可以促使地价向合理水平恢复，实现地价的稳定运行。相反，如果政策工具选择不合适或应用不当，则可能导致地价远离合理水平，加速地价上下波动，造成地价被扭曲。

8.2.3.3 政府干预地价对资源配置的效应

从上述分析已经得知，政府利用政策工具干预可以影响地价变化，地价变化方向取决于政策工具的选择。因而，政府干预下的地价资源配置具有双重效应，即政府干预适当，则能形成合理地价，从而使地价发挥优化配置资源的作用；相反，政府干预不当，则可能导致地价扭曲，进而使地价配置土地资源的作用受限，导致土地资源配置负效应。

然而，在我国现行的制度框架下，地方政府为实现其特定目标，

第8章 对地价及其土地资源配置效应的理性反思

在使用政策工具进行地价干预时往往表现出以低地价招商引资、操纵地价房价扩张预算外收入等短期行为和机会主义行为为主要特征的不当干预行为,导致土地价格扭曲,进而使土地资源配置产生负面效应。

1994年以财政收入集权为特征的分税制改革,使地方政府在财政支出责任划分没有改变的情况下财政收入比例却明显减少。"财权上移"和"事权留置"造成了地方政府财权与事权的不对称,地方政府财政开始入不敷出。巨大的财政压力促使地方政府想方设法去增加财政收入。另外,中国目前的政绩考核制度使地方经济发展状况成为行政晋升中最重要的一项考核指标,GDP与地方政府官员的升迁密切相关。而现实当中,地方政府官员都非常关心自己的行政晋升和仕途,GDP增长也就成为地方政府官员追求的目标。因此,在财政分权和政绩考核的制度框架下,财政增收和经济增长就成为地方政府要实现的双重目标。

在制度约束和双重目标压力之下,在城市土地市场中具有特殊垄断地位、很强操纵能力的地方政府大多选择对城市土地价格进行干预的行为路径来谋求地方财政收入的最大化和地方经济的快速增长。地方政府通过改变不同用地类型的土地供求数量关系、城市土地供给方式等来影响城市土地价格。政府的行为选择内容包括:

(1) 采用"招拍挂"出让方式和"饥饿"供地策略控制土地供给,以此抬高商住用地价格和获取高额的土地出让收入。为了尽可能获取最大的地方财政收入,地方政府把城市土地出让中的土地出让收入作为其"第二财政"。地方政府凭借其在征地市场和一级市场的垄断地位,在大量低价征地的同时,通过招标、拍卖、挂牌等出让方式提高各用地竞争的激烈程度,以尽可能的高价出让土地。另外,政府还有意识控制商住用地的出让数量,采用"饥饿"供地政策造成商住用地的有效供给越发的有限。"招拍挂"竞价方式出让和不饱和供地政策人为地改变了开发商和市民对地价的预期,从而推动了商住用地价格的上涨,政府由此获取高额土地出让金①。

(2) 通过城市规划、旧城改造等方式人为增加土地市场需求,以此抬高城市中心区的居住用地价格和获取高额的土地出让收入。地方政府除了通过改变城市土地供给方式、控制土地供给数量关系影响居住用地的有效供给,而且还通过城市规划和旧城改造等方式提前释放部分城市居民的土地需求。具体表现在地方政府借用"公共利益"之名,对城市中心区进行大规模的旧城改造和拆迁工作,在短时期内人为地制造了更多的居住用地需求,一方面抬高了城市中心区的用地价格,另一方面则促使城市土地向郊区扩张。政府因此既获得了高额的土地出让收入,又扩大了城市规模。

(3) 通过压低工业用地价格吸引外来投资,以此加快地方经济增长。地方政府要在政治晋升竞争中脱颖而出,必须首先在地方经济中获得优先发展,而招商引资、吸引更多的外来资本则是提高地区生产总值最便捷的手段。招商引资的成效往往与地方政府为企业提供的优惠政策和便利条件紧密相关。由于以财政手段吸引外商投资的空间非常有限,土地则成了地方政府争夺外资的重要工具。因此,为了在争夺外资中获胜,地方政府往往以低于实际成本的地价,甚至"零地价"出让工业用地的优惠政策作为吸引外资的条件②。

地方政府行为选择的后果不仅导致了城市土地价格的扭曲,进而也对城市土地资源配置产生了负效应。具体表现在:

第一,工业地价水平太低,大量土地被圈占和浪费。地方政府为了突出政绩和增加 GDP,以非常低的征地价格大量圈占农地和设立各级各类开发区,导致城市用地规模不断扩大。同时,工业用地以远远低于其成本价或者零地价的价格水平用来吸引外来投资,工业用地

---

① 张小宏,郑思齐. 住宅用地供给短缺背后的地方政府动机 [J]. 探索与争鸣, 2010 (11), 54 – 58.

② 周业安,冯兴元. 地方政府竞争与市场秩序 [M]. 北京:中国人民大学出版社, 2003.

价格不能真实反映市场供求关系和资源稀缺程度,导致引进来的工业企业由于取得土地的成本过低而大面积圈占和粗放利用土地,投资强度和产出强度普遍较低。同时还会诱使一些外来企业放弃生产项目,以廉价的土地进行土地投机活动来谋利。大量工业用地被抵押给银行"晒太阳",也导致了土地大量被闲置和浪费。

第二,居住用地与工业用地价格比不合理,城市用地结构失衡。地方政府一方面在财政收入压力下通过抬高居住用地出让价格以攫取预算外的土地出让收入,另一方面在经济增长竞争压力下依靠低价出让工业用地以争夺较多的外商投资机会。这二元化的行为造成居住用地价格和工业用地价格都遭到扭曲,居住用地价格偏高,而工业用地价格偏低,居住用地与工业用地价格比例不合理。工业用地出让价格严重偏低,引致工业用地需求增大,在用地总量一定的情况下,很大程度挤压居住用地出让的空间,导致居住用地供应不足,最终使工业用地与居住用地结构比例失衡。

第三,征收土地价格与出让土地价格相脱节,地价体系混乱。地方政府在征地市场和土地出让市场上都处于垄断地位,为实现其目标地方政府凭借其垄断地位对征地价格、工业用地出让价格和商住用地出让价格进行过度干预,导致地价体系混乱,土地市场价格机制被扭曲,土地稀缺和土地市场真实供求的情况都无法从价格信息中得到反映,其后果是政府在没有约束的大面积圈占土地,扩大城市规模,用地者对土地市场价格缺乏理性预期,投机买卖土地和囤积土地行为猖獗,土地资源闲置和浪费现象严重,城市土地资源配置效率低下。政府干预地价对土地资源配置的作用机理可以通过图8-8表示。

8.2.3.4 政府干预对南京市地价的影响分析

由前面理论分析可知,政府在土地出让过程中通过对土地出让方式、出让数量、地价管制等方式对地价变化进行干预。下面将具体分析地方政府的干预行为以及对南京市地价的影响,以便更好地理解前

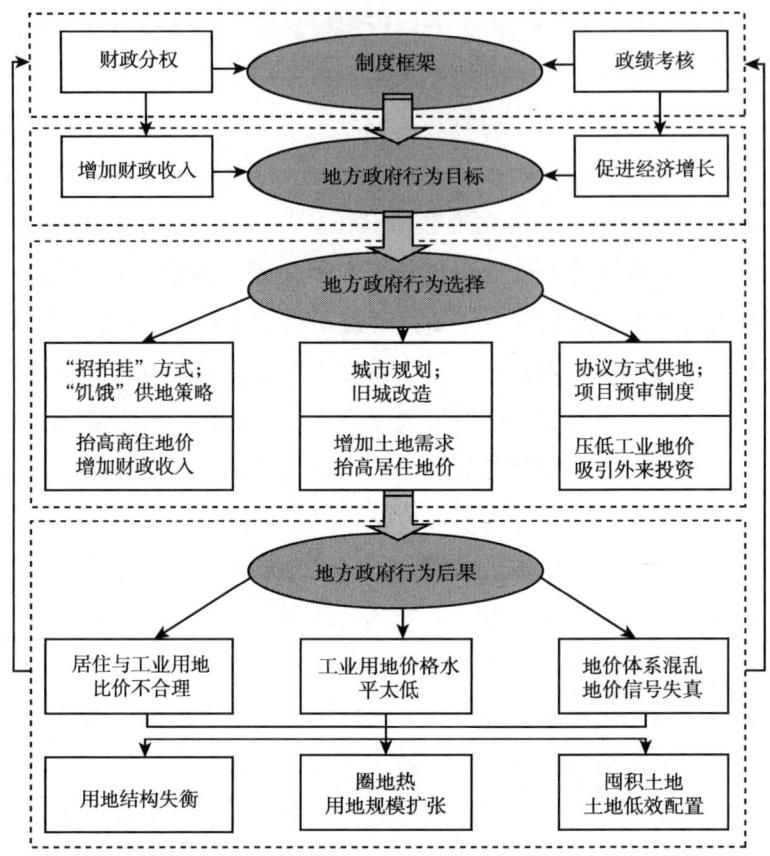

图 8-8 政府干预地价对土地资源配置的作用机理

面实证研究结果产生的政府干预原因。

（1）土地出让方式的选择与地价变化。在我国现行的土地管理体制下，城市土地一级市场由政府所垄断。对于不同的用地类型，地方政府选择不同的供地方式。地方政府对供地方式的选择，直接或间接地影响城市土地价格。目前，供地方式主要由行政划拨、协议、招标、拍卖和挂牌等几种。行政划拨是非市场土地供应方式，用地者通过划拨方式获取土地，不需要或只需要支付极少的用地代价；协议是准市场（或者说非公开市场）供应方式，通过交易双方协商确定土地供求数量，缺乏公平、公开和透明等市场要素；招标、拍卖和挂牌

第8章 对地价及其土地资源配置效应的理性反思

为公开市场供应方式,引入了市场竞争机制,用地者通过竞争有偿获取土地,可以显化土地价值。不同的供地方式下,土地价格水平不一样。

"土地公开出让率"这一指标可以用来描述政府对土地出让方式的选择行为。"土地公开出让率"指公开出让土地数量与有偿出让土地总量的比率。2003~2012年,南京市一级土地市场共有偿出让6769宗地块和19941.35公顷土地面积,其中招拍挂方式公开出让2297宗地块和11982.29公顷土地面积(见表8-1)。从土地公开出让方式的变化趋势来看,近年来南京市政府通过招拍挂公开出让方式供应的土地数量呈波动上升趋势增加,土地公开出让比率也在逐年提高,特别是2008年以来,公开出让土地面积一般占有偿出让土地面积比重的80%~90%(见图8-9)。

表8-1　　　南京市不同出让方式下的土地出让数量

年度	公开出让土地数量		有偿出让土地总量		土地公开出让率(%)	
	宗数(宗)	面积(公顷)	宗数(宗)	面积(公顷)	宗数(宗)	面积(公顷)
2003	121	2222.62	959	3972.62	12.62	55.95
2004	94	379.30	545	1053.61	17.25	36.00
2005	94	603.00	541	1617.00	17.38	37.29
2006	92	567.00	1315	3102.00	7.00	18.28
2007	129	843.00	1070	4040.00	12.06	20.87
2008	176	1375.07	289	1479.50	60.90	92.94
2009	291	1324.21	410	1568.34	70.98	84.43
2010	301	1214.37	489	1401.52	61.55	86.65
2011	425	1562.22	530	1706.76	80.19	91.53
2012	574	1891.50	621	1930.03	92.43	98.00
合计	2297	11982.29	6769	21871.38	33.93	54.79

资料来源:中国国土资源年鉴(2004—2013)。

虽然都属于有偿出让的供地方式,但协议、招标、拍卖和挂牌这几种出让方式因定价方式、价格形成机制不同,其地价结果存在较大

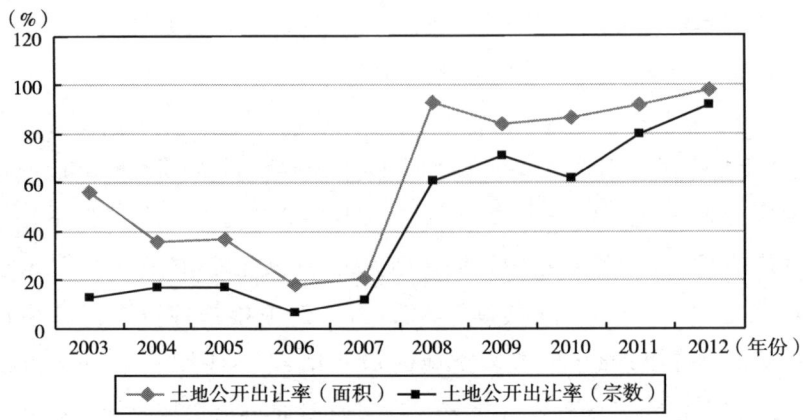

图 8-9 2003~2012 年南京市土地公开出让率

差异。通过比较发现，近 10 年来南京市协议方式成交单价远远低于"招拍挂"方式的成交单价。表 8-2 显示，除个别年份外，南京市协议单价一般不足"招拍挂"单价的 1/3，其中 2007 年协议单价只占"招拍挂"单价的 7.23%。2003~2012 年，协议单价与"招拍挂"单价比率的平均值仅为 12.03%。

表 8-2 2003~2012 年南京市协议单价与招拍挂单价比

年度	协议单价（元/m²）	招拍挂单价（元/m²）	协议单价/招拍挂单价（%）
2003	218.93	737.42	29.69
2004	240.39	1569.21	15.32
2005	149.44	1386.29	10.78
2006	163.03	1543.95	10.56
2007	175.68	2430.22	7.23
2008	806.77	1266.61	63.70
2009	256.13	1870.91	13.69
2010	553.18	4212.93	13.13
2011	3198.52	3088.57	103.56
2012	688.11	2184.80	31.50
平均	243.78	2026.91	12.03

资料来源：中国国土资源年鉴（2004—2013）。

第8章 对地价及其土地资源配置效应的理性反思

地方政府对待不同用地类型采用不同的出让方式。如对于商住经营性用地，一般采用公开市场定价的招拍挂出让方式，而对于工业用地，都采用相机定价的非公开市场定价的协议出让方式。其结果是，供地方式的多轨制导致了地价的多轨制，商住用地与工业用地之间的价格出现结构性偏差，即商业和居住经营性用地价格偏高，而工业用地价格偏低。通过协议方式出让的工业用地，其经济价值不能得到体现，以致工业用地增长过快，带来蔓延和空置、低效利用等问题[①]。2007年7月国家推行工业用地"招拍挂"制度，除部分特殊工业用地外，工业用地也必须采用招拍挂出让方式。相比之下，2007年之后的工业用地价格较之前有所提高。

（2）各类型用地相对供应速度的选择与地价变化。地方政府是城市土地出让市场上最大的垄断供应主体，地方政府通过土地供给可以获得土地出让金和相关税费。在土地供应过程中，地方政府选择不同类型土地的供应数量及其比例能够影响城市地价。

从表8-3可以看到，近年来南京市居住用地面积和工业仓储用地面积都在增加，居住用地占总建设用地面积比值相对稳定，而工业仓储用地占总建设用地面积比值在波动上升。

表8-3　　　　　　　南京市各类建设用地面积

年度	建设用地总面积（km²）	居住用地面积（km²）	工业仓储用地面积（km²）	居住用地面积占比（%）	工业仓储用地面积占比（%）
1999	157.09	41.15	35.04	0.26	0.22
2000	161.21	42.35	34.74	0.26	0.22
2001	239.2	74.49	50.32	0.31	0.21
2002	459.97	125.66	122.89	0.27	0.27
2003	498.97	144.13	141.91	0.29	0.28

---

① 张倩，王海卉. 工业用地扩张和低效利用机理剖析——以南京市为例［C］. 中国城市规划学会. 城市时代，协同规划——2013中国城市规划年会论文集. 中国城市规划学会，2013：12.

续表

年度	建设用地总面积（km²）	居住用地面积（km²）	工业仓储用地面积（km²）	居住用地面积占比（%）	工业仓储用地面积占比（%）
2004	561.94	158.02	173.53	0.28	0.31
2005	598.06	162.81	185.76	0.27	0.31
2006	544.17	151.06	151.31	0.28	0.28
2007	578.42	157.59	163.87	0.27	0.28
2008	596.98	162.71	166.97	0.27	0.28
2009	620.81	169.07	172.65	0.27	0.28
2010	647.28	178.41	178.08	0.28	0.28
2011	654.43	173.16	177.98	0.26	0.27

资料来源：中国城市建设统计年鉴（2000—2012）。

下面借助"居住与工业用地面积比"来分析居住用地与工业仓储用地面积的相对供应速度。

居住与工业用地面积比 = 居住用地占比／工业仓储用地占比

居住与工业用地面积比值增加，表明居住用地面积的增长速度比工业用地的增长速度较快，反之则慢于工业用地的增长速度。图8-10显示，居住与工业用地面积比曲线的转折点出现在2001年。2001年之后，居住用地的相对供应速度慢于工业用地，而2001年之前是要快于工业用地的供应速度。

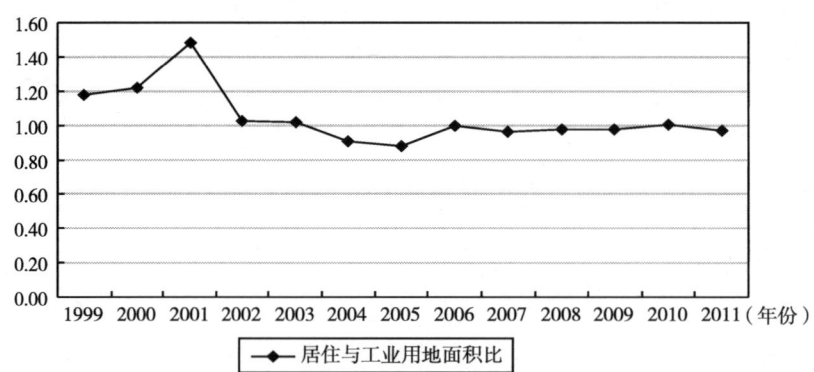

图8-10　近年来南京市居住用地与工业用地的面积比值变化

南京市居住用地与工业用地面积相对供应速度发生变化的同时，居住用地与工业用地的价格比值也发生了变化。把"居住与工业用地面积比"和"居住与工业用地价格比"放在同一个图中进行比较后可以发现，"居住与工业用地面积比"和"居住与工业用地价格比"呈相反态势变化，形似一把"剪刀"，两者之间差距越来越大（见图8-11）。

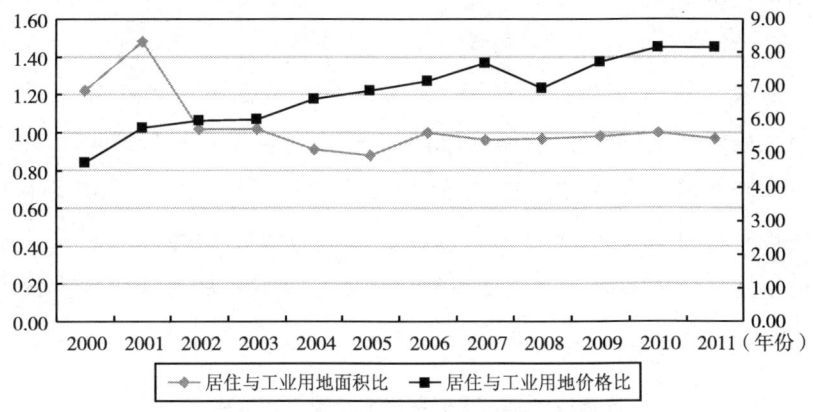

图8-11　近年来南京市居住用地与工业用地的价格比值变化

图8-11反映出来的一个现象是：随着居住用地的相对供应速度逐渐慢于工业用地，居住用地价格与工业用地价格的差距在逐年扩大。这一现象与上述政府干预行为对地价影响的理论分析相一致，佐证了地方政府有"缩量、高价供应居住用地的同时，超量、低价供应工业用地"的动机和倾向。一方面，地方政府在居住用地供应上采用"饥饿供地政策"，以维持相对稀缺的用地状态，使开发商和百姓产生"土地稀缺"的心理预期，借以推动居住用地价格上升；另一方面，加大工业用地供应量，吸引工业企业入驻投资，导致工业用地价格严重偏低。结果，地方政府对居住用地和工业用地采用不同的相对供应速度导致了居住地价与工业地价的结构性偏离。

（3）政府的地价管制与地价变化。2007年，中央政府在推行工业用地必须采用由市场形成价格的"招拍挂"出让方式的同时，还采取了另一项辅助政策，即工业用地最低出让金制度，对工业地价实行最低限价管制。

2007年之前，南京市与全国其他大多数城市一样，工业用地主要采取协议、一对一谈判的方式确定土地价格，工业用地价格普遍较低。2007年之后，为了抑制地方大量低价出让工业用地，国家对工业用地实施最低限价管制，南京各区县工业用地出让价格不得低于《全国工业用地出让最低价标准》规定的标准。

从表8-4可以看到，在国家工业最低价管制下，2007年之后南京市主城区[①]工业用地（含科研用地）的出让价格水平较之前有所提高。2004~2006年工业地价平均为167元/平方米，2007~2012年工业地价平均为633元/平方米。这折射出2007年之前地方政府在工业用地出让过程中的确存在压低价格的事实，低成本的工业用地大量被出让了，而实际上工业用地价格水平是具有提升空间的。

表8-4　　　近年来南京市主城区工业用地出让价格

年度	2004	2005	2006	2007	2008	2009	2010	2011	2012
工业地价（元/m^2）	197	146	158	750	719	409	586	710	626

资料来源：由南京市国土局提供的资料整理得出。

虽然工业最低价管制使得市区工业用地出让逐渐走向公开，也局部提高了工业用地出让价格水平。但总体而言，由于开发区用低价土地吸引工业企业投资的倾向没有改变，政策对提高工业用地的价格效果不大。以栖霞区为例，用"工业用地出让最低标准价与平均价差额率"这一指标来反映工业用地最低价管制政策实施后地方政府对工业地价水平的干预结果。

---

① 主城区在这里是指鼓楼区、建邺区、秦淮区、白下区、玄武区、下关区、雨花台区和栖霞区这八个区域。

第8章 对地价及其土地资源配置效应的理性反思

工业用地出让最低标准价与平均价差额率 =(工业用地实际出让平均地价 −
　　　　　　　　　　　　　　　　　　工业用地出让最低标准价)/
　　　　　　　　　　　　　　　　　　工业用地实际出让平均地价

根据《全国工业用地出让最低价标准》规定,栖霞区工业用地出让最低标准价为337元/平方米。从表8-5中可以看到,栖霞区各年度工业用地(含科研、仓储等)实际出让地价基本上都是按照最低标准价进行出让,最低标准价与平均价差额率很低,甚至于2009年实际出让平均地价还低于标准价。工业用地的出让单价整齐划一,等于或略高于该区的最低标准价,让人不得不怀疑该区在工业用地出让过程中存在行政干预,工业用地出让价格在一定程度上被人为抑制了。现行的工业项目立项管理制度和用地预审制度,使工业用地在出让过程中竞争性较差,最终也导致了工业用地出让价格不能得到提升。

表8-5　　　　　近年来南京市栖霞区工业用地出让价格

年　度	2007	2008	2009	2010	2011	2012
实际出让平均地价	337	337	316	345	433	430
最低标准价与平均价差额率	0	0	−0.066	0.023	0.222	0.216

资料来源:由南京市国土局提供的资料整理得出。

总结:从上面的分析可以得知,地价对南京城市土地资源配置结果不大理想,原因在于南京地价不合理,存在一些问题,而地价问题是由市场条件不成熟、发育不完善和政府干预不当引起的。在我国现行的制度框架下,地方政府为实现其特定目标,往往表现出干预不当的行为特征,导致土地价格遭到扭曲,进而使土地资源配置不能达到最优状态。因此,要从地价本身和地价外在影响因素(市场条件和政府干预)方面努力,扫除障碍因素,以实现地价对城市土地资源配置目标。

8.3　本章小结

本章是在前文研究基础上所作的进一步深入分析,探究地价对城市土地资源配置效应呈现多种方向性的原因。整体概括和总结了地价对南京市城市土地资源配置的影响结果。并以此为引子，深刻反思地价及其土地资源配置效应存在问题的原因，剖析影响地价没有实现土地资源配置目标的因素。

本章首先总结了前面章节的研究结果，认为地价对城市土地资源配置发挥了一定的积极、正向的影响，同时也存在一些问题，如城市用地规模存在过度扩张现象，城市用地结构布局不太理想，以及城市用地效益与地价的耦合运行有待提高。

然后，对地价配置城市土地资源结果及其存在的问题进行深刻反思后，认为地价没能实现土地资源配置目标，地价对土地资源配置的现实结果与传统理论中应该达到的理想结果不太一致的主要原因在于现实的市场条件不完善，存在政府干预不当行为，导致了地价扭曲，从而阻碍了地价优化配置土地资源作用的发挥。

有什么样的地价就会导致什么样的土地资源配置效应。能够准确反映土地经济价值、市场真正供求的合理地价及地价体系会对土地资源配置产生正向效应；相反，不能准确反映土地经济价值和市场真正供求的扭曲地价及地价体系会对土地资源配置产生负向效应。

市场是价格形成和有效发挥作用的环境，市场发育度和完善度影响地价的形成及地价的资源配置效应。完善的土地市场具有的特征是：产权明晰、权利体系健全；市场主体合法、行为规范；市场统一、结构完整；土地市场开放、竞争有序。在完善的土地市场环境中，土地价值能够得到显化，形成合理地价，从而促进土地资源得到合理、优化配置。相反，在不完善的土地市场中，土地供给或需求发生变异，地价变动脱离土地市场的真实变化，地价被人为抬高或压低，远远大于或小于市场均衡价格，而此状态下的地价使其土地资源配置效应呈现负的、消极的一面。

土地的资源属性、土地市场本身难以克服的缺陷和土地市场建设不全、发育不完善会引起市场失灵。市场失灵的存在使政府有必要对

第8章 对地价及其土地资源配置效应的理性反思

土地市场进行干预。然而，政府在使用地价管制、土地供给、城市规划、税费、金融等政策工具对地价和土地市场进行干预时，有可能干预适当，也可能干预不当。政府干预适当，则有利于弥补市场本身缺陷，促使地价合理形成，从而发挥地价配置土地资源的正向效应；相反，政府干预不当，则会加重市场失灵，进一步扭曲地价，导致地价对土地资源配置产生负效应。在现行的财政分权和政绩考核制度框架下，增加财政收入和促进地方经济发展成为地方政府的行为目标。在行为目标指导下，其行为选择往往表现为对土地价格的干预过度，对不同用地类型采用差别化的供地方式、供地策略，利用城市规划、旧城改造等方式人为增加土地市场需求，影响土地价格等。地方政府行为选择的后果不仅导致了城市土地价格的扭曲（如工业地价水平太低，居住与工业用地价格比不合理，地价体系混乱等），进而也对城市土地资源配置产生了负效应（如城市用地结构失衡，圈占土地，扩大用地规模，土地资源闲置和浪费等）。地方政府干预对南京市地价影响的实证分析表明，政府对土地出让方式的选择、各类型用地相对供应速度的选择以及地价管理等方面都对地价产生了一定的影响。

地价对城市土地
资源配置的
效应研究
Chapter 9

第9章　主要结论与政策建议

地价对城市土地资源配置的效应研究

　　本研究以考察现实市场条件下的地价对城市土地资源配置的效应，促进地价发挥最佳资源配置正向效应，实现城市土地资源高效利用为总体研究目标。在文献回顾以及相关理论研究的基础上，构建了地价对土地资源配置效应的理论分析框架，并在理论分析和实证考察地价对南京市城市用地规模、用地结构和用地效益配置效应之后，深入剖析了影响地价及其资源配置效应的市场条件和政府因素。

9.1　主要结论

　　（1）地价具有土地资源配置的功能，地价对土地资源配置效应的作用途径主要是通过地价的变化来影响市场相关主体的目标和行为，进而影响城市土地资源的时间、空间或部门间的配置。地价对城市土地资源配置效应具有客观必然性，但其发展方向又具有多种可能性和主观调控能动性。即地价变化具有土地资源配置效应，但这种效应具有正向和负向两种可能性。城市土地资源配置的根本目标是在一定的时间和空间范围内，使有限的城市土地资源合理分配和可持续利用，实现土地经济效益、社会效益、生态效益三者综合效益最大化。地价对城市土地资源配置效应优化主要是指资源配置效率和公平有所改善、社会总效益有所提高。

　　（2）在现实市场条件下，南京市土地价格遭到了一定程度的扭曲，土地价格存在一系列的问题。政府从对土地出让方式的选择、对各类型用地相对供应速度的选择、对地价最低价限价管制等方面干预地价，结果使南京市地价受到影响，遭到一定程度的扭曲。地价表现为：工业用地价格水平较低；商业、居住用地与工业用地比价过大；不同层次市场的土地价格脱节，地价体系略显混乱。

　　（3）地价对南京城市用地规模配置效应的研究表明，由于地方政府干预市场配置价格，使土地实际价格过于偏离完全竞争条件下的理论价格，导致了南京城市用地规模过度扩张。1999~2011年南京市城市用地规模过度扩张了122.85平方公里，过度扩张的城市用地面积所占比例达26.82%。但是，从变化趋势来看，随着土地价格形成市场化程度的提高，特别是工业用地"招拍挂"的市场化定价制度的推行，提高了工业用地的价格水平，使工业用地过度快速扩张的趋势得到一定程度上的抑制，有效改善了工业用地扩展成为南京市城市用地扩张先导和动力的现象。城市用地过度扩张面积比例与土地价格市场吻合程度之间呈现明显的负相关关系。伴随南京市土地市场价格的整体吻合度的提高，南京城市用地过度扩张面积比例明显下降。2006年之前，城市用地过度扩张面积比例一般超过20%；2007年之后，城市用地过度扩张面积比例一般维持在15%左右。由此可见，土地价格是影响城市用地过度扩张的重要因素。地价形成机制的日益市场化和地价合理程度的不断提高，有利于抑制城市用地规模的无序、过度扩张。

（4）地价对南京城市用地结构配置效应的研究表明，相对于传统计划经济体制时期，由于城市土地有价使用，有效地解决了土地管理者进行有效调控的价格信号问题和生产经营者用地成本与收益的激励问题，在"位置级差地租"法则约束下，南京城市土地经过不断调整置换，城市用地结构不断向高度集约、优化配置的方向迈进。城市用地结构基本体现出"高价高用""优地优用"的经济原则，产业用地区位与地租支付能力基本耦合，呈正相关的分布与排列组合状。南京市土地现状空间布局基本体现了阿朗索竞租理论的要求，即商业活动获益能力强，从而占据着城市中心；工业活动获益能力较弱只能选址在城市的边缘区；居住活动获益能力居于这两种经济活动之间，其空间位置则占据着中间圈层。但是，由于工业用地"多地一价"、地价水平偏低，导致了工业用地在郊区盲目扩张；城市中心居住地价过高，迫使居住用地大量向郊区化发展。各用地类型比价不合理，导致用地数量结构不合理。地价体系混乱，导致地价信号失真，错误引导用地者使用土地，结果导致各用途地价—距离曲线的交汇点非常靠近，城市用地结构功能分区不太明显。

（5）地价对南京城市用地效益配置效应的研究表明，地价与土地利用效益具有正相关性，两者基本上都呈上升趋势。综合地价的变化与土地利用综合效益变化之间存在明显的正相关性，灰色关联度 r 为 0.7478。除 2001 年、2008 年这少数几年出现增减方向不一致外，其余年份均表现出波动变化同向性。即地价的波动变化会直接影响城市土地利用效益，使城市土地利用效益的变化方向与地价的变化方向相同。这表明地价发挥了优化配置土地资源、提升土地资源配置效益的作用，地价对南京城市土地资源配置效应是向改进方向演化的。但是，南京市地价与用地效益的耦合运行还没有走上良性循环的轨道，从不同用途地价与土地利用效益的关联度来看，$r_{商服地价} > r_{住宅地价} > r_{工业地价}$。商服地价与土地利用综合效益的关联度最高，关联度为 0.7519，商服地价与土地利用综合效益的变化之间基本保持了较好的一致性；住宅地价与土地利用综合效益的关联度为 0.7137，由于住宅地价存在一定泡沫，波动较大，使住宅地价与土地利用综合效益的关联系数呈现出明显的波动性；工业地价则在市场竞争不充分的情况下被低估了，特别在经济快速增长、用地效益显著提高时期，出现以优惠地价吸引投资的行为，致使工业用地的价格并没有相应地上升，结果使工业地价与土地利用效益的关联度最低，其值只有 0.6195。

（6）地价对土地资源配置效应的结果如何，是积极的还是消极的，归根到底取决于地价自身的状态、地价合理与否，即地价总水平能否准确反映土地经济价值，地价波动变化是否反映市场真正供求，地价结构体系是否健全与合理等。而地价自身状态主要受到市场条件与政府干预的影响。因此，市场条件与政府干预影响地价的城市土地资源配置效应，使地价对土地资源配置效应呈现出正向或负向的多种可能性。市场是价格形成和有效发挥作用的环境，在发育完善、体制健全的土地市场条件下，土地价值能够得到显化，形成均衡、合理地价，地价能够客观反映土地供求关系的变化，体现土地的真实价值，因而能够使资源配置趋向帕累托最优；相反，不完善的土地市场条件下，土地供给或需求发生变异，地价变动脱离土地市场的真实变化，远远大于或小于市场均衡价格，而此状态下的地价使其土地资源配置效应呈现负的、消极的一面。政府在弥补土地市场自身缺陷、促进土地市场发育方面具有重要作用。政府干预适当，可以使土地市场形成合理地价，从而发挥地价配置土地资源的正向影响；相反，政府干预不当，则可能破坏市场有序竞争，进一步扭曲土地价格，致使其优化资源配置功能得不到良好发挥，对土地资源配置产生负向效应。在现行的财政分权和政绩考核制度框架下，地方政府在其行为目标指导下，其行为选择往往表现为对土地价格的干预过度，导致城市土地价格的扭曲，并进一步导致地价不能实现优化城市土地资源配置的目标。

（7）为充分发挥地价对土地资源配置的正效应，并且避免或减少其负效应，需要改变地价扭曲的现状，建立地价合理形成和运行的市场环境及制度体系，为有效地实现地价优化配置城市土地资源这一目标提供保障。

9.2 政策建议

本文的理论分析和实证研究表明，地价对城市土地资源配置发挥基础性作用，但是要发挥地价配置作用的积极效应，使土地资源配置向优化方向演进，则必须以土地价格是合理价格为前提和基础。扭曲、异化的土地价格不能反映土地市场的真实供求和土地资源稀缺程度，也就不能有效发挥地价优化配置土地资源的作用。然而，追根溯源，体制问题、制度缺欠是造成土地价格扭曲、土地价格在优化资源配置中作用受限的根本原因。创造良好制度环境是形成合理的土地价格,并实现其优化配置土地资源功能的根本保证[①]。鉴于此,为充分发挥地价对土地资源配置的积极效应,并且避免或减少其负效应,实现城市土地资源优化配置这一根本目标,本书认为需要从改变地价不合理的现状入手,建立地价合理形成和运行的市场环境及制度体系。

9.2.1 显化土地的经济价值,抑制城市用地规模过度扩张

前面章节研究表明,近年来工业用地低价扩张成为城市用地蔓延扩张的先导和动力,城市过度扩张主要是由工业用地低价协议出让导致的;而工业用地定价机制的市场化改革及其价格水平的理性回归,有助于抑制城市用地规模的过度扩张。因此,为了在保障城市经济发展合理用地需求的情况下,引导城市工业用地理性增长,避免城市用地总规模屡屡突破土地利用总体规划和过度扩张,有必要进一步完善土地出让方式,提高工业用地价格水平,显化土地的经济价值。

(1)完善土地出让价格的形成机制,科学供应城市土地。土地使用权出让方式改革,是厘清政府与市场边界,纠正过去行政色彩定价机制,充分发挥价格配置资源的一个重要举措。目前,我国国有土地使用权出让方式主要有协议、招标、拍卖和挂牌四种。协议出让是一种不公开、不透明,不符合市场经济公开、公平、公正原则要求的出让方式,协议出让价格一般远远低于真实的市场价格。在我国,工业用地长期游离于市场之外,工业用地以划拨和协议出让为主,容易导致企业大肆地圈占、囤积土地。"招拍挂"则是通过市场发现价格、信息披露公开、交易过程较为透明的出让方式。通过"招拍挂"方式出让土地,土地经济价值能够得到较好显化。土地"招拍挂"

---

① 蔡继明,程世勇.地价双向垄断与土地资源配置扭曲[J].经济学动态,2010 (11):75-80.

第9章 主要结论与政策建议

面积占当年土地供应总面积比重是衡量土地市场发育程度的重要指标之一。在我国,通过"招拍挂"方式出让的土地面积比重逐渐提高,标志我国土地市场发育程度也在逐步提高①②。因此,为使土地价值能够得到显化,避免工业用地低价协议出让,无论是经营性用地还是工业用地,国有土地使用权的出让方式都应该让"招拍挂"成为土地供应的主渠道,用市场定价的方式来纠正价格扭曲。对确实需要通过协议方式出让的土地,政府必须建立集体决策的会审制度,对土地出让面积、出让条件、出让对象等进行内部会审和集体决策,严格审批程序,并且向社会公示,接受公众监督。

但是,本研究认为,科学的地价形成机制并非"一拍了之"。虽然"招拍挂"出让方式引入市场竞争机制,减少土地出让的人为条件限制,能够提高工业地价水平。但是,"招拍挂"出让方式对社会所产生的综合福利还需进一步考察和评估。地价水平高并不代表就科学了,不是越高越好,因为土地作为特殊的自然资源关系到社会的整体福利。确定稀缺土地资源的价格,要综合考虑市场和社会两者的边际成本与边际收益,因为在个体获得最高收益的同时有可能使整个社会付出了巨大的社会成本。因此,要进一步完善国有土地使用权出让方式,在坚持土地"招拍挂"的同时,不一定完全是"价高者得",应综合考虑地价水平、价款缴纳时间、企业资质条件、企业历年信用以及企业闲置地情况等因素,采取土地出让综合评标方法。这样既可以有效抑制经营性用地的地价无限制被推高,又可以防止工业用地被行政手段压低,实现土地价格合理化,有效控制城市用地规模。另外,还可以采用差异化的制度管理方式对待不同类型的工业用地③,

---

① 赵珂,石晓平,曲福田.我国土地市场发育程度测算与实证研究:以东、中、西部为例[J].经济地理,2008(5):821-825.
② 李永乐,吴群.土地市场发育与农地非农化:基于省际面板数据的估计与测算[J].中国土地科学,2009(11):45-49.
③ 唐焱,高明媚.工业用地供给制度及其绩效评价研究综述[J].地域研究与开发,2012,31(4):113-117.

积极探索工业用地"租让结合、先租后让"的土地供应模式,科学供应城市土地。

(2) 提高工业用地出让最低价标准,避免工业用地快速低价扩张。因政府行政手段干预,工业地价经常被扭曲和过分压低,以致工业地价与土地成本倒挂,有些地方还出现零地价和负地价的现象。虽然,2007年国家要求工业用地也采用"招拍挂"方式出让,但由于工业用地往往按照最低价标准进行出让,出让底价太低以及操作过程存在问题,其价格水平不能体现土地资源的稀缺程度,地价变化也不能真实地反映土地市场供求关系。这带来的直接后果是工业用地低成本过度扩张,土地大面积圈占、容积率过低、投资强度和产出强度普遍较低,隐性闲置和浪费现象严重。因此,为有效遏制地方政府在地区竞争中利用低地价招商引资、恶性竞争,防止工业项目大量低水平重复建设,浪费城市土地资源,需要进一步完善工业用地出让最低价标准,合理制订工业用地出让价格。工业用地出让底价定得太高则会增加投资建设方的用地成本,不利于地方正常的招商引资以及地方经济的长期发展;如果太低则容易造成国有资产流失,不利于激励企业集约用地[①]。

国家发布实施的《全国工业用地出让最低价标准》为各地工业用地出让最低价格提供了标准,该标准基本上体现了价值规律的要求,工业用地出让价格溢价开始由负转正。但本研究认为,根据地价理论和土地资源配置的要求,工业地价除了由取得成本、前期开发成本以及按规定必需上交的相关费用构成之外,还应包括级差地价,能够体现土地资源的稀缺程度、反映土地市场真实的供求状况和土地未来升值的预期,即工业地价要体现其应有的价值,坚持成本体现补偿的原则。这样,工业地价才能由扭曲状态转向并保持相对合理的状态,从而显化工业用地的资产价值,进而限制地方政府低价出让工业

---

① 李建中. 论完善工业用地的价格形成机制 [J]. 浙江国土资源, 2007 (7): 38 - 40.

用地，通过地价来调节和控制工业用地规模①。

另外，建议建立工业用地出让最低价标准动态评估和修订机制。由于社会经济处于动态发展变化中，有必要定期开展土地成本调研，尤其是土地开发配套等成本中难以明确或标准不一的部分，要定期进行调查和测算，每隔两三年对工业用地出让最低价标准进行动态评估、修订和调整。

9.2.2 建立合理的地价比价机制，促使城市用地结构布局优化

相对于计划经济时期，城市土地市场的建立以及城市土地有价使用促使了城市土地结构严重失衡、空间布局混杂无序的现象得到改善，促进了城市用地结构布局的优化。然而，由于城市土地存在比价不合理，住宅与工业用地价格结构性偏离等问题，影响了地价杠杆作用的有效发挥，导致"级差地租"引导下的城市用地功能分区不是很明显，地租地价对城市用地空间布局的调节效果不是很理想。为使城市用地结构布局进一步得到优化，需要建立合理的地价比价机制。同时，需要培育土地市场，推进城市土地置换和合理流动，使城市用地结构重新组合。

（1）确立合理地价比价，发挥级差地租地价杠杆作用。土地价格比价是指土地的价格比例关系。广义的土地价格比价包括不同用途土地价格比价、不同区位土地价格比价、不同等级市场的土地价格比价等。

居住与工业用地价格比价结构性偏离，在一定程度上导致了城市内用地数量结构不合理。具体表现为工业用地价格偏低，居住用地价格偏高，结果造成城市用地中工业用地比重偏高，居住用地局促，数量相对不足。要让土地价格充分发挥其优化用地结

---

① 刘卫东，段洲鸿. 工业用地价格标准的合理确定 [J]. 浙江大学学报（人文社会科学版），2008，38（4）：146-153.

构的杠杆作用，就必须改变目前这种扭曲的土地价格比价及其形成机制。

本研究认为，建立合理的居住与工业用地价格比价，首先要改变目前工业地价水平过低的现状，提高工业土地价格；其次要建立居住与工业地价的比价机制，将居住与工业用地两者价格挂钩，当居住用地价格变动时，工业用地价格按一定比例跟随变动。建立居住与工业地价比价机制时可以借助居住用地价格倒推出相对合理的普通工业用地地价。具体估算可以结合前一年居住用地地价进行，比价的选取应当遵循大数原则和因地制宜的原则，即参考全国各地的居住用地和工业用地价格比例，同时综合考虑当地区域的社会经济状况、区位产业优势以及土地市场需求等。或者统一由国土资源部制定出全国各地的居住用地和工业用地价格比例，并由国土资源部统一发布。居住用地和工业用地价格比例要每年修订一次，根据社会经济发展状况、土地市场变化情况适时调整。

另外，还要建立不同区位用地的合理价格比价。不同区位其收益不同，因此不同区位的地租地价也应该有所区别。现实当中工业用地"多地一价"，大量划拨用地占据城市中心位置，这不利于地租地价调整用地结构功能的发挥，不能有效促使城市土地"优地优用""各尽其用"。因此，要科学确定城市不同地段的级差地租和地价，根据不同区位地价不同的原则确定工业用地供应底价，以地价区位调节土地使用的区位供给。同时，在"位置级差地租"法则指导下，加速推进城市土地置换，促进旧城改造和城市功能的重新组合与结构调整，让老城区的工业用地逐步置换为第三产业用地，最终使土地配置结构优化，空间布局合理化。

地价体系不合理影响地价优化配置土地资源功能的发挥。地价体系不仅仅限于以基准地价、标定地价和土地交易出让价为主要内容的狭义地价体系，还包括不同区域、不同市场、不同质量、不同用途土地价格的比价或差价体系。地价体系合理，比价差价关系理顺，各个

第9章 主要结论与政策建议

企业在各个流通环节才有平等价格竞争的条件。基于我国城市地价的复杂性,应该从社会生产资源配置、政府管理等不同角度建立一套完整的土地价格体系[①]。

(2) 健全土地交易市场,促进城市土地合理流动。在市场经济条件下,要素价格水平及其杠杆作用的发挥受到要素流动自由程度和市场竞争充分性的影响。市场不完善以及市场分割的存在会导致市场竞争和要素流动产生障碍,进而会引起要素价格的扭曲[②],潜伏着效率的损失[③]。各级土地市场的发育程度差距悬殊,相互联系不够紧密,将无法形成土地市场体系应有的整体功能,价格信号也无法形成灵敏的联动关系和完整的反馈回路。这不仅弱化了价格机制应有的调节功能,而且还常常向土地所有者、使用者和投资者等市场主体输出失真的信息,导致他们在错误的信息引导下,做出许多不理性的行为。城乡土地市场的互不统一、相互分割是导致土地价格"剪刀差"形成的外部环境,这为地方政府获取地价"剪刀差"提供了平台。而且,城乡土地市场的二元结构,使地方政府对"剪刀差"的追求产生规模性的"圈地运动"。全国各地的土地市场之间没有统一的用地价格机制和竞争机制,地方政府在土地出让方式选择、出让底价确定方面具有很大的随意性,这也是导致商住地价偏高、工业地价偏低,各用途地价出现结构性偏离的重要原因。由于价格表现价值、传递信息、调节经济活动等都要通过市场,因此没有市场的价格不是真正意义上的价格,没有完整的市场体系,价格功能不可能顺利实现。

要形成合理地价并发挥地价优化土地结构布局的杠杆作用,健全土地市场是关键。建立土地市场并促进其不断发育和完善,是政府在

---

① 唐焱. 城市土地价格及其影响因素的理论与实证研究 [M]. 北京:中国大地出版社, 2006:233.

② 赵自芳. 生产要素市场扭曲的经济效应 [D]. 杭州:浙江大学, 2007.

③ 钱忠好, 马凯. 我国城乡非农建设用地市场:垄断、分割与整合 [J]. 管理世界, 2007 (6):38-44.

追求土地资源配置效率的重要举措[①]。健全土地市场的具体措施包括以下几个方面：

第一，确立市场规则，规范土地市场主体行为。地价的资源配置作用主要通过影响市场主体的行为选择来实现。地价优化配置土地资源的活动必须借助于市场主体的理性行为，离开了市场主体的理性行为，任何土地资源配置目标都将无从实现。首先，要制定完善的市场行为规则，包括市场准入规则、谈判缔约规则、市场交易规则、履约保证规则等，保障市场主体的合法利益。其次，要对进入市场的房地产企业依法进行资格审查，并对其经济行为进行检查监督，制止其不正当竞争行为，维护平等、公正的竞争秩序。最后，要配有相应的奖惩措施，对破坏市场正常运营、扰乱市场秩序的行为进行制裁，做到奖惩对等、监督有力、实施得法。对投机取巧、扰乱市场秩序的土地投机者应严惩不贷。

第二，培育地产中介服务机构，主要包括地价信息咨询、地价评估、登记代理和其他中介服务机构。土地市场上所需要的各类信息、技术及代理服务等需要市场化运行的中介服务机构完成。中介服务机构的发展可以在一定程度上弥补政府对市场信息分析处理能力的不足，其发展状况关系到地价能否实现优化配置土地资源的功能。因此，应完善相关法律法规，如《土地估价管理办法》《土地估价机构管理规定》《测量师条例》等，明确中介专业服务人员的权利义务，保护其在执业中的独立性、公正性。提高从业人员专业素质，加强继续教育工作，定期进行集中培训和专业交流；严格审查中介机构资质，整顿中介服务市场，淘汰考核不合格的机构，建立健全行业自律管理制度。

第三，大力建设土地有形市场，建立完善统一的市场体系。市场交易双方能够充分占有信息是自由竞争市场的必要条件之一。应该大

---

① 谭荣，曲福田. 市场与政府的边界：土地非农化治理结构的选择 [J]. 管理世界，2009 (12)：39-47.

力建设有形市场，为各类土地交易活动提供固定的活动场所，为各类土地交易信息的登记、互换、查询及反馈提供服务平台，使有形市场成为政府披露、市民了解有关土地信息的窗口。要使土地市场成为自由竞争的交易场所，交易双方应该能够占有充分、对等的信息。在统一完善的市场中土地能够自由交易和流转，地价优化城市用地结构的功能才能顺利实现。地租地价对城市用地结构布局的调节，除了通过一级市场的初次分配来实现，还通过二三级市场的再分配来实现。完善的土地市场体系，不仅要有城市土地市场，还要农村土地市场，城乡两者应为统一的市场；不仅要有竞争、有序的一级市场，还要有活跃、规范的二三级市场等。

9.2.3 完善地价管理制度，提升土地资源配置效益

地价水平及其变化影响城市用地规模、用地结构布局的配置状况，并最终影响到城市用地效益。要利用地价提升城市土地资源配置效益，还必须深化相关制度改革，构建完善的地价形成、运行和调控的制度环境。政府对地价相关制度进行顶层设计，在宏观层面上对地价形成、运行和调控的制度环境进行统筹安排，是实现地价优化配置城市土地资源目标、提升城市土地资源配置效益的重要保障。另外，土地具有资源和资产的双重属性，再加上我国土地市场建立时间不长，其发育程度不高，这也要求必须依赖政府行为对土地市场实施制度供给，土地市场发育与政府所提供的各项政策、制度密不可分[1]。

（1）深化地价制度改革，完善地价管理政策。改革开放以来，围绕着"发挥地价的杠杆作用、促进土地资源的优化配置"，我国先后出台了一系列的地价政策，如出让地价政策、转让地价政策和

---

[1] 石晓平，曲福田. 经济转型期的政府职能与土地市场发育 [J]. 公共管理学报，2005（1）：73-77.

公告地价政策等，并且从土地出让、转让、抵押、地价评估、地价动态监测与更新、市场调控等各环节制定了许多相关的地价管理规章制度，初步形成了地价政策制度体系。但是，土地价格管理中还存在一些问题，必须进一步深化地价管理改革，建立反映土地资源稀缺程度、体现土地经济价值、以市场机制形成土地价格的地价管理制度体系。

具体措施有：第一，建立城乡土地价格管理一体化机制，在考虑城市与农村土地的价格关系及其衔接程度的情况下，建立"农村耕地—农村建设用地—城市建设用地"三级土地价格计算模型，为综合调控城乡土地价格服务。第二，建立科学的土地价格管理标准体系。加强技术标准建设，如《城镇土地估价规程》《城市地价动态监测技术规范》等，规范城市地价确定的程序和技术路线，发布行业土地价格管理标准，运用科学的估价方法、规范的技术路线、合理的计算公式测算出不同时点不同条件下的各类土地价格。第三，强化地价信息披露制度，加强地价动态变化分析，把握地价走势，完善城市综合用地、商业用地、住宅用地和工业用地的价格动态监测技术，跟踪预测地价变化，并建立地价预警制度，提高服务功能[①]。地价管理过程其实就是利用地价信息不断调节和控制地价的过程，而地价信息网络的建立有利于为地价管理提供足够信息资料。地价信息网络应及时掌握土地市场中土地取得成本、开发费用、各种土地税、各类用途地块交易价格、租金等方面的信息，掌握区域内土地交易案例、地价评估实例，了解影响地价的有关因素等资料，从而为实施地价水平调控作好前期工作。另外，在对地价进行调控之后，还要将地价调控情况和数据输入地价信息网络，掌握地价调控反馈信息。第四，进一步加强研究和制订土地高效配置的地价政策，发挥地价杠杆调节作用。各级国土资源管理部门应该结合实际工作经验，积极探索和不断健

---

① 李洁. 我国地价管理体系的现状、问题和对策研究 [J]. 中国房地产，2008 (3)：57－59.

全、完善我国土地价格管理体系。

（2）遵循科学调控原则，健全地价调控体系。从资源配置角度而言，为实现城市土地资源的优化配置与可持续利用，需要对地价进行调控，借助合理地价来正确引导市场主体的行为选择。政府在地价调控过程中，必须遵循科学的调控原则，发挥调控主体的能动作用。

第一，统筹协调原则。地价调控不能仅仅"就地价论地价"，而应跳出地价统筹兼顾。对地价自身的调控或者利用地价杠杆优化配置土地资源，需要统筹考虑影响地价形成、变化的环境条件。土地市场完善程度直接影响地价的形成和变化，及其配置土地资源功能的发挥。地价调控必须同培育土地市场结合起来，建立健全统一、竞争有序的土地市场及其市场体系。在运用调控工具或者手段时，也要综合运用经济、行政和法律等多种手段。

第二，效率优先，兼顾公平原则。在市场经济条件下，效率目标比较容易得到实现，通过消除或规避导致地价异化的因素，使地价处于合理状态，就能够较好地实现地价优化配置土地资源的功能，进而最大限度地提高土地资源配置效率。但是，地价配置土地资源除了效率目标外还有公平目标，公平目标比较难以得到解决。市场对"效率"追逐的结果往往导致对"公平"的忽略。要实现地价配置土地资源的公平目标，还需要政府进行合理调控，弥补市场缺陷，避免地价在资源配置方面带来的公平性失效。

第三，间接与适度原则。政府干预地价并利用地价杠杆调控土地资源配置，存在着一个度的问题。干预过度或不足都可能使地价遭到扭曲，并对土地资源配置产生负效应。比如，政府定价违背价值规律，统得过死，很可能会导致土地价格不能反映供求关系，使土地资源配置又回到计划经济时期的配置模式上去；政府干预不足，又可能使土地市场中出现大量投资者和投机者，扰乱市场秩序，引起土地价格混乱，不利于土地市场的稳定发展。间接与适度原则要求政府在培育土地市场发育、完善宏观调控体系过程中，必须摆正政府干预与市场价格机制的位置，尊重和反映价值规律要求，充分发挥市场价格机制的积极作用，为地价的市场形成机制和运行创造良好的外部条件，提供有序竞争、统一开放的市场环境。政府干预不要限制价格充分发挥资源配置的基础性作用，而应该把调控的重点放在修正土地市场失灵及其产生的不利后果上。政府干预应以间接方式为主，主要通过经济手段与法律手段调节。

健全土地价格的宏观调控体系，是一个系统工程，要有各方面的配合，不仅要完善政府调控地价的手段，还必须利用地价完善土地市场、促进土地资源合理配置。价格既可以成为宏观调控的对象，又可以成为宏观调控的经济手段。当政府对土地价格进行调控时，土地价格成为政府调控的对象；当政府利用土地价格进行宏观经济调控时，土地价格是政府调控的经济手段。政府可以通过利用城市规划、影响城市土地供求关系等方式间接影响土地价格[1]，通过各种手段对地价进行调控。同时，地价也是政府直接掌握的、进行宏观调控的经济杠杆。政府可以运用地价政策调控各类用地需求、控制土地供应总量，根据地价杠杆规律合理安排土地供应计划，编制符合价值规律的土地利用规划。总之，政府在充分认识地价杠杆规律的前提下，可以调控地价并运用地价提升土地资源配置效益，实现城市土地资源高效配置。

另外，由于土地价格关系到社会的各个方面，影响土地价格变动的因素也众多，这就决定了要实现土地价格的合理化及其对土地资源配置的优化，除了需要完善地价管理制度，还需要推进相关配套制度的改革。如改革现行的财税制度，以减轻地方政府的财政压力来弱化其收益动机[2]，减少地方政府"以地生财"的冲动，纠正土地价格异

---

[1] 杨庆媛，刘智勇．城市土地价格与政府行为的相关机制研究［J］．西南师范大学学报（自然科学版），2000（2）：174－179．
[2] 张立彦．地方政府土地出让目标：扭曲与矫正［J］．特区经济，2007（8）：155－156．

化的制度因素。改革现行的地方政府官员政绩考核制度,树立科学发展观,建立可持续发展的绿色 GDP 政绩考核制度①,以避免地方政府为追求经济总量最大化而在招商引资过程中陷入报价的囚徒困境,以致压低工业地价、扩大工业用地规模,抬高房地产地价、缩减房地产用地比例。现行的财税制度和政绩考核制度是导致政府行为不规范、土地价格异化以及土地资源配置效率低下的重要制度根源,因此也必须对其一同进行改革。

9.3 研究展望

由于多方面的因素制约,本书还存在一些需要进一步深入研究的地方。

(1) 政府干预行为从多方面影响到地价的变化,如政府的土地价格管制、土地供应方式、土地供应计划、土地税收、土地利用规划、城市规划、金融信贷政策等都直接或间接影响地价。受篇幅及数据资料所限,本书在分析政府干预行为对南京市地价的影响时,主要分析了土地一级市场中政府的土地供应方式、土地供应计划、土地价格管制等行为对地价的影响,而政府的土地利用规划、城市规划、金融信贷政策等对地价的影响没有进行详细分析,需要今后作进一步的补充和完善。

(2) 地价对城市土地资源配置效应研究虽然着眼于地价的变动和土地资源配置问题,但实质上涉及土地市场的发育和政府行为的规范问题,更深层次上涉及我国土地使用制度、财税制度、政绩考核制度等制度深化改革的问题。因此,该研究牵涉的问题较多,由于研究水平有限,许多问题的研究还不够深入,需要今后作出进一步的努力

---

① 李涛. 城市土地市场运行与政策控管研究 [D]. 南京:南京农业大学,2004.

继续深入探讨。

(3) 本书对土地市场主体心理预期变化及行为选择的研究还不够详尽。本书认为地价配置土地资源功能的发挥主要是通过地价变动影响市场行为主体的心理预期及行为选择，进而影响土地资源的配置比例和效率。然而，市场微观主体以及地方政府的行为受到多方面因素影响，表现为一个复杂多变的过程。本书只是在一些基本假设基础上（如行为主体具有"有限理性"和"机会主义行为倾向"等），研究地价变化对市场主体行为选择的影响。显然，地价变化与市场主体行为选择、地方政府行为之间的相互关系值得进一步拓展研究，这也为本人今后研究提供了一个方向。

参 考 文 献

[1] [德] 克里斯塔勒. 德国南部中心地原理 [M]. 北京: 商务印书馆, 1998.

[2] [美] 阿兰·兰德尔著, 施以正译. 资源经济学: 从经济角度时自然资源和环境政策的探讨 [M]. 北京: 商务印书馆, 1989.

[3] [美] 阿瑟·奥沙利文著, 苏晓燕等译. 城市经济学 [M]. 北京: 中信出版社, 2003.

[4] [美] 保罗·萨缪尔森, 威廉·诺德豪斯著, 于健译. 经济学 [M]. 北京: 人民邮电出版社, 2013.

[5] [美] 加里·S. 贝克尔著, 王业宇, 陈琪译. 人类行为的经济分析 [M]. 上海: 格致出版社, 2008.

[6] [美] 杰克·赫舒拉发等著, 李俊慧, 周燕译. 价格理论及其应用-决策、市场与信息 [M]. 北京: 机械工业出版社, 2009.

[7] [美] 曼昆著, 梁小民译. 经济学原理: 微观经济学分册 (第5版) [M]. 北京: 北京大学出版社, 2009.

[8] [日] 野口悠纪雄. 土地经济学 [M]. 北京: 商务印书馆, 1997.

[9] [英] 杰克·哈维, 厄尼·桥赛著, 夏业良译. 城市土地经济学 (第6版) [M]. 福州: 福建人民出版社, 2012.

[10] [英] 威廉·配第著, 邱霞等译. 赋税论 [M]. 北京: 华夏出版社, 2006.

[11] [英] 亚当·斯密著, 贺爱军等译. 国富论 [M]. 西安:

陕西人民出版社，2006．

［12］艾建国，吴群．面向21世纪课程教材不动产估价［M］．北京：中国农业出版社，2002．

［13］白暴力．价值价格通论［M］．北京：经济科学出版社，2006．

［14］毕宝德．土地经济学（第6版）［M］．北京：中国人民大学出版社，2010．

［15］边学芳．快速城市化阶段农地转用价格扭曲研究［D］．南京：南京农业大学，2009．

［16］蔡继明，程世勇．地价双向垄断与土地资源配置扭曲［J］．经济学动态，2010（11）：75－80．

［17］蔡银莺，李晓云，张安录．耕地资源非市场价值评估初探［J］．生态经济（学术版），2006（2）：10－14．

［18］曹建海．中国城市土地高效利用研究［M］．北京：经济管理出版社，2002．

［19］曹振良．房地产经济学通论［M］．北京：北京大学出版社，2003．

［20］陈洁．基于地价组成因子的城市用地规模合理度研究［D］．杭州：浙江大学，2010．

［21］陈利根，陈会广，曲福田．经济发展、产业结构调整与城镇建设用地规模控制［J］．资源科学，2004，26（6）：137－144．

［22］陈利根，龙开胜．我国土地资源高效配置的政策阻碍及改革建议［J］．南京农业大学学报（社会科学版），2012，12（3）：60－66．

［23］陈荣蓉，宋光煜，信桂新．土地利用结构熵特征与社会经济发展关联分析［J］．西南大学学报（自然科学版），2008（7）：138－144．

［24］陈思源，曲福田，曹大贵，等．ESDA支持下的城市地价

分布信息提取 [J]. 国土资源遥感, 2006: 47-50.

[25] 陈思源. 探索性空间数据分析支持下的城市地价分布规律研究 [J]. 生态经济, 2010 (6): 28-31.

[26] 陈雯. 地根紧缩与土地需求问题解决的探索 [J]. 南京土地, 2006.

[27] 陈茵茵. 土地资源配置中政府干预与市场机制研究 [J]. 中国土地科学, 2008, 22 (3): 20-27.

[28] 程世勇. 地价失灵条件下的经济发展模式转型 [J]. 经济问题, 2010 (7): 11-15.

[29] 褚中志. 中国土地资源配置的市场化改革问题思考 [J]. 思想战线, 2005, 31 (4): 14-16.

[30] 丹尼尔·F. 史普博著, 何帆等译. 管制与市场 [M]. 上海: 上海人民出版社, 1999.

[31] 单胜道, 尤建新. 土地外部经济初步研究 [J]. 资源科学, 2002 (2): 56-59.

[32] 邓聚龙. 灰色系统基本方法 [M]. 武汉: 华中理工大学出版社, 1987.

[33] 丁成日. 城市经济与城市政策 [M]. 北京: 商务印书馆, 2008.

[34] 丁成日. 土地价值与城市增长 [J]. 城市发展研究, 2002 (6): 48-53.

[35] 董黎明. 充分发挥地价经济杠杆的作用 [J]. 中国土地, 2002 (2): 39-41.

[36] 杜春艳. 唐山市城市扩张与城市地价协同机制研究 [D]. 北京: 中国地质大学, 2011.

[37] 方创琳. 中国城市化进程及资源环境保障报告 [M]. 北京: 科学出版社, 2009.

[38] 费洁. 区域工业用地扩张的驱动力和制衡机制研究 [D].

杭州：浙江大学，2012.

[39] 丰雷，郭惠宁，王静，等. 1999~2008年中国土地资源经济安全评价[J]. 农业工程学报，2010，26（7）：1-7.

[40] 冯健. 杭州城市郊区化发展机制分析[J]. 地理学与国土研究，2002，18（2）：88-92.

[41] 冯雪渔. 辩证地价观与地价评估研究[D]. 南京：南京农业大学，2005.

[42] 高金兰，袁希平，甘淑. 城市用地规模与城市地价的相关性研究[J]. 昆明理工大学学报，2011，11（2）：69-73.

[43] 高映轸，潘家华，顾志明. 土地经济问题再认识[M]. 南京：南京出版社，1996.

[44] 郭贯成，吴群. 供地政策对土地市场配置效率影响的经济学分析[J]. 地域研究与开发，2009，28（1）：86-90.

[45] 郭贯成. 转变经济发展方式背景下的国土资源有效供给[J]. 南京农业大学学报（社会科学版），2011，11（2）：137-140.

[46] 郭莉. 市场价格机制与资源配置[J]. 价格与市场，1994（1）：13-14.

[47] 郭琳，严金明. 中国建设占用耕地与经济增长的退耦研究[J]. 中国人口资源与环境，2007，17（5）：48-53.

[48] 郭珊. 城市地价对用地规模的时间尺度效应研究[D]. 石家庄：河北师范大学，2011.

[49] 郭显光. 改进的熵值法及其在经济效益评价中的应用[J]. 系统工程理论与实践，1998（12）：98-102.

[50] 郭志仪，隆宗佐. 对我国城市土地低效利用的经济学反思[J]. 学术论坛，2008（3）：125-128.

[51] 国土地资源部土地利用司调研组. 重构土地收益分配体系实现土地配置效率与公平[J]. 国土资源通讯，2002（4）：63-68.

[52] 何芳. 城市土地经济与利用[M]. 上海：同济大学出版

社,2009:39.

[53] 何流,崔功豪. 南京城市空间扩展的特征与机制 [J]. 城市规划汇刊,2000 (6): 56-60.

[54] 何世茂. 南京工业产业发展与空间布局对策 [J]. 现代城市研究,2009 (1): 58-66.

[55] 何文伟. 中部城市工业用地价格机制的构建 [J]. 湖南农业大学学报 (社会科学版),2007,8 (4): 45-48.

[56] 胡石元,李德仁,刘耀林. 基于数字地价模型的地价监测点配置研究 [J]. 武汉大学学报 (信息科学版),2007 (9): 838-841.

[57] 黄金川,方创琳. 城市化与生态环境交互耦合机制与规律性分析 [J]. 地理研究,2003,22 (2): 211-220.

[58] 黄贤金,张安录. 土地经济学 [M]. 北京:中国农业大学出版社,2008.

[59] 黄小虎. 当前土地问题的深层次原因 [J]. 经济瞭望,2007 (2): 46-47.

[60] 黄亚平,丁烈云. 城市规划对地价的作用机制研究 [J]. 城市发展研究,1998 (4): 25-28.

[61] 霍雅勤,蔡运龙. 可持续理念下的土地价值决定与量化 [J]. 中国土地科学,2003,17 (2): 19-23.

[62] 贾生华,张娟锋. 土地资源配置体制中的灰色土地市场分析 [J]. 中国软科学,2006 (3): 17-24.

[63] 姜海,曲福田. 不同发展阶段建设用地扩张对经济增长的贡献与响应 [J]. 中国人口资源与环境,2009,19 (1): 70-75.

[64] 姜海,夏燕榕,曲福田. 建设用地扩张对经济增长的贡献及其区域差异研究 [J]. 中国土地科学,2009,23 (8): 4-8.

[65] 姜海. 转型时期农地非农化机制研究 [D]. 南京:南京农业大学,2006.

[66] 柯善咨,何鸣. 市场和政府共同作用下的城市地价:中国

城市的实证研究 [J]. 当代经济科学, 2008, 30 (2): 25-32.

[67] 柯善咨, 何鸣. 中国城市用地规模决定因素的实证研究 [J]. 中国土地科学, 2008, 22 (4): 12-18.

[68] 匡文慧, 张树文. 长春市百年城市土地利用空间结构演变的信息熵与分形机制研究 [J]. 中国科学院研究生院学报, 2007, 24 (1): 73-80.

[69] 黎赔肆, 周寅康, 彭补拙. 城市土地资源市场配置的缺陷与税收调节 [J]. 中国土地科学, 2000 (5): 21-24.

[70] 李德甫. 西方经济学新论 [M]. 北京: 中国社会科学出版社, 2013.

[71] 李德仁, 关泽群. 空间信息系统的集成与实现 [M]. 武汉: 武汉测绘科技大学出版社, 2000.

[72] 李国荣. 我国城市土地优化配置与地租调节机制 [J]. 学术月刊, 1992, 6 (10): 34-39.

[73] 李海. 土地价格与土地市场 [J]. 农业经济, 2000 (2): 22-23.

[74] 李华忠, 刘轶, 艾南山. 地价杆杆与土地区位配置 [J]. 经济地理, 1995, 15 (2): 24-30.

[75] 李建中. 论完善工业用地的价格形成机制 [J]. 浙江国土资源, 2007 (7): 38-40.

[76] 李洁. 我国地价管理体系的现状、问题和对策研究 [J]. 中国房地产, 2008 (3): 57-59.

[77] 李俊丽. 城市土地出让中的地方政府经济行为研究 [D]. 成都: 西南财经大学, 2008.

[78] 李明月, 马程琳. 我国土地价格体系的产权透视 [J]. 价格理论与实践, 2007 (4): 43-44.

[79] 李明月. 土地要素对经济增长贡献的实证分析 [J]. 软科学, 2005, 19 (6): 21-23.

[80] 李明月. 我国城市土地资源配置的市场化研究 [D]. 武汉: 华中农业大学, 2003.

[81] 李鹏, 濮励杰. 发达地区建设用地扩张与经济发展相关关系的探究 [J]. 自然资源学报, 2012, 27 (11): 1823 – 1822.

[82] 李涛. 城市土地市场运行与政策控管研究 [D]. 南京: 南京农业大学, 2004.

[83] 李文君. 中国土地资源价格扭曲: 影响、成因及对策 [J]. 北方经济, 2013 (7): 25 – 27.

[84] 李晓文, 方精云, 朴世龙. 上海及周边主要城镇城市用地拓展空间特征及比较 [J]. 地理研究, 2003, 22 (6): 769 – 780.

[85] 李效顺, 曲福田, 张绍良, 等. 基于国际比较与策略选择的中国城市蔓延治理 [J]. 农业工程学报, 2011, 27 (10): 1 – 10.

[86] 李效顺. 基于耕地资源损失视角的建设用地增量配置研究 [D]. 南京: 南京农业大学, 2010.

[87] 李鑫, 欧名豪. 建设用地扩张对经济持续增长能力影响 [J]. 经济地理, 2012, 32 (11): 126 – 130.

[88] 李颖, 张成勇. 土地资源配置中的"寻租"现象解析 [J]. 南京经济, 1997 (2): 13 – 14.

[89] 李永乐, 吴群. 土地市场发育与农地非农化: 基于省际面板数据的估计与测算 [J]. 中国土地科学, 2009 (11): 45 – 49.

[90] 李永乐, 吴群. 中国式分权与城市扩张 [J]. 南京农业大学学报 (社会科学版), 2013, 13 (1): 73 – 79.

[91] 厉以宁. 非均衡的中国经济 [M]. 北京: 外语教学与研究出版社, 2013.

[92] 梁若冰. 财政分权下的晋升激励、部门利益与土地违法 [J]. 经济学 (季刊), 2010 (1): 283 – 306.

[93] 林存友. 自然资源价格扭曲的根源 [J]. 开放导报, 2008, 138 (3): 106 – 109.

[94] 林目轩, 陈秧分, 师迎春, 等. 大城市内部建设用地扩张差异及其原因 [J]. 经济地理, 2006, 26 (5): 836-842.

[95] 林燕, 张忠根. 产权界定、层次差异与资源配置效应 [J]. 改革, 2007, 166 (12): 103-107.

[96] 林毅夫. 自生能力、经济发展与转型 [M]. 北京: 北京大学出版社, 2004.

[97] 凌晓东. 机制转轨中的宏观经济调控 [M]. 北京: 经济科学出版社, 1995.

[98] 刘慧. 中国农业资源配置现状研究 [J]. 资源科学, 1998, 20 (5): 18-25.

[99] 刘坚, 黄贤金, 等. 城市土地利用效益空间分异研究 [J]. 江南大学学报 (人文社会科学版), 2005, 4 (6): 67-71.

[100] 刘金国. 转型期四平市空间结构优化研究 [J]. 国土与自然资源研究, 2010 (4): 21-23.

[101] 刘民权, 孙波. 商业地价形成机制、房地产泡沫及其治理 [J]. 金融研究, 2009 (10): 22-37.

[102] 刘琼. 土地市场视角下我国城市土地潜力研究 [D]. 南京: 南京农业大学, 2007.

[103] 刘盛和. 城市土地利用扩展的空间模式与动力机制 [J]. 地理科学进展, 2002, 21 (1): 43-49.

[104] 刘书楷. 土地经济学 [M]. 北京: 中国农业出版社, 2004.

[105] 刘涛, 曹广忠. 中国城市用地规模的影响因素分析 [J]. 资源科学, 2011, 33 (8): 1570-1577.

[106] 刘卫东, 段洲鸿. 工业用地价格标准的合理确定 [J]. 浙江大学学报 (人文社会科学版), 2008, 38 (4): 146-153.

[107] 刘卫东, 罗吕榕, 陈武斌, 等. 城市土地价格调查、评价及动态监测 [M]. 北京: 科学出版社, 2002.

[108] 刘伟. 我国城市土地资源配置机制研究 [D]. 哈尔滨: 哈尔滨工业大学, 2006.

[109] 刘贤腾, 顾朝林. 解析城市用地空间结构: 基于南京市的实证 [J]. 城市规划学刊, 2008 (5): 78-84.

[110] 刘彦随, 蒋建军, 李九全. 论城市土地优化配置的原则及标准 [J]. 南京师大学报 (自然科学版), 1996, 19 (3): 73-77.

[111] 刘彦随, 倪绍祥. 城市土地优化配置的模式、目标及实现途径探讨 [J]. 经济地理, 1996 (4): 41-45.

[112] 龙花楼, 孟吉军. 中国开发区土地资源优化配置研究 [M]. 长春: 吉林人民出版社, 2004.

[113] 卢为民. 土地政策与宏观调控 [M]. 北京: 经济科学出版社, 2008.

[114] 陆大道, 姚士谋, 等. 2006 中国区域发展报告: 城镇化进程及空间扩张 [M]. 北京: 商务印书馆, 2007.

[115] 陆红生. 土地管理学总论 [M]. 北京: 中国农业出版社, 2007.

[116] 陆效平, 宋玉波, 吴群. 江苏开发区土地集约利用研究 [M]. 南京: 江苏人民出版社, 2012.

[117] 吕洪波. 中国农业财政支出效应研究 [D]. 沈阳: 辽宁大学, 2007.

[118] 吕萍, 龙双双, 刘新平. 地价在北京市城市扩张中的作用 [J]. 城市问题, 2007 (12): 34-38.

[119] 吕萍, 周滔. 土地城市化与价格机制研究 [M]. 北京: 中国人民大学出版社, 2008.

[120] 罗罡辉, 吴次芳. 城市用地效益的比较研究 [J]. 经济地理, 2003, 23 (3): 367-371.

[121] 马克思. 资本论 (第3卷) [M]. 北京: 人民出版社, 1975.

[122] 毛丰付，裘文龙. 纵向分权、横向竞争与土地价格扭曲 [J]. 经济与管理研究，2013（12）：35-47.

[123] 裴长洪，彭磊. 加强土地调控的理论依据及现阶段政策目标 [J]. 中国土地，2006（10）：9-12.

[124] 彭俊，陈方正. 城市土地经营的价格原理 [M]. 北京：中国财政经济出版社，2005.

[125] 彭俊. 关于城市土地价格异化的分析 [J]. 价格理论与实践，2004（5）：49-50.

[126] 彭开丽. 农地城市流转的社会福利效应 [D]. 武汉：华中农业大学，2009.

[127] 钱文荣. 中国城市土地资源配置中的市场失灵、政府缺陷与用地规模过度扩张 [J]. 经济地理，2001，21（4）：456-460.

[128] 钱忠好，马凯. 我国城乡非农建设用地市场：垄断、分割与整合 [J]. 管理世界，2007（6）：38-44.

[129] 钱忠好，曲福田. 中国土地征用制度：反思与改革 [J]. 中国土地科学，2004，18（5）：5-11.

[130] 秦鹏，孟甜. 土地资源市场配置机制的完善 [J]. 重庆大学学报（社会科学版），2012，18（1）：112-117.

[131] 秦兴龙，章波，黄贤金，等. 长江三角洲地区工业地价形成的内在机理和博弈分析 [J]. 中国土地科学，2005，19（3）：44-47.

[132] 曲福田，陈江龙，陈雯. 农地非农化经济驱动机制的理论分析与实证研究 [J]. 自然科学学报，2005，20（2）：231-241.

[133] 曲福田，冯淑怡，俞红. 土地价格及分配关系与农地非农化经济机制研究 [J]. 中国农村经济，2001（12）：54-60.

[134] 曲福田，冯淑怡，诸培新，等. 制度安排、价格机制与农地非农化研究 [J]. 经济学（季刊），2004，4（1）：231-232.

[135] 曲福田，吴郁玲. 土地市场发育与土地利用集约度的理

论与实证研究 [J]. 自然资源学报, 2007, 22 (3): 445-454.

[136] 曲福田. 土地经济学 [M]. 北京: 中国农业出版社, 2011.

[137] 沈守愚, 钟甫宁. 国有土地产权中央与地方分享刍议 [J]. 中国土地科学, 1996, 10 (3): 7-10.

[138] 石晓平, 曲福田. 经济转型期的政府职能与土地市场发育 [J]. 公共管理学报, 2005 (1): 73-77.

[139] 石晓平, 曲福田. 土地资源配置方式改革与公共政策转变 [J]. 中国土地科学, 2003, 17 (6): 18-22.

[140] 石晓平. 土地资源可持续利用的经济学分析 [D]. 北京: 大地出版社, 2001.

[141] 石忆邵. 竞租函数与城市土地利用 [J]. 现代城市研究, 1998 (2): 26-29.

[142] 史忠良. 资源经济学 [M]. 北京: 北京出版社, 1993.

[143] 衰绪亚. 土地市场运行理论研究 [M]. 上海: 复旦大学出版社, 1999.

[144] 宋雅键. 试谈我国地价体系之内涵 [J]. 中国土地科学, 1994 (5): 7-10.

[145] 孙明丽. 我国土地使用价格改革对城市工业郊区化的影响 [D]. 北京: 中国政法大学, 2011.

[146] 谈明洪, 李秀彬, 吕昌河. 我国城市用地扩张的驱动力分析 [J]. 经济地理, 2003, 23 (5): 635-639.

[147] 谭荣, 曲福田. 市场与政府的边界: 土地非农化治理结构的选择 [J]. 管理世界, 2009 (12): 39-47.

[148] 谭荣, 曲福田. 中国农地非农化与农地资源保护: 从两难到双赢 [J]. 管理世界, 2006 (12): 50-60.

[149] 谭荣, 曲福田. 自然资源合理利用与经济可持续发展 [J]. 自然资源学报, 2005, 20 (6): 797-805.

[150] 谭荣. 征收和出让土地中政府干预对土地配置效率影响的定量研究 [J]. 中国土地科学, 2010, 24 (8): 21-26.

[151] 汤国安, 杨昕. ArcGIS 地理信息系统空间分析实验教程 [M]. 北京: 科学出版社, 2006.

[152] 唐健, 谭永忠, 徐小峰. 中国商住用地价格倒挂及其产生机理 [J]. 中国土地科学, 2011, 25 (1): 22-29.

[153] 唐焱, 高明媚. 工业用地供给制度及其绩效评价研究综述 [J]. 地域研究与开发, 2012, 31 (4): 113-117.

[154] 唐焱. 城市土地价格及其影响因素的理论与实证研究 [M]. 北京: 中国大地出版社, 2006.

[155] 屠帆. 政府行为和城市土地资源配置 [D]. 杭州: 浙江大学, 2008.

[156] 万朝林. 失地农民权益流失与保障 [J]. 经济体制改革, 2003 (6): 73-76.

[157] 汪丁丁, 韦森, 姚洋. 制度经济学三人谈 [M]. 北京: 北京大学出版社, 2005.

[158] 王博. 实行差别化的地价管理政策 [N]. 中国国土资源报, 2009-05-20.

[159] 王国强, 王令超. 城镇土地资源结构优化的市场机制研究 [J]. 中国土地科学, 1996 (10): 31-34.

[160] 王克强, 王洪卫, 刘红梅. 土地经济学 [M]. 上海: 上海财经大学出版社, 2014.

[161] 王丽萍, 周寅康, 薛俊菲. 江苏省城市用地扩张及驱动机制研究 [J]. 中国土地科学, 2005, 19 (6): 26-29.

[162] 王宁, 付梅臣, 郑新奇. 数字地价模型的研究现状及展望 [J]. 安徽农业科学, 2008 (32): 14333-14335.

[163] 王乾, 徐昀, 宋伟轩. 南京城市商业空间结构变迁研究 [J]. 现代城市研究, 2012 (6): 83-88.

[164] 王乾, 徐旳, 宋伟轩. 市场化时期南京城市商业空间发展与展望 [J]. 特区经济, 2011 (6): 44-45.

[165] 王群, 张颖, 王万茂. 保护资源和保障发展双重目标下土地利用规划实证研究 [J]. 中国土地科学, 2008, 22 (12): 63-67.

[166] 王少卿. 晚清上海地价及其对早期城市化的影响 [J]. 史学月刊, 2009 (4): 104-111.

[167] 王万茂, 王群. 土地利用规划学 [M]. 北京: 北京师范大学出版社, 2010.

[168] 王万茂. 市场经济条件下土地资源配置的目标、原则和评价标准 [J]. 自然资源, 1996 (1): 24-28.

[169] 王蔚. 土地价格的需求和供给分析 [J]. 中国土地科学, 1995, 9 (6): 11-16.

[170] 王文革. 城市土地价格管制存在的问题及其对策 [J]. 价格理论与实践, 2005 (7): 30-31.

[171] 王文升. 关于土地价格与城市化可持续发展的战略思考 [J]. 理论前沿, 2002 (20): 30-33.

[172] 王小鲁. 中国经济增长的可持续性与制度变革 [J]. 经济研究, 2000 (7): 3-15.

[173] 王晓川. 运用规划手段不断提高城市土地使用效率 [J]. 中国土地科学, 2003, 17 (4): 43-47.

[174] 王晓通, 刘东. 政府偏好、低地价与增长方式的路径依赖 [J]. 经济问题, 2008 (7): 46-48.

[175] 魏立华, 丛艳国. 从"零地价"看珠江三角洲的城市化及其城市规划绩效 [J]. 规划师, 2005, 21 (4): 8-13.

[176] 吴斌, 郭杰, 欧名豪. 江苏省建设用地利用效益区域差异及分区管制 [J]. 中国土地科学, 2013, 27 (12): 25-31.

[177] 吴敬琏. 做好加快经济发展方式转变这篇大文章 [J]. 学习月刊, 2010 (8): 3.

[178] 吴群,李永乐. 财政分权、地方政府竞争与土地财政 [J]. 财贸经济,2010 (7):51-59.

[179] 吴旬. 土地价格、地方政府竞争与政府失灵 [J]. 中国土地科学,2004,18 (2):10-14.

[180] 吴宇哲. 基于博弈论的区域工业地价均衡分析及管理策略研究 [J]. 浙江大学学报,2007,37 (4):124-133.

[181] 吴郁玲. 基于土地市场发育的土地集约利用机制研究 [D]. 南京:南京农业大学,2007.

[182] 肖丽群,陈伟,吴群,马素华. 未来10年长江三角洲地区耕地数量变化对区域粮食产能的影响 [J]. 自然资源学报,2012,27 (4):565-576.

[183] 肖丽群,吴群. 基于脱钩指数的2020年江苏省耕地保有量目标 [J]. 资源科学,2012,34 (3):442-448.

[184] 徐保满. 房地产投资谨防"地价泡沫"——日本地价泡沫的启示 [J]. 城市开发,2007 (4):34-35.

[185] 徐绍史. 加强和改善土地宏观调控构建科学发展新机制 [J]. 求是,2011 (3):34-36.

[186] 徐跃红,吕萍,袁文麟. 北京市工业园区地价形成机理分析 [J]. 商业研究,2009 (1):57-61.

[187] 薛白. 财政分权、政府竞争与土地价格结构性偏离 [J]. 财经科学,2011,276 (3):49-57.

[188] 薛慧光,石晓平,唐鹏. 中国式分权与城市土地出让价格的偏离——以长三角地区城市为例 [J]. 资源科学,2013 (6):1134-1142.

[189] 荀文会,刘友兆,王雨晴. 基于熵权物元可拓模型的耕地可持续利用研究 [J]. 农业现代化研究,2006,27 (5):372-376.

[190] 严星,林增杰. 城市地产评估 [M]. 北京:中国人民大学出版社,1999.

[191] 杨红梅, 刘卫东, 刘红光. 土地市场发展对土地集约利用的影响 [J]. 中国人口资源与环境, 2011, 21 (12): 129-133.

[192] 杨继瑞. 价格理论与实践 [M]. 成都: 四川大学出版社, 2006.

[193] 杨丽萍. 城市存量土地市场化配置研究 [D]. 武汉: 华中农业大学, 2000.

[194] 杨庆媛, 刘智勇. 城市土地价格与政府行为的相关机制研究 [J]. 西南师范大学学报 (自然科学版), 2000, 25 (2): 174-179.

[195] 杨庆媛. 中国城镇土地市场发展问题研究 [D]. 重庆: 西南农业大学, 2001.

[196] 杨杨, 吴次芳, 郑娟尔. 土地资源约束对中国经济增长的影响 [J]. 技术经济, 2007, 26 (11): 34-38.

[197] 杨渝红, 刘秀华. 地价理论对城市土地集约利用的应用分析 [J]. 西南农业大学学报 (社会科学版), 2006, 4 (2): 93-97.

[198] 杨志荣, 靳相木. 基本面板数据的土地投入对经济增长的影响 [J]. 长江流域资源与环境, 2009, 18 (5): 409-415.

[199] 叶艳妹, 吴次芳, 蒋钏. 试论城市地价运作管理与土地资源的优化配置 [J]. 经济与管理研究, 1997 (3): 59-61.

[200] 尹奇, 罗育新, 宴志谦. 城市土地资源配置效率的经济学分析 [J]. 四川农业大学学报, 2007, 25 (2): 135-138.

[201] 尹中立. 土地价格扭曲导致中国经济结构失衡 [J]. 中国党政干部论坛, 2010 (9): 44-48.

[202] 俞忠英. 资源配置费用与中国经济体制的选择 [J]. 经济研究, 1995 (3): 43-47.

[203] 喻燕, 卢新海. 建设用地对二三产业增长贡献定量研究 [J]. 地域研究与开发, 2010, 29 (3): 124-128.

[204] 负小苏. 充分发挥地价调控作用推进土地资源节约集约利用 [J]. 国土资源通讯, 2006 (4): 31-33.

[205] 袁畅彦. 土地资源配置过程中违规问题分析 [J]. 干旱区资源与环境, 2008, 22 (6): 63-67.

[206] 袁丽丽. 城市化进程中城市用地结构演变及其驱动机制分析 [J]. 地理与地理信息科学, 2005, 21 (3): 51-55.

[207] 袁绪亚. 土地资源市场配置效率的"帕累托改进" [J]. 扬州大学税务学院学报, 1996 (3): 10-14.

[208] 苑韶峰, 徐建春. 利用价格机制, 构建土地资源节约型社会 [J]. 价格理论与实践, 2005 (12): 28-29.

[209] 苑韶峰. 土地价格与土地利用集约度关系分析 [J]. 价格理论与实践, 2009 (11): 35-36.

[210] 臧俊梅, 王万茂. 土地资源配置中规划与市场的经济学分析 [J]. 南京农业大学学报 (社会科学版), 2005, 5 (3): 35-39.

[211] 曾令秋, 杜伟, 黄善明. 对土地价格"剪刀差"现象的经济学思考 [J]. 中国农村经济, 2006 (4): 37-42.

[212] 张洪, 金杰. 城市地价空间的计量经济分析——以昆明市为例 [J]. 资源科学, 2007 (4): 25-32.

[213] 张景秋, 陈叶龙, 孙颖. 基于租金的北京城市办公活动经济空间结构解析 [J]. 地理科学, 2010, 30 (6): 833-838.

[214] 张居峰. 城市地价合理性变动的实证研究 [D]. 哈尔滨: 东北农业大学, 2007.

[215] 张娟锋, 贾生华. 政府干预、土地供应与价格扭曲 [J]. 当代财经, 2007 (7): 21-24.

[216] 张娟锋, 虞晓芬. 土地资源配置体制与供给模式对房地产市场影响的路径分析 [J]. 中国软科学, 2011 (5): 29-36.

[217] 张军, 吴桂英, 张吉鹏. 中国省际物质资本存量K的再估算: 1952-2000 [J]. 经济研究, 2004 (10): 35-43.

[218] 张军. 现代产权经济学 [M]. 上海: 上海三联书店出版社, 1991.

[219] 张俊凤, 刘友兆. 城市建成区扩张与经济增长间的关系——以长三角地区为例 [J]. 城市问题, 2013, 211 (2): 11-15.

[220] 张磊. 基于地价水平的城市合理用地规模研究 [D]. 石家庄: 河北师范大学, 2010.

[221] 张立彦. 地方政府土地出让目标: 扭曲与矫正 [J]. 特区经济, 2007 (8): 155-156.

[222] 张利, 雷军, 李雪梅, 等. 1997~2007年中国城市用地扩张特征及其影响因素分析 [J]. 地理科学进展, 2011, 30 (5): 607-614.

[223] 张连城. 经济学教程 [M]. 北京: 经济日报出版社, 2009.

[224] 张倩, 王海卉. 工业用地扩张和低效利用机理剖析——以南京市为例 [C]. 中国城市规划学会. 城市时代, 协同规划——2013中国城市规划年会论文集. 中国城市规划学会, 2013: 12.

[225] 张倩. 开发区蔓延带来的空间城市化问题初探——以南京为例 [C]. 中国城市规划年会论文集, 中国城市规划学会, 昆明, 2012: 17.

[226] 张清勇. 地方政府竞争与工业用地出让价格 [C]. 中国制度经济学年会论文, 2005: 298-307.

[227] 张庭伟. 20世纪90年代中国城市空间结构的变化及其动力机制 [J]. 城市规划, 2001, 25 (7): 7-14.

[228] 张卫民, 安景文, 韩朝. 熵值法在城市可持续发展评价问题中的应用 [J]. 数量经济技术经济研究, 2003 (6): 115-118.

[229] 张小宏, 郑思齐. 住宅用地供给短缺背后的地方政府动机 [J]. 探索与争鸣, 2010 (11), 54-58.

[230] 张薰华. 土地与市场 [M]. 上海: 上海远东出版社, 1996.

[231] 张元兴, 张绍良, 郑群飞, 等. 运用蛛网模型判断城市

地价的稳定性 [J]. 统计与决策, 2008 (4): 53-54.

[232] 赵贺. 中国城市土地利用机制研究 [M]. 北京: 经济管理出版社, 2004.

[233] 赵珂, 石晓平, 曲福田. 我国土地市场发育程度测算与实证研究: 以东、中、西部为例 [J]. 经济地理, 2008 (5): 821-825.

[234] 赵可, 张安录, 李平. 城市建设用地扩张的驱动力——基于省际面板数据的分析 [J]. 自然资源学报, 2011, 26 (8): 1323-1322.

[235] 赵松. 立足资源稀缺角度、建立土地价格机制 [J]. 中国土地, 2006 (6): 36.

[236] 赵自芳. 生产要素市场扭曲的经济效应 [D]. 杭州: 浙江大学, 2007.

[237] 郑瑞忠. 中国城市土地利用效率研究 [D]. 大连: 东北财经大学, 2004.

[238] 郑新奇. 城市土地优化配置与集约利用评价: 理论、方法、技术、实证 [M]. 北京: 科学出版社, 2004.

[239] 钟太洋, 黄贤金, 王柏源. 经济增长与建设用地扩张的脱钩分析 [J]. 自然资源学报, 2010, 25 (1): 18-31.

[240] 周诚. 论我国城镇土地资源配置的宏观调控与市场调节 [J]. 中国土地科学, 1994 (3): 1-6.

[241] 周诚. 土地经济研究 [M]. 北京: 中国大地出版社, 1996.

[242] 周京奎. 城市土地经济学 [M]. 北京: 北京大学出版社, 2007.

[243] 周楠, 宋军. 青岛市工业用地布局影响因子分析 [J]. 规划师, 2006, 22 (2): 46-48.

[244] 周晓唯, 王辉. 土地财政与城市扩张的相关性分析 [J]. 经济与管理, 2010, 24 (7): 46-50.

［245］周业安,冯兴元.地方政府竞争与市场秩序［M］.北京:中国人民大学出版社,2003.

［246］周寅康,濮励杰,黄贤金,等.城市土地市场:发展与预警［M］.北京:科学出版社,2008.

［247］朱丽娜,石晓平.中国土地出让制度改革对地方财政收入的影响分析［J］.中国土地科学,2010,24(7):23-29.

［248］诸培新.农地非农化配置:公平、效率与公共福利［D］.南京:南京农业大学,2005.

［249］邹富良,李小洁."征地补偿"与土地价格扭曲机制探析［J］.江苏行政学院学报,2012,65(5):55-60.

［250］邹伟.中国土地税费的资源配置效应与制度优化研究［D］.南京:南京农业大学,2009.

［251］Alonso W. Location and Land use［M］. Cambridge M A: Harvard Univ. press, 1964.

［252］Brueckner J. K., A vintage model of urban growth［J］. Journal of Urban Economics, 1980 (8): 389-402.

［253］Brueckner, J. K., Fansler DA. The economics of urban sprawl: theory and evidence on the spatial sizes of cities［J］. Review of Economics and Statistics, 1983 (65): 479-482.

［254］Brueckner, J. K.. The Structure of Urban Equilibria: A Unified Treatment of The Muth - Mills Model. Handbook of Regional and Urban Economics, Volume Ⅱ, Edited by E. S., Mills, Elsevier Science Publisher, B. V, 1987.

［255］Chengri Ding, G. Knaap, L. D. Hopkins. Urban Growth Boundary Model: A Formal Analysis. Journal of Urban Economics, 1999, July Vol. 46, 53-68.

［256］Daniel Arribas - Bel, Peter Nijkamp, Henk Scholten. Multidimensional urban sprawl in Europe: A self - organizing map approach［J］.

Computers, Environment and Urban Systems, 2011 (35): 263 – 275.

[257] David E. Dowall. The role and function of urban land markets in market economics [J]. Land economic, 1998 (15): 256 – 266.

[258] Denise Di Pasquale & William C. Wheaton. Urban Economics and Real Estate Market [M]. 1996 Prentice – Hall, Inc.: 36 – 55.

[259] Devas, N. Finaneing Urban Land Development of Low Income Housing: An Analysis with Particular Reference to Jakarta, Indonesia [J]. Third World Review, 1990, 5 (3): 209 – 225.

[260] Di Pasquale D and Wheaton W C. Housing Market Dynamics and the Future of Housing Prices. Journal of Urban Economics, 1994, 35 (1): 1 – 27.

[261] Di Pasquale D and Wheaton W C. Urban Economics and Real Estate Markets, NJ: Prentice – Hall, 1996.

[262] Ewing R. Is Los Angeles – Style sprawled desirable? Journal of the American Planning Association. 1997 (1): 107 – 126.

[263] Fang, S. F., Gerter, G. Z. & Sun, Z. L. et al. The impact of interactions in spatial simulation of the dynamics of urban sprawl [J]. Landscape and Urban Planning, 2005, 73 (4): 294 – 306.

[264] Fehrrbach F, Rutherford R, Eakin M. An Analysis of the Determinants of Industrial Property Valuation [J]. Real Estate Research, 1993 (8): 365 – 376.

[265] Firman T. Rural to urban land conversion in Indonesia during boom and bust periods [J]. Land Use policy, 2000, 17 (1): 13 – 20.

[266] Guntermann K L, Sanitary L. Stigma and Industrial Land Values [J]. Journal of Real Estate Research, 1995 (10): 531 – 542.

[267] Hardie I., Patkers, P. & Gottleib, P. et al. Responsiveness of rural and urban Land uses to land rent determinants in the U. S. South [J]. Land Economics, 2000, 76 (4): 659 – 673.

参 考 文 献

[268] Hiroshi Mori. Land conversion at the Urban Fringe: A Comparative Study of Japan, Britain and the Netherlands [J]. Urban Studies, 1998, 35 (9): 1541-1558.

[269] Hiroshi, M. Land Conservation at the urban fringe: a comparative study of Japan, Britain and the Netherlands [J]. Urban Studies, 1998, 35 (9): 1541-1558.

[270] H. Spencer Banzhaf, Nathan Lavery. Can the land tax help curb urban sprawl? Evidence from growth patterns in Pennsylvania [J]. Journal of Urban Economics, 2010 (67): 169-179.

[271] Izuru S., Kein, M. & Shintaro, K., Effects of land-use master plans in the Metropolitan fringe of Japan [J]. Landscape and Urban Planning, 2006, 78 (4): 411-421.

[272] Jun Jie Wu and Andrew J. Plantinga. The influence of public open space on urban spatial structure [J]. Journal of Environmental Economics and Management, 2003 (46): 288-309.

[273] Koichi Mera, Eric J. Heikkila. The linkage of land Price with the economy policymaking failures of the Japanese government in the1990s, Presented at the joint conference of American real estate and urban economic associationed the Asia real estate society at Maui, Hawwiion, May. 5-7, 1999.

[274] Leung C K Y and Wang W. An Examination of the Chinese Housing Market through the Lens of the Di Pasquale-Wheaton Model: a Graphical Attempt. International Real Estate Review, 2007, 10 (2): 131-165.

[275] Li-Guo Wang, Haoying Han, Shih-Kung Lai Do. plans contain urban sprawl? A comparison of Beijing and Taipei [J]. Habitat International, 2014 (42): 121-130.

[276] Mieszkowski P, Mills ES. The causes of metropolitan subur-

ban, Journal of Economic Perspectives. 1993 (3): 135 – 147.

[277] Mills E S. An Aggregative Model of Resource Allocation in a Metropolitan Area [J]. American Economic Review (Paper and Proceedings), 1967, 52 (2): 197 – 210.

[278] Miquel – àngel Garcia – López. Urban spatial structure, suburbanization and transportation in Barcelona [J]. Journal of Urban Economics, 2012 (72): 176 – 190.

[279] Muth R F. Cities and Housing [M]. Chicago IL: university of Chicago Press, 1969.

[280] Needham, B. & Verhage, R. The effects of land policy: quantity as Well as Quality is important [J]. Urban Studies, 1998, 35 (1): 25 – 44.

[281] Paul K. Asabere and Forrest E. Huffman. Building Permit Policy and Land Price Distortions: Empirical Evidence [J]. Journal of Housing Economics, 2001 (10): 59 – 68.

[282] Pendall R. Do land use controls cause sprawl? Environment and Planning. 1999 (26): 555 – 571.

[283] Razin, E. Polices to control urban sprawl: Planning regulations or changes in the 'rules of the game'? [J]. Urban studies, 1998, 35 (2): 321 – 340.

[284] Robert C. Mahan, Theodore M. Horbulyk, John G. Rowse, Market mechanism and the efficiency allocation of surface water resource in Southern Alberta [J]. Socia – Economic planning science, 2002 (36): 25 – 49.

[285] R. 科斯等. 财产权利与制度变迁 [J]. 上海：上海三联书店，1994.

[286] Seto, K. C. & Kaufmann, R. K. Modeling the drivers of urban land use change in the Pearl River Delta, China: inteqrating remote

sensing with socioeconomic Data [J]. Land Economics, 2003, 79 (1): 106 – 121.

[287] Shima Hamidi, Reid Ewing. A longitudinal study of changes in urban sprawl between 2000 and 2010 in the United States [J]. Landscape and Urban Planning, 2014 (128): 72 – 82.

[288] Stefan Mann. Institutional causes of urban and rural sprawl in Switzerland [J]. Land Use Policy, 2009 (26): 919 – 924.

[289] S. Habibi, N. Asadi. Causes, results and methods of controlling urban sprawl [J]. Procedia Engineering, 2011 (21): 133 – 141.

后 记

本书是在我的博士论文基础上完成的。博士论文是在老师、同学、朋友和亲人的鼓励与关爱下得以完成的。在此，向所有教导、帮助、支持过我的人们致以最衷心的谢意！

首先感谢我的恩师吴群教授。饮其流者怀其源，学其成时念吾师。感谢恩师为我打开智慧大门，使我有机会在南京农业大学这所百年名校继续深造，实现我多年以来的博士梦想。恩师治学严谨、学识渊博、眼界开阔、为人豁达、勤勉努力，不但向我传授了专业知识、科研方法和治学理念，而且教导了我如何为人处世，令我获益良多。论文是在恩师悉心指导下完成的，从论文的选题构思、开题报告、写作提纲的拟定、数据资料的收集、撰写、几经修改以至最后定稿，每一步都得到恩师的悉心指导和谆谆教诲。师恩浩瀚，我将永记心中！

博士论文是在国家自然科学基金（重点）项目"我国土地资源效率提升能力与系统建设研究——基于转变经济发展方式的视角"（71233004）和国家公益性行业（国土资源）科研专项经费项目"长江三角洲地区土地宏观调控决策支持关键技术研究与示范"（201111011）支持下完成的。感谢恩师在博士学习期间给予我参与多项纵向和横向课题研究的机会，让我的学术水平、实践操作能力都得到了很大提升。

南京农业大学公共（土地）管理学院是个精英专家汇聚的知识殿堂，这里让我领略到了学术研究的深邃，并赋予了我在学术科研上不断求索的动力和信心。在这里度过的几年求学生涯中，我得到

后 记

了众多师长前辈的教导和启发，在此表示敬意和谢意。感谢王万茂教授、曲福田教授、叶依广教授、陈利根教授、欧名豪教授、石晓平教授、刘友兆教授、郭忠兴教授、冯淑怡教授、唐焱教授、诸培新教授、邹伟教授、陈会广教授、郭贯成副教授、欧维新副教授、刘向南副教授、马贤磊副教授、龙开胜副教授、刘琼副教授、郭杰副教授等，老师们通过课堂授课或讲座、学术论坛、面对面交流等方式传授知识，使我受益匪浅。特别感谢唐焱教授对我博士论文写作的颇多指导和帮助，与唐老师的每一次交流都让我有新的启发。衷心感谢所有参与论文开题、预答辩、盲审和答辩的老师们，老师们提出的宝贵建议为我博士论文写作得以顺利完成奠定了坚实基础。

在此还要感谢徐进亮、余德贵老师、张正国老师、彭建超老师、任辉、李永乐、许实、王希睿、杨兴典、曹春艳、谭静、陈伟、米强、刘玉山、邵子南、丁琳琳、邹金浪等同门博士和任宝林、严思齐、林艳、王茂森、罗遥、刘穆英、房琪、崔怡静、徐晓丽、陆萃、林赞雷、张敬梓、杨帆、纪陈飞、田诚、金雪婷、刘康、许恩等同门硕士师弟师妹在学习和生活上的关心与帮助；感谢刘建生、饶芳萍、李鑫、王志凤、任慧莉、孟展、史晓云、内蒙古张宇和深圳张宇、段修亭、孙雪峰、尹雪英、宋宜存、张俊凤、刘子铭、肖长江、马力等所有同窗给予的鼓励和关怀；感谢室友朱冰莹、张琼、吕红艳在日常生活上的关心和学习上的鼓励；特别感谢师妹吉登艳、杨帆前前后后帮我所做的许多事情以及一直以来对我的关怀和鼓励。

最后，叩谢父母的养育之恩，父母多年来经济上、情感上的支持让我学习无后顾之忧；感谢公公、婆婆一直以来给予的理解和支持；感谢丈夫给予的关爱、包容、支持和鼓励；感谢姐姐、姐夫、姑姑、姑父、表妹等亲朋好友对孩子的照顾和对我学业的支持，使我安心在外求学。我将更加努力学习和工作，以取得更大的成果来回报我的亲人们。

　　博士生涯让我学到了很多,也领悟到了很多,其中最重要的一点是:脚踏实地,勤勉努力,才能获得最终的成功。

肖丽群

2018 年 10 月